개혁주의자의 회개

일러두기

이 책에 나오는 이야기들은 모두 사실이지만,
인명, 지명을 지정할 수 없도록 내용을 수정했습니다.

한재술 지음

개혁주의자의 **회개**

그책의
사람들

차례

추천의 글

∽

'너는 너무 이상적이야'라는 말은 틀렸습니다. 이 말은 그 맥락에서 보면 '너는 너무 몽상적이야'라는 뜻이기 때문입니다. 우리는 흔히 '이상(理想)'은 이룰 수 없는 것이라 합니다. 네, 그럴 수도 있습니다. 하지만 이룰 수 없다고 아무것도 하지 않는다면, 그건 '몽상(夢想)'입니다. 기독교인에게는 이상이 있습니다. 바로 기독교의 진리입니다. 하지만 현실은 녹록지 않습니다. 때론 이상과 현재의 끝없는 괴리, 그 깊은 계곡의 어둠이 우리에게 절망을 안깁니다. 두렵고 주저앉고 싶은 마음입니다. 이상과 현실의 거대한 간극이 우리에게 '이상'은 '몽상'이라고 말하는 듯합니다.

저자는 글을 통해 현실의 어두운 계곡에서 이상을 바라보게끔 합니다. 그리고 독자의 시선이 몽상이 되지 않도록, 성경이 제시하는 '회개'라는 사다리를 우리에게 소개합니다. 책을 통해 회개의 사다리를 한 칸 한 칸 올라가는 일은 때론 극심한 부끄러움 때문에, 외면하고 싶은 현실 때문에, 나의 밑바닥 더러움 때문에 결코 쉽지 않습니다. 부끄러움과 슬픔에 눈물이 나기도 합니다. 하지만 가슴 한쪽에 '이상'이 고개를 듭니다. 그리고 저자는 제안합니다. 함께 회개하며 올라가자고 말입니다. 저는 부끄럽지만, 그리고 부끄러워서 그의 제안을 받아들입니다. 성경과 교회를 사랑하는 모든 분께 이 책을 권합니다.

_ 김병재 성도

개혁주의는 참으로 성경적이고 하나님의 영광을 최우선으로 생각하는 신앙입니다. 그래서 성경을 바르게 아는 일에 열심을 냅니다. 말씀을 사랑합니다. 사랑해서 순종합니다. 하지만 개혁주의에 행함이 없을 때, 우리가 아는 지식에 순종이 없을 때 나타나는 현상들이 오늘 우리의 모습이 아닌가 생각됩니다. 지은이는 이 책에 그가 경험한 개혁주의자들의 민낯을 용기 있게 드러냈습니다. 직설적이지만 최대한 무례하지 않게 글을 적어가려는 저자의 고뇌가 느껴졌고, 어쩌면 이 책으로 많은 공격이나 비난을 받지 않을까 하는 염려도 들었습니다. 하지만 이 책을 통해 '우리'의 잘못된 모습을 돌아보고 회개할 수 있다면, 개혁주의자들을 통해 더 큰 하나님의 영광이 이 땅 가운데 드러날 것이라 확신합니다. 13년 동안 지은이와 깊은 교제를 나누고 있는 친우이자 '그 책의 사람들'의 애독자인 저는, 개혁신앙을 사랑하시는 분, 개혁주의에 관심을 두시는 모든 독자분께 기쁨과 감사와 두려운 마음을 담아 이 책을 추천합니다.

_ 이승모 성도

이 책은 아무도 말하려 하지 않는 우리의 이야기를 하고 있습니다. 지금껏 아무도 나서서 말하려 하지 않았던 이유가 있겠지요. 괜한 공격의 대상이 될 용기가 없었기 때문일 수 있겠습니다. 말해봐야 아무 소용 없다는 현실적 절망, 혹은 '나는 무엇이 그리 다른가?' 하는 자격지심 때문이었을 수도 있겠습니다. 그러나 저는 이 책을 통해 이 모든 핑계 이면에 있는 저의 죄악을 깨닫습니다. '사랑 없음'이라는 죄악입니다. 교회, 곧 그리스도의 형제들을 사랑하지 않았던 죄를 이 책을 통해 발견합니다. 손 내밀고 위험을 알리며 함께 죄악의 길을 떠나자고, 함께 회개의 길을 걷자고 말할 사랑이 없음을 발견합니다. 회개를 위하여 싸워야 할 싸움과 고난을 피하려 했던 저의 사랑 없음을 회개합니다. 말 그대로 이 책은 그리스도의 형제요 자매인 모든 분과 함께 회개하기 위한 책입니다. 가만히 있으면 안 될 지경에 이른 우리 자신의 모습을 드러내며 함께 돌아서기 위한 책입니다.

개혁신앙의 선조들이 그랬듯이, 회개하자는 소리를 담은 이 책은 크게 두 가지 반향을 일으키리라 예상합니다. 함께 회개하는 소리, 그리고 그 회개를 공격하는 소리입니다. 저는 마음을 정했습니다. 이 책이 말하는 것처럼, 어떤 소리로 돌아오든지, 그 모든 소리를 내는 그리스도의 형제자매들을 사랑하려 합니다. 책을 읽는 모든 사람의 마음에 사랑이, 교회를 향해 그리스도께서 보이신 그 사랑이 가득하기를 기도하며 이 책을 저의 형제자매 된 모든 분께 권합니다.

_ 정중현 목사

추천사를 쓰는 이유

저는 원래 글쓰기를 즐기지 않습니다. 이런 배경에는 글쓰기를 귀찮아하는 제 게으른 성품 탓도 있고, 행여 양심을 거스르는 글을 쓰게 될 것을 두려워하는 약간의 결벽증의 영향도 있습니다. 하지만 그런 저도 이 책의 추천사만큼은 꼭 써야겠다고 생각했습니다. 그만큼 이 책은 제 마음을 강하게 움직였습니다. 저는 타고난 회의주의자입니다. 설상가상으로 철학도로 훈련받아서 '비판'을 평생의 업으로 삼게 된 사람입니다. 그래서 어떤 주장이든 쉽게 동조하지 않고 일단 관망하며 의심부터 하는 지적 습관이 있습니다. 하지만 이런 제가 이 책을 읽은 후 저자의 주장에 진심으로 찬동하게 되었습니다. 그만큼 저자의 서사는 힘이 느껴졌고, 저자의 논증은 강한 설득력이 있었습니다. 저는 기쁜 마음으로 추천할 수 있는 책을 만난 것이 행복합니다. 저는 되도록 많은 분이 이 책을 읽으셨으면 하는 바람이 있습니다.

이 책의 특징

지금껏 한국에서 이와 같은 주제를 다룬 책은 없었습니다. 교회를 개혁할 목적으로 쓴 책들은 숱하게 많았지만, 정확하게 개혁교회를 겨냥해서 그것도 일인칭 시점으로 우리의 죄를 우리가 직접 고백하는 책은 제가 아는 한 처음입니다. 여기에 이 책만의 특별한 고유성이 있습니다. 이 책은 따로 언급할 만한 중요한 특징들이 많지만, 저는 그중에서도 제가 각별히 더욱 의미 있게 생각한 다섯 가지만 말씀드리겠습니다.

첫째, 이 책은 병든 개혁주의자들의 치부를 그야말로 낱낱이 적나라하게 드러냅니다. 물론 이전에도 개혁주의적 관점에서 회개와 교회 개혁을 외친 책들이 있었습니다. 하지만 개혁주의자들 자신의 현실을 진단함에 있어서는 언제나 두루뭉술하고 추상적이었습니다. 분명한 죄의 실상은 밝히지 않고 개혁을 위한 구호만 가득했습니다. 반면 이 책은 우리의 냉혹한 현실을 보여주는, 아주 구체적이고 생생한 이야기들로 가득합니다. 이 책의 독자들은 개혁주의자들의 추악한 민낯을 직면하고, 아마도 깊은 충격을 받게 되실 거라 생각합니다. 물론 이렇게 죄를 가감 없이 정직하게 드러내는 것은, 죄가 없는 곳에는 은혜 또한 있을 수 없다는 저자의 진지한 의도가 반영된 것입니다. 정죄하고자 함이 아니라 은혜를 구하고자 함입니다.

둘째, 이 책은 저자의 오랜 체험과 고뇌의 산물입니다. 저자는 안락의 자에 앉아 이 책 저 책을 한가하게 뒤적이며 그저 차가운 머리로 책을 쓴 것이 아닙니다. 이 책은 긴 세월 동안 저자가 여러 개혁주의 공동체에서 직간접적으로 경험한 구체적인 문제와 사례들을 붙들고 씨름한 후 얻은 결과물입니다. 행간 곳곳에 저자의 실존이 깊이 개입되어 있습니다. 그래서 저자가 제시하는 담론은 사막의 신기루 같은 실체 없는 관념의 건축물이 아니라 직접 피부로 느껴질 만큼 아주 생생하고 구체적입니다. 저자의 흡인력 있는 서사를 좇다 보면 마치 사건의 현장에 함께 있는 듯한 느낌을 받습니다. 등장인물 간의 대화를 옆에서 직접 듣는 양 손에 땀을 쥐고 몰입하게 됩니다. 이렇듯 이 책에 담긴 저자의 주장은, 한국 개혁주의자들의 현실태(Energeia)에 대한 명확한 인식에서 출발합니다. 이 책에서만 찾을 수 있는 이런 역설적 풍요로움은, 참된 교회에 대한 열망을 일평생의 숙제로 삼고 오랫동안 자신의 삶을 담금질한 이가 아니면 결코 보여줄 수 없는 것입니다.

셋째, 이 책은 개혁주의자가 회개해야 할 목록 중에서 특별히 교회 정치 및 치리의 문제를 가장 중심적인 주제로 부각하고 있습니다. 왜냐하면 저자는 여기서 발생한 심각한 오류가 나머지 죄악들을 배태하는 근본 동인(動因)이 된다고 판단하기 때문입니다. 이것은 저자가 교회 정치 문제를 목차의 첫머리에 배치한 것만 보아도 짐작할 수 있습니다. 그래서 저는 이 책의 얼개와 구조가 논리적으로 상당히 짜임새 있다고 생각합니다. 돌이켜보면 개혁주의적 시각에서 한국 교회의 개혁을 다루었던 기존의 책들은, 다른 교리적 오류들은 매섭게 비판하면서도 정작 성경적인 교회 정치가 실행되지 않는 개혁주의의 현실에 대해서는 거의 침묵했습니다. 왜 그랬을까요? 그것은 일부 목회자들이 그 교리의 진정한 의미와 목적을 오해해 왔기 때문입니다. 다시 말해 성경적인 교회 정치가 실제로 시행되면 자칫 자신들의 기득권이 위협받을 수 있다고 생각했기 때문입니다. 예컨대 '파이브 솔라'(Five Sola)나 '튤립'(TULIP) 등의 교리는 자신의 권위에 어떠한 해도 입히지 않지만, 성경적인 교회 정치를 성도들에게 제대로 가르치는 것은 자칫 목회자 자신이 그동안 아무 제한 없이 누려왔던 제왕적 지위를 포기해야 하는 결과를 초래할지도 모른다는 불안 때문이지요. 그래서 교리를 가르치더라도 자신의 기득권에 손상을 주지 않는 것들만 강조하게 된 것입니다. 하지만 성경적 교회 정치의 실행에 대한 일부 목회자들의 이러한 부정적 시각은, 어디까지나 이 교리에 대한 오해에서 기인했다는 것이 저자의 일관된 주장입니다. 교회 정치와 치리에 대한 교리는 어느 특정한 직분의 이익을 위한 것이 아니라, 오히려 교회의 모든 구성원을 진정한 의미에서 지키고 보호해 주는 가르침입니다. 저자는 이 점을 매우 설득력 있게 논증하고 예시합니다. 그동안 개혁주의자를 자처하면서도 성경적 교회 정치의 충실한 시행에 별로 관심이 없던 분들에게는 이 책이 신앙적 전회(Kehre)의 계기가 될 것입니다.

넷째, 이 책은 그대로 암기해서 가슴에 새기고 싶을 만큼 아름답고 통찰력 있는 문장들로 가득합니다. 저자의 오랜 성찰의 열매를 이따금씩 한 문장 속에 응축시켜 놓았기 때문입니다. 좋은 문장 하나는 인간의 삶을 감화하고 변화시키는 능력이 있습니다. 저는 이 책의 갈피 갈피에서 이런 '제 인생의 문장'을 여럿 만났습니다. 이 책을 읽는 다른 독자분들도 저와 비슷한 경험을 하게 되시리라 기대합니다.

다섯째, 이 책은 참된 개혁주의가 무엇인지를 아는 데도 큰 도움을 주는 책입니다. 물론 이 책은 개혁주의가 무엇인지를 가르치고 설명할 목적으로 저술된 것은 아닙니다. 하지만 저자는 책의 군데군데에서 참된 개혁주의가 무엇인지를 병든 개혁주의자들의 죄의 실상과 대조시키면서 매우 정확하고 친절하게 설명합니다. 그래서 개혁주의 전통에 갓 입문한 분들은 물론이거니와 평소 개혁주의를 어느 정도 안다고 자부했던 독자들 역시 그동안 자신이 가졌던 개혁주의에 대한 이해가 얼마나 피상적이고 협소한 것이었는지를 인식하게끔 만듭니다. 독자들은 광대한 개혁신앙의 유산 중 평소 눈여겨보지 않았거나 잘 몰랐던 가르침들을 새롭게 깨닫고 누리는 예기치 못한 즐거움을 만끽할 수 있으시리라 생각합니다.

아쉬운 점

세상에 완전한 책은 없습니다. 그 점은 이 책 또한 마찬가지입니다. 제가 이 책에서 느끼는 유일한 아쉬움은, 저자가 좀 더 다양한 주제들을 다루지 않았다는 점입니다. 특히 저로서는 근래 한국의 개혁주의자들 사이에서 뜨거운 논쟁과 분열의 원인이 되고 있는 '교회와 세속 정치의 관계'를 언급하지 않았다는 것이 진한 아쉬움으로 남습니다. 세속 정치에 대한 관점의 차이로 오늘날 개혁주의 공동체는 서로를 비난하며 정말 치열하게 싸우고 있습니다. 이런 문제로 우리가 서로를 정죄하고 미워하는 것은 그리스도의 몸인 교회를 찢는 매우 심각한 죄입니다. 개혁주의자들 내부의 이런 파괴적인 분열을 보고 사탄이 얼마나 기뻐하겠습니까? 이는 우리가 마땅히 회개해야 할 죄라고 생각합니다. 교회는 특정한 정치 이데올로기를 결코 성경의 가르침과 동일시해서는 안 될 것입니다. 공공선을 위한 교회의 윤리적 실천을 특정 정당의 이익에 종속시켜서도 곤란합니다. 우리는 하나님 외의 모든 것을 상대화시켜야 한다고 생각합니다. 간혹 특정한 이념이나 정치 세력이 상대적으로 기독교적 가치관을 잘 담고 있다 하더라도 그것을—지적으로든 정서적으로든—기독교 자체와 동일시하는 것은 매우 위험할 수 있습니다. 우리는 특정한 이데올로기와 정치 세력을 절대화해서 마치 하나님처럼 높이는 우상 숭배를 해서는 안 될 것입니다. 하지만 안타깝게도 세속 정치에 대한 관점의 차이로 인해 최근 한국의 개혁주의자들은 서로를 맹렬히 공격하는 분열의 죄를 짓고 있습니다. 그래서 저는 저자가 이 중대한 주제를 이 책에서 충분히 다루어 주길 원했습니다. 하지만 여러 가지 사정으로 결국 책에서 누락되게 되었습니다. 물론 저자도 이런 문제를 모르지 않습니다. 이미 충분한 문제의식을 갖고 있을 뿐 아니라, 이 주제에 대한 깊은 고민과 성찰을 병행하고 있습니다. 저는 그 사유의 결과물이 앞으로 별도의 책으로 출간될 수 있길 기대하고 있습니다.

기우

제게는 약간의 걱정이 있습니다. 그것은 오만한 개혁주의자들이 이 책을 악용하는 것입니다. 다시 말해 이 책에 담긴 회개의 메시지마저 자신의 영광을 위한 도구로 변질시키는 것입니다. 이 책을 '나는 이제 개혁주의자들의 문제점을 다 파악했다'는 지적 만족을 위한 노리개이자 자고(自高)의 근거로 악용하는 것입니다. 저는 저 자신은 물론이거니와 다른 분들도 그런 교묘한 죄에 빠질 수 있다고 생각합니다. 존 스토트 신부님은 성경 지식조차도 인간을 교만하게 만들 수 있다고 경고하신 적이 있습니다. 이것은 가장 선한 것조차 자신을 높이기 위한 도구로 왜곡하고 악용하는 인간의 깊은 죄성을 지적하신 말씀입니다. 참으로 날카롭고 두려운 지적이 아닐 수 없습니다. 이 책은 다른 누군가가 아닌 우리 자신, 즉 개혁주의자들의 회개를 위해 쓰였습니다. 저는 이 책의 매 행간에서 개혁주의를 사랑하는, 참된 교회를 열망하는 저자의 뜨거운 마음을 읽을 수 있었습니다. 독자들 또한 저자의 이런 마음을 매 순간 발견하게 되실 거라 믿습니다. 부디 이 책이 저자의 진심을 좇아 널리 읽히길 기도합니다.

_ 김성환 성도

글을 열며

.

개혁주의의 가장 큰 문제 – 개혁주의자

제가 배우고 알고 믿는 바에 따르면, 개혁주의는 참으로 성경적인 신학이
자 신앙입니다. 어딘가에서 찰스 스펄전 목사님이 하신 말씀이 떠오릅니
다. "개혁주의 신학은 성경적 기독교의 별명이다." 전적으로 동의합니다.
개혁주의 신학은 성경의 교리입니다. 개혁주의는 성경을 따르고 성경에
충실합니다. 그리고 그런 방향에서 나오는 모든 마음과 태도가 개혁주의
입니다. 실제로 이러한 유산이 우리 선조들로부터 지금까지 전해져왔습니
다. 그리고 지금도 그 유산을 힘 있게 지키고 전하기 위해 마음을 다하는
개혁주의자들이 많이 있습니다.

　　그런데 여러분은 '개혁주의' 하면 어떤 이미지가 떠오르시나요? 답답
하고 고약하고 매정하고 논쟁하기를 좋아하는 이미지가 아니었으면 좋겠
습니다. 하지만 오늘날 많은 사람이 "사람들이 개혁주의로 나오는 데 가장

큰 걸림돌은 바로 개혁주의자들이다"라고 생각합니다. 저는 그러한 말에 자괴감을 느낍니다. 그러나 일부라고 말하기에는 적지 않은 개혁주의자들이 실제로 덕이 안 되는 태도로 많은 사람에게 상처를 주고 교회를 파괴합니다. 많은 개혁주의자가 교리를 강조하고 바르게 아는 것을 역설하지만 삶은 말하는 것에 비해 못 미칠 때가 많습니다. 태도의 문제만이 아닙니다. 우리는 순종하지 않고 실천하지 않습니다. 네, 우리는 실제 이 진리를 사랑하지 않는 듯 보입니다. 우리가 사랑하고 싶은 것만, 우리가 순종하고 싶은 것만, 우리 소견에 옳은 것만 행하는 듯 보입니다.

우려하실 분들이 계실 것 같아 미리 말씀드리지만 저는 이 책에서 개혁주의의 영광이 어디에 있는지와 아름답고 복된 교회의 모습도 증언하려고 노력했습니다.

그럼에도 저는 여러분과 함께 개혁주의의 민얼굴을 보려고 합니다. 이 책에는 괴롭고 비통해할 만한 이야기들이 많이 나옵니다. 꾸미지 않고 피하지 않고, 말씀 앞에, 진리의 거울 앞에 함께 서기 원합니다. 은혜는 죄 없이는 말할 수 없는 단어입니다. 죄 없는 곳에는 은혜도 없습니다. 우리가 우리의 죄를 이야기하는 것은 죄가 아니라 궁극적으로 은혜를 바라보고자 함입니다.

저는 이 책의 일차 독자를 저와 같은 개혁주의자들로 생각하고 썼습니다. 따라서 개혁주의라는 단어가 무척 많이 나옵니다. 이 책이 개혁주의자만을 대상으로 이야기하는 것 같은 느낌이 드실 수도 있습니다. 맞습니다. 그러나 이 책의 내용은 개혁주의자가 아니라도 하나님을 사랑하는 모든 성도가 함께 고민하고 나눌 만한 이야기라고 생각합니다. 신실한 개혁주의자가 되고 싶은 제가 회개하는 마음으로, 또 호소하는 마음으로 쓴 것이기에 대상이 제한되어 보일 뿐이지, 저는 사실 모든 성도님과 진지하게 나누길 원합니다.

사실 저는 개혁주의, 개혁신학이라는 말보다는 개혁신앙이라는 말을 더 좋아합니다. 그리고 아예 그런 용어 자체를 쓰지 않는 것을 더 좋아합니다. 하지만, 때로는 이런 용어를 쓰지 않고서는 우리가 무엇인가를 말한다거나, 생각을 나누는 것이 어려울 때가 있습니다. 꼭 써야 할 때도 있지요. 아무튼 이 책에서 저는 '개혁주의자'라는 단어와 맞추기 위하여 주로 '개혁주의'라는 표현을 쓰고자 합니다. 그러나 상황에 따라서는 개혁신학 또는 개혁신앙이라는 단어와 구분 짓지 않고 교차하여 쓰기도 할 것입니다.

저와 같은 개혁주의 그리스도인들을 이 책의 중심 독자로 삼고 이야기하기에 이 책에서 개혁주의가 무엇인지를 상세히 다루지는 않을 것입니다. 혹 잘 모르시거나 궁금하신 분들은 개혁주의의 정의와 역사, 방향 등에 관한 유익한 책들이 많이 있으니 목사님이나 동료 성도님들께 추천을 받아 읽어보시길 권합니다. 저도 책 끝에서 몇 권의 책을 말씀드리도록 하겠습니다.

중심 독자를 개혁주의자로 삼았지만, 개혁주의자가 아닌 분들도 함께 고민할 거리가 많습니다. 개혁주의를 오해하시는 분들, 개혁주의에 상처가 많으신 분들, 개혁주의를 싫어하시는 분들께 전하는 내용도 있으니 같이 읽어주시고 함께 고민해주시면 좋겠습니다.

개혁주의는 은혜의 교리요 은혜의 신학입니다. 개혁주의는 하나님 중심적인 신앙입니다. 그래서 참된 개혁주의는 우리를 겸손하게 합니다. 하나님께 모든 영광을 돌리게 합니다. 선조들처럼 우리 자신이 얼마나 큰 죄인인지 깨닫게 될수록 그렇습니다. 우리는 개혁주의가 아닌 것을 생각할 수 없습니다. 우리는 개혁주의를 사랑합니다.

정말이지 개혁주의 신학만큼 하나님을 영광스럽고 진실하게 보여주는 신학은 없다고 우리는 믿습니다. 우리는 개혁주의가 성경을 성경 그대로 보여준다고 믿습니다. 개혁주의는 빈곤하지 않고 풍성하며, 획일적이지 않으면서 통일성이 있습니다.

개혁주의는 아무런 잘못이 없습니다. 개혁주의 자체는 사람들을 아프게 하지 않습니다. 그러나 역사적으로 가장 의미 있고 교회를 가장 힘 있게 해왔던 개혁주의가 자신을 사랑하는 사람들 때문에 세상은 물론 하나님을 사랑하는 사람들에게 온갖 모욕을 당하고 있습니다.

저는 우리의 불순종과 행함이 없는 죽은 믿음, 그리고 우리의 오만함이 그 원인이라고 생각합니다. 먼저 우리 개혁주의자들이 서 있는 현실부터 정직하게 보겠습니다.

1장

성경적인 교회 정치를
강조해서 가르치지만,
행하지 않음

성경적인 교회 정치를 강조해서 가르치지만,
행하지 않음

치리를 강조해서 가르치는 개혁주의

교회 정치, 또는 치리는 개혁주의가 크게 강조하는 주제입니다. 하나님께서는 교회 정치와 직분에 관한 가르침을 구약 시대부터 주셨는데, 신약 시대 와서 사도들에게 더 구체적이고 확정적인 원리와 지침들을 풍성히 베푸셨습니다. 우리는 주요 가르침을 복음서와 사도행전, 디모데전서, 디도서 등에서 확인할 수 있습니다.

교회 정치와 직분에 관한 하나님의 가르침이 중요한 것은 그것이 하나님의 말씀이기 때문입니다. 무엇보다 그리스도께서 당신의 영광과 당신의 신부인 교회를 위해 이 교훈을 주셨기 때문입니다. 하나님께서는 교회를 세우고, 보호하고 성장시키기 위해 이 가르침을 주셨습니다. 성도들이 교회 안에서 오직 그리스도만을 머리로 삼도록, 말씀을 따라 살아갈 수 있도록, 위로와 힘을 얻도록 주셨습니다.

하나님의 모든 율법과 계명이 그러하듯 교회와 직분에 관한 계명도 그대로 순종하기만 하면 됩니다. 사람을 지으신 하나님께서는, 그래서 사람을 다 아시는 하나님께서는 우리에게 가장 좋은 것을, 우리에게 가장 필요한 것을, 우리가 따를 수 있는 것을 법칙으로 주셨습니다. 우리 생각에는 좋아 보이나, 실제로는 좋지 않기에 조심하고 경계해야 할 것들이 무엇인지도 이러한 가르침에 직간접적으로 전제되어 있습니다.

구체적으로 하나님께서는 한 사람의 영향 아래서 우상 숭배를 하거나, 교회가 성경에서 멀어지는 일이 없게끔 한 교회 안에 장로를 여럿 두도록 하셨습니다. 나이와 자리와 유명세로 어느 한 사람이 그 교회를 다스리지 못하게 하셨습니다. 오직 하나님의 말씀이 원리가 되어 교회를 다스리도록 의도하셨습니다.

또 어느 교회가 타락하는 일이 없도록, 넘어지는 일 없이 서로 세워줄 수 있도록 여러 교회가 회를 이루어 서로를 지키고 보살피고 결정하게 하셨습니다(행 15장).

정말 성경 곳곳에 교회 정치에 대한 명백한 가르침들(누가 교회의 머리이신가, 어떤 사람들이 직분자들이 되어야 하는가, 직분자들은 어떻게 천국의 열쇠를 열고 닫는가, 등)을 주셨고, 우리 선조들은 그 원리들을 구체적인 지침으로 정리하고 실천하는 데 온갖 노력을 다했습니다.

그렇게 해서 만들어진 지침이 「웨스트민스터 교회 정치」와 「도르트 교회 질서」 등이고 이를 바탕으로 각 교단은 각 나라와 시대와 상황에 맞게 헌법을 만들었습니다.

각 교파와 교단마다 교회 운영과 질서에 관한 입장이 다양한데요, 장로교회와 개혁교회는 하나님께서 장로(목사와 장로)를 통해 교회를 다스리시고 인도하신다고 믿습니다. 한 지역 교회뿐만 아니라 교회들이 함께 모인 노회(정확히 말하면 한 지역 교회가 아니라 이렇게 한 지역 안에 있는 여러 교회가 모인 것이 장로교회라고 말할 수 있습니다)가 그러한 역할을 합니다.

교회 정치, 또는 치리에 관해 장로교회와 개혁교회의 몇몇 세부적인 입장이 다소 차이를 보이기는 합니다. 하지만, 원칙적으로 두 교회가 발을 딛고 서 있는 돌은 하나입니다. 사소한 차이 외에 두 교회는 하나의 가르침 위에 서 있다고 봐도 무방할 정도로 닮았습니다.

저는 「웨스트민스터 교회 정치」와 「도르트 교회 질서」가 성경의 원리 위에 서 있다고, 성경적인 지침들로 가득 차 있다고 믿습니다. 저는 이 원리와 지침들을 매우 좋아합니다. 귀히 여깁니다. 하나님께서 교회를 위해 주신 지침들이라고 믿기 때문입니다. 그래서 우리 선조들이 이런 귀한 수고를 해준 것에 대해 너무나 감사합니다. 우리 선조들이 '교회 정치'를 교리와 함께 참된 교회를 이루는 데 매우 중요한 전제로 삼고 강조하고 가르쳐 온 것에 감사하고 또 감사합니다.

하지만, 우리는 다음 세대 그리스도인들에게 그러한 선조로 기억되지 못할 것 같아 미안합니다. 너무 아프고 속상합니다. 우리는 입으로는 '교회 정치'가 중요하다고 말합니다. 우리는 말로는 '교회 정치'를 매우 강조합니다. 논쟁도 많이 하고 연구도 많이 합니다. '교회 정치'를 얼마나 알고 이해하느냐에 따라 참된 교회와 거짓된 교회, 성숙한 교회와 미숙한 교회로 나눕니다. 하지만 소수의 교회를 제외하고는 그뿐입니다. 실제로 오늘날 다수의 장로교회에는, 개혁주의를 추구하고 표방하는 많은 교회에는 '교회 정치'가 없습니다. 그래서 치리가, 권징이 사람의 소견에 옳은 대로 행해지거나, 아예 이야기조차 되지 않습니다.

함께 구체적으로 살펴보겠습니다.

혼전 성관계를 치리하지 않은 결과

개혁주의를 강조하는 A시의 B교회에서 청년부를 섬기던 목회자 후보생과 자매 한 명이 교제를 시작했습니다. 두 사람은 아무에게도 그 사실을 알리지 않았는데, 그 때문에 몇몇 자매들에게 프러포즈를 받은 목회자 후보생은 몇 번 난감한 일을 겪어야 했습니다. 결국 거짓말을 몇 번 하게 되고 교회에서 이에 대해 수군대는 일이 일어나자, 목회자 후보생과 교제하던 자매는 서둘러 결혼을 치렀습니다. 두 사람이 교제하고 있었다는 사실에 많은 사람이 놀라며 배신감을 느낄 새도 없이, 석 달 후 자매가 임신 6개월이라는 사실이 드러났습니다.

몇몇 성도와 청년이 말씀을 가르치고 본을 보여야 할 목회자, 그 목회자로 섬기기 위해 준비하고 있는 목회자 후보생이 혼전 성관계를 했다는 것은 큰 문제라며 치리를 요구했습니다. 하지만 담임목사는 목회자 후보생과 그 아내를 개인적으로 불러 따끔하게 주의만 주었을 뿐 아무런 징계도 내리지 않았습니다. 당회 차원에서도 아무런 논의가 없었습니다. 몇몇 사람들은 크게 낙심했지만, 대부분은 "우리 교회에 이런 일도 일어났구

나. 조심하자."라고만 이야기했습니다.

　문제는 이후에 일어났습니다. 청년들은 교회의 가르침에 크게 무게를 두지 않았습니다. 말씀과 기도를 중심으로 하는 경건 생활에 힘쓰지 않았을 뿐만 아니라, 몇몇 도덕적인 일을 가볍게 여기고 어겼습니다. 청년부에 있던 두 남녀가 결혼을 전제로 교제하던 중 성관계를 맺었습니다. 그러나 헤어지면서 자매는 교회를 떠났고, 헤어지는 과정에서 이 사실을 안 당회가 남아 있던 형제를 공적으로 권징하려고 하자, 형제가 왜 이전에는 아무 말도 하지 않더니 나에게만 이러느냐며 따졌습니다. 교회는 그런 일들로 몇 번의 어려움을 겪어야 했고, 앞으로는 바르게 치리하겠다고 공적으로 선언했지만, 이전 일에 대한 사과는 없었습니다.

혼전 성관계를 온전하게 치리한 결과

역시 개혁주의를 강조하는 C지역의 D교회에서는 이와는 다른 일이 일어났습니다. 결혼한 지 2개월 차에 든 부부 한 쌍이 직장 문제로 이사하면서 이 교회에 등록을 앞두게 됐습니다. 그런데 그 아내는 이미 임신 4개월 차였습니다. 교회는 이 문제를 작은 문제로 보지 않았습니다. 결혼 전 순결은 그리스도인이 마땅히 하나님 앞에서 지켜야 할 거룩함입니다. 하지만 두 사람은 그를 지키지 않았습니다. 게다가 두 사람은 이전 교회에서 이에 대해 어떠한 주의나 징계도 받지 않았습니다.

　당회는 교회의 순결을 위해 두 사람을 그냥 받아들일 수 없었습니다. 그래서 논의한 끝에 두 사람을 받아들일 때 교회 앞에 공적으로 세워 권징하기로 했습니다. 또, 충분히 권징을 받았다고 말할 수 있을 때까지 몇 개월간 두 사람의 이름을 주보에 실을 것이라고 말했습니다.

처음에 두 사람은 너무나 당혹스러웠습니다. 하지만 감사하게도 두 사람은 성경의 원리에 따라 교회가 말씀을 전하고, 또 치리해야 한다는 것을 잘 알고 있었습니다. 이전 교회에서 여러 문제로 큰 상처를 받았었기 때문에, 참된 교회를 간절히 찾고 있었기 때문에 두 사람은 고민이 많았습니다. 1~2주 정도 담임목사와 몇 번 만나 이 모든 과정을 행하는 의미에 대해 충분히 잘 듣고 난 후, 부부는 그런 부끄러움을 무릅쓰고서라도 그 교회에 등록하기로 했습니다.

두 사람이 정식으로 등록하는 날, 교회는 공적으로 두 사람의 일을 온 교회 앞에서 무겁게 알렸습니다. 남편이 대표로 자신들의 이야기를 고백하고 하나님께 용서를 구했습니다. 자신들의 행위가 교회에서 쉽게 받아들여지면, 앞으로 교회에서 자라나는 자녀들과 지금 청년들이 성 문제를 가볍게 볼 것이라고 말했습니다. 구혼과 결혼 모두에서 기준이 낮아지고, 결혼과 이성 교제에 관한 가치가 세속적으로 흘러갈 것이라고 말했습니다. 무엇보다 하나님께서 제정하신 성관계는 하나님께서 짝지어주신 부부가 결혼 안에서 즐겁게 나누는 것이기에, 무지이든, 고의적이든 자신들이 말씀을 어긴 것임을 고백했습니다. 그러면서 이 문제가 공적으로 다뤄지는 것에 부끄러움이 들지만, 또 이런 기회를 주신 하나님께 감사하다고 말했습니다. 이 일로 자기 가정이 하나님 말씀의 무거움을 생각하게 되고, 하나님 말씀의 목적이 자신들을 내치려는 것이 아니라 살리는 것에 있음을 깨닫고 확인하게 되기를 소망한다고 말했습니다. 그리고 자신들이 치리를 받는 동안 충분히 회개하고, 거룩한 행실이 무엇인지 배우고, 좋아서 행할 수 있는 믿음을 지닐 수 있도록 함께 도와달라고 부탁했습니다. 담임 목사가 당회를 대표해서 두 사람에게 손을 내밀었고, 함께 하겠다고 약속 했습니다. 그리고 온교회가 함께 기도했습니다. 예배가 끝난 후 많은 성도 가 두 사람에게 반갑게 눈인사를 했습니다. 몇몇 성도는 다가와 등을 두드 리기도 하고, 힘내라고, 기도하겠다고 말을 건넸습니다. 많은 사람이 두 사람을 응원하고 격려했습니다. 결혼과 성관계에 관한 생각이 바뀌었다고 말하는 사람들도 있었습니다.

부부는…… 울었습니다.

이혼 치리

E형제는 이혼하면서 아내와 어린 아들을, 오랜 시간 신앙생활 했던 교회 를 떠나게 되었습니다. 자신을 받아줄, 자신을 지도해줄 교회를 찾았지만 여러 교회에서 상처만 입고 말았습니다. 추천받아 간 곳들은 건강하다고 소문이 많이 난 곳들이었지만 E형제 같은 사람이 있을 곳은 없었습니다. 불쌍하게만 쳐다보거나, 인간적인 동정과 위로만 전했습니다. 정죄와 비 난만 한 곳도 있었습니다. 낙심 가운데 있다가 경건한 한 친구의 소개로, 마지막이라는 심정으로 말씀에 충실하다는 F교회에 출석하기 시작했습니 다.

F교회에서도 "하나님께서 짝지어주신 것을 사람이 끊을 수 없습니다. 이혼은 분명한 죄입니다."라는 이야기부터 시작했습니다. 다시 겁이 났습

니다. 두려움이 몰려왔습니다. 그러나 곧, "하나님께서는 결혼 관계에 그리스도와 교회의 신비를 담아 두셨습니다. 우리 교회는 형제님께서 이 위대한 비밀을 깨닫고 신앙과 결혼 관계를 온전히 회복할 수 있도록 돕고 싶습니다. 당회가 적절한 지도를 해야 하므로 어떤 이유로 이혼하게 되었는지 알아야 하고, 얼마간의 지도 기간이 필요함을 양해 바랍니다. 형제님께서 우리 교회에 계시는 동안 건강한 결혼, 건강한 가정을 많이 보고 듣고 배우실 수 있기를 바랍니다. 저희가 도울 일이 있다면 언제든 요청하십시오. 힘껏 돕겠습니다."라는 말을 듣고 큰 위로를 받았습니다.

이후 담임목사와 장로들이 분명하고 단호하지만 따뜻한 지도와 심방으로 E형제를 돌보기 시작했습니다. E형제는 하나님의 말씀 앞에서 자신의 결혼과, 남편과 아내의 관계를 새롭게 배우기 시작했습니다. 세속적이었던, 그리고 주변 사람들과 비교해 '이 정도면 그래도 괜찮네' 하며 생각했던 마음들을 멀리하고, 성경의 가르침에 충실히 따르려 했습니다. 무엇보다 성도들의 관심과 배려가 큰 위로가 됐습니다.

이제 E형제는 이혼하면서 겪은 무력감과 고통을 뒤로하고 하나님께서 다시 회복시켜주실 가정을 기대하며 아내와 어린 아들과 이야기해 나가고 있습니다.

치리가 무엇인지 가르치는 것보다 실제 순종하는 것이 더 중요함

교회를 위해서, 성도들을 위해서?

B교회에서는 두 사람을 보호한다는 명목하에 죄를 가볍게 다루려고

했습니다. 이미 결혼도 했고, 남편이 교회에서 전도사로 사역을 하고 있었기 때문에 이를 공적으로 다루게 되면 성도들에게 덕이 안 된다고 판단했습니다.

D교회와 F교회에서는 죄를 죄로 다루지 않으면 성도들에게 덕이 안 된다고 판단했습니다. 부부 관계는 그리스도와 교회의 관계를 보여주는 것이기에, 그리스도의 신부인 교회가 순결할 수 있도록 분명히 가르치고 강력하게 보호해야 한다고 믿었습니다.

두 교회 모두 '교회를 위해서', '성도들을 위해서'라고 판단하고 행했지만 결과는 우리가 앞에서 살펴본 것처럼 매우 다릅니다.

우리는 묻습니다.

B교회에서는 교회의 순결함, 혼전 성관계에 대한 성경의 교훈을 성도들에게 가르칠 수 있을까요? 간음하지 말라는 계명을 설교하고 가르칠 수 있을까요? 누가 가르칠 수 있을까요? 성경에서 가르치는 것처럼 부부의 관계를 그리스도와 교회의 관계와 관련하여 성도들에게 선포할 수 있을까요? 특히 그 목회자 후보생은, 청년부를 섬기는 그 전도사는 청년들에게 회개에 대해 말할 수 있을까요? 결혼의 거룩함과 아름다움에 관해, 결혼 전 배우자를 건강하게 찾고 만나는 일에 관해 교훈할 수 있을까요? 성도들이 하나님 말씀을, 계명을 무겁게 여길까요?

이 교회에서 일어난 일은 하나님께서 교회에 장로를 주시고 치리하게 하신 목적과 얼마나 멀리 떨어져 있나요? 왜 이 교회에서 이런 일이 일어나게 된 것일까요?

D교회에서 그 부부는 무엇을 보고 등록을 결심하게 됐을까요? 교회는

어떤 마음으로 두 사람을 치리 가운데 받아들이기로 작정했을까요? 마음에 안 들면 언제든 교회를 쉽게 옮겨 버리는 이 시대에, 어떤 가치 때문에, 어떤 이유로 공적으로 치리하고자 했나요?

오늘날 많은 교회는 치리를 제대로 행하지도 않지만, 치리를 강조하고 가르치더라도 징계할 준비만 되어 있고, 비난하고 정죄하기에만 열심 있는 듯 보입니다. 하지만 어떻게 D교회는 두 사람을 따뜻하게 품고, 두 사람의 치리가 두 사람만의 일이 아니라 교회 전체의 일이 되게 하고, 교회가 두 사람을 기다리고 함께 극복할 수 있도록 행동했을까요? 우리도 우리 가운데 있는 연약한 성도들, 죄지은 성도들을 따뜻하게 품고, 기다리고, 함께 극복할 준비가 되어 있나요? 바로 그 연약한 성도들, 죄지은 성도들이 언제나 우리 자신이기도 하다는 겸손한 인식과 함께 말입니다.

치리가 무엇인지 가르치는 것보다 실제 순종하는 것이 더 중요함

교회 정치가 무엇인지, 치리가 무엇인지 가르치는 것도 중요합니다. 알지 못해서 짓게 되는 잘못들과 죄와 실수들이 있습니다. 성경에 충실한 내용을 충분히 가르치기만 해도, 배우기만 해도 해결될 일들이 많이 있습니다. 분명 잘 알지 못해서 저지르는 죄와 잘못들이 있습니다. 따라서 부지런히 가르치고 배워야 합니다.

하지만 개혁주의를 강조하고 그 교훈에 대해 말하기 좋아하는 우리 모습을 돌아봅시다. 우리가 알지 못해서 짓는 죄가 더 많고 큰가요? 아니면 순종하지 않아서 짓는 죄가 더 많고 큰가요?

우리 개혁주의처럼 교회 정치를 강조하는 곳이 있나요? 우리 개혁주의처럼 교회 정치를 세세하게 다루고, 검토하고, 계속해서 개혁해온 곳이 있나요? 우리 개혁주의처럼 교회 정치에 대해서 자세하게 신앙고백으로 정리하고, 주기적으로 교회에서 가르치도록 권하는 곳이 있나요? 우리 개혁주의처럼 교회에 대한 하나님의 다스림, 치리에 대해 성경의 가르침을 공부하는 곳이 있나요?

하지만 개혁주의를 사랑하는 많은 교회가 그렇지 않은 교회보다 더 건강한가요? 개혁주의 교회 정치 원리가 크게 강조되고 풍성히 가르쳐진 교회들이 그렇지 않은 교회들보다 훨씬 더 성경적인가요?

직분의 동등성을 말하지만…

개신교는 로마가톨릭의 사제주의가 교회를 타락의 길로 이끈 본질적인 문제라고 보았습니다. 사제주의는 그리스도께서 이루신 속죄를 통해 성도 한 사람 한 사람이 그리스도를 의지하여 하나님께 나아갈 수 있는 길을 막고, 오직 사제들을 통해서만 삼위 하나님과 교제할 수 있다고 가르쳤습니다. 그뿐만 아니라 사제주의의 구조는 낮은 지위에 있는 사제 등이 더 높은 지위에 있는 자들을 전적으로 의지하게 하고 윗사람들의 눈치를 보게 함으로써 하나님의 말씀이 최종 권위가 아니라 교황과 자기 위에 있는 사람에게 권위를 두게끔 했습니다. 낮은 지위에 있는 자들을 그 위치에 두는 것이 전적으로 윗사람들에게 달려 있었기 때문입니다. 그렇게 그리스도가 아니라 교황이 교회의 머리가 되었습니다.

이런 질서와 구조에서 온갖 악이 자행되었는데, 그 구조상 이런 악들을 제어할 수단이 없었습니다. 무엇보다 말씀을 바르게 전하는 일도, 성도들이 말씀을 듣고 건강하게 태어나고 자라도록 목양하고 지키는 일도, 성도들의 육적 필요를 채우면서 영혼을 돌보는 일도 주로 사제 그룹의 만족과 유익을 위해 행했습니다.

개신교회는 성경을 따라 이를 개혁했습니다. 개신교회는 교회의 유일한 머리는 그리스도뿐임을 선언했습니다. 또 그리스도께서 교회를 세우는 일에 여러 일꾼을 허락하셨는데 곧 목사와 장로와 집사가 바로 그 일꾼임을 공적으로 확인했습니다. 우리는 이 일꾼들을 직분자라고 부릅니다.

목사는 성도들에게 구원하는 진리를 바르게 전하고 가르쳐 사람을 낚는 일로, 장로는 성도들이 말씀을 듣고 건강하게 태어나고 자라도록 목양하고 지키는 일로, 집사는 성도들의 육적 필요를 채우면서 영혼까지 돌보는 일로 섬기는 사람들입니다.

세 직분은 각각의 일에 대한 고유성을 가지고 있습니다. 집사로 부르심 받은 사람은 집사로 부르심 받은 것이지 목사나 장로로 부름 받은 것이 아닙니다. 따라서 집사가 아무리 말씀을 잘 알고, 말을 유창하게 잘해도 설교할 수는 없습니다. 집사는 집사 고유의 직무를 책임지고 기쁘게 담당해야 합니다. 목사도 장로도 마찬가지입니다. 세 직분자들은 각각 자기 직무에 충실히 봉사해야 합니다.

또한 직분에는 동등성이라는 특성도 있습니다. 목사가 장로나 집사 위에 있지 않습니다. 장로도 집사 위에 있지 않고 목사 아래에 있지 않습니다. 또한 목사 위에 목사가, 장로 위에 장로가 있지 않습니다. 각 직분자들은 직무의 특성상 다른 직무를 감당하는 직분자에게는 독립적이며, 같은 직무를 담당하는 직분자에게서도 독립적입니다. 모든 직분자의 유일한 머리는 그리스도뿐이시기 때문입니다.

우리 선조들은 이것이 성경의 가르침이라고 확신했고, 이에 관해 성경으로 증언한 신앙고백 문서들을 작성했습니다. 선조들은 어떤 사람이 직분자로 부르심을 받게 되는지, 어떤 사람들이 그 직무를 감당할 자격이 있는지까지도 성경을 따라 정리했습니다. 이에 관한 내용도 앞서 말씀드렸던 「웨스트민스터 교회 정치」와 「도르트 교회 질서」 등에 담겨 있습니다.

제가 알고 믿는 바에 따르면, 개혁주의는 개신교 어느 교파보다 직분의 고유성과 동등성을 강조하고 고백합니다. 뒤에서 더 살펴보겠지만, 교회의 건강이 직분의 고유성/동등성에 달려 있다고 믿기 때문입니다. 그래서 개혁주의 교회들은 이를 매우 중요하게 생각하여 성경에서 분명하게 이야기하지 않은 개념들은 모두 거부했습니다. 오직 성경에서 분명하게 말씀하신 가르침만을 따랐습니다. 그래서 오늘날 많은 장로교단의 헌법과는 달리, 우리 선조들은 목사와 장로와 집사(서리집사가 아닌)만을 성경에 근거한 직분으로 보았습니다.

부목사 제도가 나쁜 것일까요? 장점은 없는 것일까요? 서리집사도 교회를 섬길 수 있지 않나요? 잘하고 있는 교회도 있는데, 자꾸 이런 얘기를 나눠야 하는 게 죄송하고 아쉽습니다. 저도 편하지 않습니다. 하지만 많은 교회에서 잘못하고 있다면, 그것이 어찌 잘못한 교회만의 문제이겠습니까? 우리는 모두 한 몸 된 지체인데요…….

목사 위에 있는 목사

저는 G교회에 서너 번 방문한 적이 있습니다. 갈 때마다 부목사님들께서 크게 환대해 주셨습니다. 저 같은 이름 없는 작은 출판인도 존중해 주시고 귀하게 여겨주셔서 큰 위로를 받았던 기억들이 많습니다.

그곳에 처음 방문했을 때였습니다. 그곳 담임목사님께 원고를 청탁하기 위해 시간을 잡고 교역자실에서 잠시 대기하고 있었습니다. 예닐곱 분의 부목사님들, 전도사님들이 작은 창문 하나 없는, 크지 않은 공간을 좁게 나누어 사용하고 계셨습니다. 제가 좀 답답하지 않냐고, 비밀이 전혀 없을 것 같다고 농담을 건넸는데, 목사님들은 교회 생활에 만족하고 감사한다고 하셨습니다. 10분 남짓 두 분의 목사님과 대화를 나눴는데, 그분들이 정말 기쁘게 목회하신다는 느낌이 들었습니다.

잠시 후, 담임목사님이 계시는 당회장실에 안내되었는데, 그곳은 여러 목회자가 사용하는 교역자실보다 세 배 이상은 더 넓어 보였습니다. 넓은 창에, 운동기구까지 있었습니다. 순간 저도 그런 곳에서 일하고 싶다는 마음이 들었습니다.

평소 개혁주의를 열정적으로 가르치고 강조하는 분이셨기에 목사님과 원고에 관해 충분히 즐겁게 이야기를 나눴습니다. 목사님은 교회가 이전부터 개혁주의 전통 안에 있던 교회가 아니었기 때문에 교회를 개혁해 나가기가 쉽지 않다고 하셨습니다. 그러면서 목사님이 오시기 전까지의 교회의 모습에 대해, 오시고 나서 시작하신 개혁에 관해 많이 나눠주셨습니다. 뜻을 함께 모으는 성도들이 있기에 힘이 난다고 말씀하셨습니다.

이후로도 G교회 목사님들과 공적으로도 사적으로도 몇 번 더 교제했습니다. 그러던 어느 날 담임목사님이 교회에서 쫓겨나셨다는 이야기를 듣게 됐습니다. 개혁주의 교리와 교회에서 진행하시던 개혁을 많은 성도가, 특히 장로님들이 반대한 것입니다.

담임목사님은 뜻을 함께하는 분들과 교회를 개척하셨습니다. G교회 첫 방문 때 교역자실에서부터 교제를 시작했던 두 분 목사님께서도 함께했습니다. 두 분의 장로님과 100명이 넘는 성도들이 함께했습니다. 기대됐습니다. 새로 개척한 교회에서는 처음부터 개혁주의가 단단히 뿌리내리길 응원했습니다.

하지만 그로부터 2년이 지난 후 개척을 함께 시작한 부목사님 중 한 분으로부터 안타까운 소식을 들었습니다. 이 목사님을 H목사님이라고 하겠습니다.

H목사님은 개척할 때 많은 기대를 품었다고 했습니다. G교회에서는 개혁주의를 철저히 실현할 수 없었습니다. 많은 눈치를 봐야 했습니다. 부목사들의 처지도 기존 교회와 다르지 않았습니다.

한국의 많은 교회에서 부목사가 그 교회를 얼마나 지속해서 섬길 수 있느냐는 담임목사에게 달려 있습니다. 부목사는 주로 담임목사가 시키는 일을 해야 하고, 적지 않은 경우 담임목사의 비서 역할까지 합니다. 당회에서 발언권도 없습니다.

H목사님은 이제 그런 일이 끝날 것이라고 생각했습니다. 왜냐하면 담임목사님이 G교회 때부터 개혁주의 직분론을 강조해왔기 때문입니다. 그렇지 않은 교회들을 비판해왔기 때문입니다. 건강하지 않은 교회들의 주

요 문제점이 치리를 바르게 행하지 않고, 직분론이 사제주의처럼 변질하였기 때문이라고 역설해왔기 때문입니다. 우리는 이에 대해 앞에서 잠깐 살펴보았습니다. 목사 위에 다른 목사가, 목사 아래에 다른 목사가 있을 수 없습니다.

새로 개척한 교회에서 부목사라는 호칭은 사라졌지만, 담임목사가 아닌 목사들과 전도사들의 사역은 당회가 아닌 담임목사님에 의해 여전히 결정되었습니다. 당회장실과 교역자실의 크기도 크게 다르지 않았습니다. 여전히 담임목사님은 넓은 공간을 혼자 사용했고, 그보다 조금 작은 공간을 다섯 명의 목사님들과 전도사님들이 사용했습니다.

독자분들 중 어떤 분들은 방의 규모가 큰 문제가 되느냐고 질문하실지도 모르겠습니다. 현상은 인식을 보여줄 때가 많습니다. 우리 눈에 보이는 것이 실제 그 문제를 어떻게 생각하느냐를 보여주는 것입니다. 방의 크기 외에는 모든 것을 개혁주의 가르침에 따라 행하고 있다면 방의 크기가 크게 문제 되지 않을 수도 있습니다. 개척교회라는 환경에서 최선이라고 말할 수 있습니다. 하지만 그런 경우는 없습니다. 실제 담임목사가 다른 목사들을, 실제 그 교회가 담임목사가 아닌 다른 목사들을 어떻게 생각하는지가 방의 크기에, 그리고 당회 발언권 유무 등에서 드러납니다.

H목사님만이 아니라 다른 분들도 여전히 담임목사님의 지시에 따르는 부교역자였습니다. 비서 역할도 누군가는 해야 했습니다. H목사님은 차라리 개척 초기에 개혁주의의 직분에 대해서 강의하지 않았다면 더 좋았을 것이라고 말했습니다. 담임목사님은 자신이 쫓겨나게 된 억울함에 관해 변호하면서 개혁주의 직분론을 강의했습니다. 하지만 개척교회에

서 크게 달라진 것은 없었습니다.

H목사님은 G교회에서 부목사들이 모두 당회 발언권을 갖고 있었다면 담임목사님이 쫓겨나지 않았을 것이라고 말했습니다.

담임목사님을 정말 좋아해서 개척할 때 따르기까지 한 성도 중 일부가 H목사님과 함께 다시 교회를 옮겼습니다. 집사 직분자를 선출하는 과정에서 크게 실망했기 때문입니다. 직분과 교회 질서에 관한 담임목사님의 이중적인 태도에 그분의 설교 말씀까지 신뢰할 수 없게 되었기 때문입니다. 함께 뜻을 모았던 그분들은 이제 각자 다른 길을 걷게 됐습니다. 진짜 개혁주의가 있을까 슬퍼하면서……. 그리고 몇 사람은 아예 개혁주의를 떠났습니다.

가르침 받은 대로 순종했으나 쫓겨난 장로들

I시의 J교회는 일찍부터 개혁주의 신학에 헌신한 교회였습니다. 담임목사인 K목사님은 뜨거운 설교로 유명했습니다. 교회 차원에서 개혁주의 세미나와 콘퍼런스도 많이 열어 많은 사람이 동경하고, 배우러 오는 목회자 후보생들도 많았습니다. J교회는 개혁주의 교회들의 모델이 되었고, 많은 사람이 J교회를 한국 개혁주의의 희망이라고 생각했습니다.

그런데 몇 년 전에 장로님 몇 분이 쫓겨나고, 수십 명의 성도가 교회를 옮기는 일이 발생했습니다.

가르침 받은 대로 실천한 장로들

약 10년 전에 선출된 장로님들 중 몇몇 분들은 실제로 장로가 되어 교회를 섬기기 시작하니 교회에 이상한 점이 한둘이 아님을 알게 됐습니다. 장로님들은 성경을 통해 배운 대로, 담임목사님께 배운 대로, 또 장로로 준비하면서 배운 책의 내용대로 당회가 운영되길 기대하고 바랐습니다. 그러나 당회의 많은 일이 회의를 통해서가 아니라 담임목사님의 지시사항으로 처리되었습니다. 예산을 심의하고 집행하는 일뿐만 아니라, 부목사와 교육전도사를 임명하는 일 모두 담임목사가 단독으로 결정해 온 것입니다. 장로님들이 당회에서 하는 일은 대부분 형식적이었습니다. 어떻게 보면 큰 회사의 이사회 같은 모습이었다고 합니다.

몇몇 부분이라도 조금씩 바꿔보고자 건의도 하고, 설득도 해봤지만, 그분들은 소수였고, 감히 영향력 큰 담임목사님께 하나하나 따질 수도 없어서 속앓이만 했습니다.

시간이 흐르면서 장로님 몇 분이 은퇴하시고, 새로 시무를 시작하는 장로님들이 당회에 들어오게 됐습니다. 그런데 이때 들어오신 분들의 성향이 주로 개혁적이어서 이전부터 당회와 교회를 바꾸고 싶은 장로님들은 개혁을 꿈꾸기 시작했습니다.

개혁 성향인 장로님들이 당회에서 절반을 넘자 개혁주의에 합당하게 당회와 교회를 개혁하자는 이른바 개혁파 장로님들이 당회의 모습을 조금씩 바꿨습니다.

먼저 담임목사가 지시사항으로 했던 거의 모든 일을 회의를 통해 처리하도록 건의하고 표결에 부쳐 통과시켰습니다.

언젠가 당회가 값비싼 호텔을 잡아 교회 예결산을 처리하던 일이 있었습니다. 각 부서에서 올라온 보고서를 살펴본 뒤, 담임목사의 지시로 심의를 했습니다. 한 해 수십억의 교회 예산을 다루는 일이라 많은 인력과 시간이 필요한데, "이거 어서어서 빨리 끝내고, 우리 맛있는 거나 먹으러 갑시다"라고 말하며 대충 처리해 버렸습니다. 한 부서에서, 한 소그룹에서 왜 이런 일을 했는지, 또 얼마큼의 예산이 필요한지에 대해 현장의 목소리를 직접 듣는 일은 거의 없었습니다. 주로 각 부서에서 받은 보고서만 참고했습니다. 하지만 맛있는 것을 고르는 일은 대충 하지 않았습니다. 비싼 숙박비와 음식값은 단순히 당회 활동비라는 이름으로 처리됐습니다. 하지만 이때부터 교회 예결산을 처리하는 일도 꼼꼼히 챙겼습니다. 현장의 목소리를 직접 들으려고 노력했고, 담임목사의 지시가 아니라 당회원 전체의 표결로 심의했습니다.

장로는 설교단을 지키고 보호하며, 성도들을 선포된 말씀에 따라 목양하는 직분자입니다. 그런데 그동안은 장로의 주요 업무가 목양이 아니라 행정이었고, 사소한 일에서조차 대기업 회장에게 결재받는 것처럼 일해왔습니다. 개혁이 시작되자, 이때부터 결재서류를 들고 당회장실 앞에서 줄 서서 대기하다가 한 명씩 들어가 결재를 받는 일도 사라졌습니다. 모든 일을 당회에서 회의를 통해 처리했습니다. 성도들은 주일마다 이전 예배와 다음 예배 사이에 당회장실 앞에서 줄 서서 대기하던 장로님들과 집사님들을 이제는 볼 수 없게 됐습니다. 많은 사람이 그런 변화 자체를 인지하지도 못했지만 말입니다.

저는 지금 개혁주의 교회 이야기를 하고 있습니다.

일곱 분의 장로가 있는 J교회는 교인 수에 비해 장로 수가 적었습니다. 장로 직무를 온전히 수행할 수 없는 구조였습니다. 개혁파 장로님들은 행정이 아니라 제대로 된 목양을 하고 싶었습니다. 목양이야말로 교회의 머리이신 그리스도께서 장로를 세우신 주된 이유라고 굳게 믿었기 때문입니다. 이는 담임목사인 K목사님도 장로 직분자 교육 시간에 수없이 강조했던 가르침이었습니다. 그래서 당회로 모였을 때 더 많은 장로가 필요하다고, 그리고 행정 일을 줄이고 목양에 집중하고 싶다고 의견을 냈습니다.

K목사님은 이런 일이 불쾌했습니다. 자신에 대한 도전이라고 생각했습니다. 교회의 질서를 어지럽힌다고 생각했습니다. 왜냐하면 지금까지 자신이 생각한 대로 교회가 잘 흘러왔기 때문입니다. 자신이 생각하기에는 누구도 불만이 없고, 누구도 답답함이 없고, 모두가 자신의 설교를 통해 은혜를 받고 있고, 모두가 자신의 강의와 책을 통해 큰 도움을 받고 있었기 때문입니다.

쫓겨난 장로들

개혁파 장로님들이 성도들의 영혼을 돌볼 장로들이 많이 필요하다며 이에 관한 안건을 제출한 것이 K목사가 보기에는 자신을 완전히 쫓아낼 것처럼 보였을지도 모르겠습니다. 개혁파 장로들과 생각이 비슷한 사람들이 당회에 많이 들어오게 되면 상황이 더 나빠지리라 판단했을지도 모릅니다. 안건이 제출되자, 몇 주 후 K목사는 이전에는 정식 당회원으로 인정하지 않았던 (그리고 대부분 자신을 잘 따르는) 부목사들을 정식 당회원으로 먼저 인정하자고 했습니다. 그래서 이전보다 더 성경적인 당회 구조에서 모든 안건을 다루자고 역제안했습니다. 장로님들이 보기에도 부목사님들이 당회에 들어와서 함께 적극 의논하고 결정하는 것이 더 합리적인 교회 정치였습니다.

그러나 부목사님들이 들어와서 표를 행사하자 개혁파 장로님들이 다시 소수가 되었습니다!

개혁파 장로님들은 충격을 받았습니다. 이때부터 교회는 많은 일이 이전으로 돌아가기 시작했습니다. 개혁파 장로님들이 더 강하게 개혁하려던 여러 안건이 폐기되었습니다. 그중에는 2년마다 교회와(실제로는 담임목사와) 계약을 갱신해야 했던 부목사님들의 처우를 개선하는 내용도 있었습니다.

그리고 이후 공동의회를 전후해서 개혁파 장로님 중 몇 분이 스스로 은퇴하고 교회를 옮기는 모습으로 장로 직분을 내려놓게 됐습니다. 실제로는 쫓겨난 것이었죠.

소수의 사람만 알 뿐 대부분의 성도는 교회에서 무슨 일이 일어났는지 알지 못했습니다. 담임목사는 교회를 어지럽히려는 일이 있었지만, 하나님께서 은혜를 주셔서 지금은 잘 해결되었다고 했습니다. 하지만 자신은 5년 동안 너무나 괴로웠다고 말했습니다. 자기는 아무런 힘이 없었기에 골방에서 기도하면서 오직 하나님의 은혜와 긍휼만 구했다고 했습니다. 자비로우신 하나님께서 J교회를 불쌍히 여겨주셨기에 아직 자신 같은 사람이 이 교회를 계속해서 섬길 수 있게 되었다고 했습니다.

점점 더 많은 성도가 이 일에 대해 궁금해했지만, 담임목사의 입장만을 들을 수 있을 뿐이었습니다. 담임목사는 몇 달간의 광고 시간 동안 이 일에 대해 성도들이 함부로 수군대지 말고, 겸손하게 자신을 낮추고, 담임목사와 현재 당회를 전적으로 신뢰하고, 다만 교회를 위해 기도해 달라고 요청했습니다. 담임목사는 또한 자신을 다윗에 빗대어 몇 주간 설교하기도 했는데, 주로 다윗이 사울 등에게 쫓기는, 그러나 오직 하나님의 도움의 손길만 바라는 내용의 설교들이었습니다.

함께 분노하고 함께 교회를 나간 성도들

N집사님은 J교회에서 열심히 봉사해 왔습니다. 그래서 여러 장로님과도 친하게 지냈고, 담임목사님과도 세 번 정도 식사 교제를 따로 한 적도 있었습니다. N집사님은 개혁파 장로님들이 개혁을 시작한 지 몇 달 후부터 이 모든 일을 때로는 가깝게, 때로는 멀리서 다 지켜보았습니다. 목사님을 지지하는 장로님과도 친했고, 개혁파 장로님과도 친했기 때문에 양쪽의 말을 다 들을 수 있었습니다.

N집사님은 그래서 너무나 괴로웠습니다. 본인이 볼 때 개혁파 장로님들이 조금 과한 면은 있었지만, 어쨌든 자기가 생각해도 개혁파 장로님들이 틀린 것은 없었습니다. 담임목사는 일반 성도들이 보는 것과는 다른 모습이 많았고, 본인이 강조하고 가르친 것과는 다른 방식으로 교회를 운영해 온 것이 사실이었습니다.

하지만 '내가 무엇을 할 수 있을까?' 하는 질문에 답을 할 수가 없었습니다. 자신도 담임목사가 썩 좋은 것은 아니었습니다. 담임목사님과의 제일 첫 식사 교제 때가 떠올랐습니다. 담임목사님과 식사 교제할 날짜가 정해지자, 교구 목사님께 연락이 왔습니다. 무척 영광스러운 자리이니 기쁘게 생각하라고 했습니다. 그리고 담임목사님이 좋아하는 음식을 말해준 후, 이 중에서 골라 좋은 식당을 잡은 후 장소를 알려달라고 했습니다. 약속 당일, 약속 시간에 먼저 가서 기다렸습니다. 약속 시간 5분 전에 담임목사님 차가 식당 주차장으로 들어왔는데, 운전석에서 교구 목사님이 내리시더니 뒷좌석 쪽으로 가서 담임목사님을 위해 문을 열어드렸습니다. 그때의 인상을 N집사님은 잊을 수가 없었습니다. 설교와 책을 통해 그렇게 겸손을 강조하시던 목사님이셨는데, 그날 담임목사님의 모습은 겸손과는 매우 멀어 보였습니다. 음식이 잘 넘어가지 않았습니다. 담임목사는 자신에게 질문도 거의 하지 않았고, 자신의 이야기도 듣고 싶지 않은 듯 보였습니다. 왜냐하면 식사 시간 내내 자기 이야기만 했기 때문입니다. 식사 후, 차를 마시는 짧은 시간 동안 담임목사가 자신에게 몇 가지 인적 사항과 가족관계를 물어보고, J교회에는 어떻게 오게 됐는지 간단히 물은 후, 신앙생활 열심히 하라는 말을 남기고 자리에서 일어섰습니다. 그것이 담임목사님과 N집사님의 첫 식사 교제였습니다.

집에 돌아가 J교회에 계속 있어야 하는지 고민을 잠깐 했습니다. 있었던 일을 아내에게 다는 말하지 못하고 대강 말했습니다. 하지만 그럴 수도 있지 않으냐면서, 무엇보다 말씀이 너무 좋으니 혹 다른 데 흠이 있으면 어떠냐는 아내의 말에 그냥 고민을 내려놓았습니다. 세상에 완벽한 목사도 성도도 교회도 없다는 생각으로 생각과 마음을 달랬습니다. 가족들이 워낙 담임목사님을 좋아했기 때문에 자신만 마음을 잘 다스리면 된다고 생각했습니다.

그리고 정말 열심히 봉사했습니다. 열심히 말씀 듣고, 들은 말씀대로 살려고 노력하고, 교회를 위해 기도하고, 사람들을 섬겼습니다. 하지만 이 큰 사건이 터지자 정말, 정말 어떻게 해야 할지… 눈앞이 깜깜했습니다.

쓸데없이 이상한 소문이 퍼지지 않게 교회에서 잠잠하게 하려는 노력과는 달리 점점 더 많은 성도가 이 사건에 대해 조금씩 조금씩 알기 시작했습니다. N집사님에게도 많은 사람이 물었습니다. 또 먼저 자신의 생각을 나누는 사람들도 있었습니다.

그러던 어느 날 교회 회계팀에서 같이 섬기는 L집사가 토요일 오전에 전화를 걸어왔습니다. 중요한 얘기가 있으니 당장 만나자고 했습니다. 오후 3시쯤 두 사람은 교회 앞 작은 커피숍에서 만났습니다.

L집사님은 만나자마자 이 사건에 대해 알고 있었느냐고, 언제부터 알고 있었느냐고 물었습니다. 자신은 이번 주에 들었다면서, 쫓겨난 장로님과 교회를 옮긴 몇몇 성도들을 만났다고 말했습니다. 그러면서 개혁파 장로님들을 전적으로 두둔했습니다. 전적으로 공감하고 지지한다고. 그렇게 한참 열을 내며 이야기하더니, 이어 자신의 이야기를 꺼냈습니다.

L집사님은 10년 전 J교회에 등록했습니다. 등록한 후 얼마 안 되어 첫 아이를 낳았고, 곧이어 유아 세례 교육을 몇 주 동안 받았습니다. J교회는 개혁주의를 지향하는 교회답게 세례 교육을 강조했습니다.

교회는 그리스도께서 제정하신 세례가 우리 믿음을 얼마나 강화하고 견고하게 하는지, 또 세례를 얼마나 주의 깊게 베풀어져야 하는지 등을 힘 있게 가르쳤습니다. 또 어떤 사람이 세례를 받을 수 있고, 받아서는 안 되는지도 경계시키며 성도들이 자신을 돌아보도록 권했습니다. 성경과 초대교회, 종교개혁 때의 이야기를 통해 L집사는 많은 내용을 배웠고 신선한 충격까지 받았습니다. 교회에 열심히 출석한다고 다 세례를 받는 것이 아니라, 하나님과 사람 앞에서 하나님에 대한 신앙을 고백할 수 있어야 했고, 그 신앙고백이 진실한지를 삶이 증언한 사람만이 세례를 받을 수 있었기 때문입니다. 특히 가족들의 증언과, 함께 일하거나 공부하는 사람들의 증언이 필요하고 또 무척 중요함을 깨달았습니다. 우리 선조들은 세례 받을 사람의 자격을 소극적으로 검토하지 않았습니다. 신앙고백과 삶에서 크게 문제 삼을 만한 점이 없다는 것으로는 충분하다고 보지 않았습니다. 신앙고백과 삶이 분명하고 풍성하게 하나님에 대한 사랑과 이웃 사랑을 나타내야 참되고 신실한 믿음을 지닌 신자로 판단하고 세례를 베풀어 온 것입니다. 교회는 초대교회 때도, 종교개혁 때도, 대각성과 부흥의 시대에도 선조들이 세례를 신중하게 베풀었다고 가르쳤습니다. 뜨거운 열심만 보여서도 안 되었고, 지식이 많다고 해서 그 사람의 신앙을 인정해주지도 않았다고 했습니다. 오늘날 교회와는 달리 그때에는 교회에서 세례받은 사람의 수가 절반이 안 되는 경우가 많았다고 했습니다.

L집사는 그렇게 세례에 대한 교육을 먼저 받은 후에, 유아 세례가 무엇인지, 왜 유아 세례를 베풀어야 하고, 어떤 자녀가 유아 세례를 받을 수 있는지 등을 무겁게 배웠습니다.

그런데 교육을 받다 보니 앞뒤가 맞지 않다고 느껴지는 것이 있었습니다. L집사는 자신과 같은 시기에 등록한 O성도와 가깝게 교제하고 있었습니다. 하지만 O성도는 그리스도인이라고 불리기에 적극적인 증거가 많지 않아 보였습니다. 말씀과 기도 생활은 가벼웠고, 아직 많은 가치관이 세속적이었습니다. 그런 O성도도 세례를 받기 위해 교육을 받고 있었기 때문입니다. 세례가 그렇게 중요하고 무거운 것이라고 강조하던 교육과는 다른 현실이었습니다. 분명하고 진실한 신앙고백과 삶의 모습이 드러나야 세례를 베푼다는 교육 내용과 교회에서 실제 세례를 베푸는 현실은 정말 많이 다르다고 느꼈습니다.

또 한 가지 의문점은, 유아 세례의 자격 문제였습니다. 배운 바에 따르면 세례받은 자의 영아는 유아 세례를 받을 수 있다고 했습니다. 성경도, 우리 선조들도 그렇게 말하고 있습니다. 하지만 실제로는 유아 세례 교육을 다 받고, 신앙고백서를 작성해서 담당 교구목사 한 명, 담당 교구 장로 한 명과 상담을 해야 했습니다.

L집사는 자신과 아내가 세례교인이니, 그리스도를 주와 구주로 고백하는 그리스도인이니 그것 자체로 자녀가 유아 세례를 받을 수 있는 것 아니냐고 담당 교구 목사에게 문의했습니다. 유아가 세례를 받는 것은 유아의 신앙고백 때문이 아니라 유아가 그 부모와 함께 맺게 된 언약 때문이니, 부모가 이미 세례를 받으며 신앙고백 했다면, 더 필요한 조건이 없는 것 아니냐고 물었습니다. 부모가 세례를 받았을지라도, 유아 세례 교육을 받지 않고, 신앙고백서도 따로 작성하지 않으면 자녀에게 유아 세례를 베풀 수 없냐고 질문했습니다. 부모가 받은 세례를 인정하지 않는 것인지 물

었습니다. 자신들이 받은 세례만의 문제가 아니라 오늘날 교회에서 베풀어지고 있는 세례가 모두 부족하다고 생각해서 이런 과정을 꼭 거쳐야 하는 과정으로 정한 것인지 궁금해했습니다.

담당 교구 목사는 한참을 좋게 이야기하다가 얘기가 정리가 잘 안 되자 L집사에게 이렇게 제안했습니다.

> "그러면 L집사님만 이번에 따로 저희가 더 신경 써 드릴게요. 남은 교육은 이제 받지 마시고요, 신앙고백서 작성하는 것도 안 하셔도 되고요. 하지만 유아 세례의 의미를 잘 알고 계시는지 등은 목회자가 성도의 가정을 살피는 중요한 일이니까, 유아 세례식 하기 전에 저희가 한 번 심방하는 것으로 끝낼게요. 어떠세요?"
> "아니, 목사님, 저희가 저희만 특별히 대우해 달라는 게 아니잖습니까?"
> "그럼 저희가 어떻게 해드려야…….."
> "제 입장이 맞다면 저희만이 아니라 유아 세례 교육을 받고 있는 다른 모든 가정도…"
> "아, 그렇게는 안 될 것 같고요…….."

결국 L집사의 첫째 아이는 이때 유아 세례를 받지 않았습니다. 아이가 만 2년이 되려면 시간이 많이 남았기에, L집사는 이후 지속해서 유아 세례 교육에 관해 건의했습니다. 하지만 10년이 지나도록 변화된 것은 없었습니다. 똑같은 이야기를 2~3년마다 바뀌는 담당 교구 목사님께 똑같이 해야 하는 자신만 점점 이상한 사람이 되는 것 같았습니다.

"N집사님, 결국 저희 둘째 아이도 유아 세례를 받지 않았습니다. 주위에선 다 받았는데 저희 아이들만 못 받아서 속상합니다. 하지만, 제가 무리한 요구를 했나요? 이상한 요구를 했나요? 세례가 중요하다고 가르쳤으면, 가르친 대로 교회가 해야 하는 거 아닙니까? 가르치는 것 따로, 현실 적용 따로 하면 안 되죠. 성도들에게도 그렇게 살라고 말하는 것과 똑같잖아요. 성도들도 말씀 듣는 것 따로, 사는 것 따로 해도 교회가 할 말이 없겠네요? 옛날처럼 3년을 충분히 철저하게 지켜보고 하는 게 어렵다면, 1년이라도, 정말 많이 양보해서 1년이라도 그 사람에게서 신앙이 있다는 적극적인 증거를 찾아야 하는 거 아니에요? 제가 볼 때는 세례가 중요하다고 가르치면서 실제로는 세례를 이렇게 가볍게 주니까, 성도들이 세례받았다는 것으로는 그 사람이 참된 신자인지 아닌지를 알 수 없어서 불안해서 그런 거 같습니다."

"아이고, L집사. 그냥 그 정도는 좀 교회가 하자는 대로 하지 그랬어. 어쨌든 유아 세례받는 거 자체가 중요하잖아."

"집사님, 그렇죠. 유아 세례 중요하죠. 그래서 그랬던 겁니다. 너무나 중요하니까, 제대로 받고 싶었던 거죠. 그리고 저희만 특혜를 받는 것같이 대우해주는 것이 싫었어요. 그건 아니잖아요. 그런데 이번에 일어난 사건 얘기를 들으면서 확신이 가더군요. 교회는 실제로 목양에 관심이 없어요. 성도들의 삶에 관심이 없어요."

"에이, 뭘 또 그렇게까지 얘기해."

"아니에요. 정말 그렇다니까요. 유아 세례도, 만약 교육하시는 목사님들이나, 담당 교구 목사님들께서 차라리 원칙적으로는 이런데, 우리 교회가 커서 성도 가정을, 자녀들을 세세히 신경 쓰지 못해서 그렇다고. 이해 좀 해 달라는 식으로 말했다면 저도 조금은 양보했을지 몰라요."

"그럼 양보 좀 하지 그랬어?"

"우리 가정만 특별히 봐주겠다는데 어이가 없잖아요. 그게 목양이에요? 다른 가정은요? 모든 가정이 동일한 사랑과 관심을, 목양을 받아야 하는 거잖아요. 이번에 쫓겨나신 개혁파 장로님들이, 목양은 강조하지만 목양 없는 이 교회를 얼마나 바꾸려고 노력하셨는지 들으니 눈물이 나더라고요. 제가 B장로님께 이야기를 듣는데, 정말 눈물이 계속 나더라고요. 얼마나 고통스러우셨을까? 얼마나 외롭게 싸우셨을까? 얼마나 힘드셨을까……."

"L집사, 한쪽 이야기만 듣고 판단하지는 맙시다."

"집사님, 꼭 양쪽 다 들어봐야 압니까? 오만하고 진실하지 않은 쪽 이야기를 들어봤자 객관적으로 판단하는 데 도움이 되나요? 전 진실한 쪽의 이야기만 들어봐도 때로는 충분하다고 생각합니다. 그나저나, 집사님은 여기저기서 들은 이야기 많으시죠? 알고 계시는 거 있으시죠? 직접 본 것도 있으신 거죠? 집사님께서 보시기에는 어떠세요? 쫓겨나신 장로님들이 뭘 잘못했나요?"

"맞아. 나도 B장로님 만나서 얘기해보고 그랬는데, 선의에서 하신 일들 많지. 좋은 것들도 많고. 그런데, 당회에서 수가 많다고 수로 막 밀어붙이고 하는 것들은, 그래, 절차상 막 보기에 좋고 그렇지는 않았어."

"그게 밀어붙인 건가요? 그러면 그전에는요? 담임목사님이 혼자서 다 결정하고 명령하고 하던 거는요? 또 지금은요? 부목사님들 다 당회로 불러들인 지금은 밀어붙인 거 아니고요?”

“아무튼 정말 제대로 된 개혁을 하려면 흠잡을 데 없어야 해.”

“집사님, 만약 절차상 그런 모습들이 악이라고 해요. 잘못이라고 해요. 그러면, 그런 소악이, 그런 작은 잘못들이 그렇게 큰 문제가 된다면, 거악은요? 담임목사님이 그동안 행해온 그 많은 거악은요?”

“하아…. L집사, 우리 기도합시다. 하나님께 먼저 기도합시다.”

“집사님, 매번 이렇게 기도만 하자고 하시니 정말 집사님께 실망감이 들려고 합니다. 지금까지는 기도 안 해왔나요? 기도만 하면 되나요? 제가 정말 궁금해서 그러는데요. 집사님도 기도 계속해오셨잖아요. 그 기도 응답이 무엇인가요? 기도 응답이 계속 기도하라는 건가요? 제가 생각하는 기도 응답은 달라요. 기도도 해야죠. 기도 없이는 안 되죠. 하지만 기도만 하는 것은 기도 응답이 아니에요. 아프면 기도만 하실 거예요? 약은 안 드시고, 병원은 안 가보시고 기도만 하실 거예요? 건강이 좋지 못하다면, 건강하길 원한다는 기도만 해서는 안 되잖아요. 그 기도의 결과가 무엇이어야 할까요? 기도는 생각하게 하고 마음을 움직이지 않나요? 운동해야겠다, 식단 조절해야겠다고 마음먹고 실천하게 하지 않나요? 건강검진의 결과가 권면 정도가 아니라 경고라면, 당장 무언가를 시작해야 하는 거 아닌가요? 가족 중 한 명의 건강이 심히 걱정된다면, 보기에도 위태로워 보인다면, 한두 번의 권면으로 끝날까요? 그가 운동하도록, 식단을 조절하고, 병을 이겨내도록 함께 무엇인가를 하지 않을까요? 조금 불편해도 함께 식단을 맞추고, 함께 운동할 계획도 세우고 말입니다.”

"……."

이후 L집사님과 같은 사람들은 장로님들께, 목사님들께 다양하게 건의하고 요청했습니다. 1년에 한 번, 그것도 교회가 크다는 이유로 다른 사람들과 함께 받는 심방 말고, 정말 담당 목사님과 장로님이 정기적으로, 또 필요에 따라 비정기적으로 각 가정을 헤아리고 살피는 심방을 받고 싶다고 건의했습니다. 교회에서 중요한 일은 각 성도가, 각 가정이 튼튼히 서고 자라는 것이니 이 일을 제일 중요하게 여겨 달라고 요청했습니다. 그리고 개혁파 장로님들이 추진하다가 막힌 안건들을 계속해서 제안했습니다.

하지만 그럴수록 교회는, 담당 교구 목사들과 장로들은, 또 다른 많은 일꾼은 L집사님과 같은 사람들을 교회에 불만만 많고 교회를 어지럽히는 사람들로 간주했습니다. 이분들은 분쟁을 만들지 말고 분열을 일으키지 말라는 경고를 받았습니다.

결국 어떤 사람은 쫓겨나고, 어떤 사람은 견딜 수 없어 교회를 옮겼습니다.

치리가 행해지지 않음

개혁파 장로님들은 쫓겨나기 전에 이 문제를 공동의회에서 다루고 싶었습니다. 하지만 소수의 의견으로 묵살됐습니다. 그래서 노회에 이 문제를 가져가고 싶었습니다. 하지만 노회로 가져가기도 전에 교회에서 쫓겨났습니다. 게다가 사실 노회를 기대할 수가 없었습니다. K목사님이 유명하고 힘 있는 분이라서 사실상 J교회가 속한 노회는 J교회의 목소리에 따라 좌지우지되었기 때문입니다.

남아 있는 성도들이 할 수 있는 것도 없었습니다. 진실을 알고자 하는 노력도 큰 방해를 받았습니다. 온갖 제안을 했지만, 번번이 가로막혔습니다. 오히려 그런 이야기를 할수록 교회에서 교회를 사랑하지 않는 자라는 눈총만 받았습니다.

개혁파 장로님들이 장로로 세워지면서 가르침 받았던 개혁주의 교회 정치 원리는 제 기능을 하지 못했습니다. 치리는 없었습니다. 이런 문제들 때문에 하나님께서 교회 정치에 대한 가르침을 성경에 주셨고, 우리 선조들이 성경 말씀에 따라 공적으로 정리하고 선언하기까지 했지만, 실제 문제가 터졌을 때 교회 정치는, 치리는 없었습니다. 장로교회와 개혁교회 모두 교회에서는, 신학교에서는 중요하다고 가르쳤지만, 교회 정치는, 치리는 없었습니다. 헌법 책에 들어 있을 뿐, 책 안에 들어 있을 뿐, 가르치는 자들의 머릿속에만 들어 있을 뿐 실제로는 존재하지 않았습니다.

아예 개혁주의에서 떠나다

저는 전에 J교회에서 신앙생활 하시다가 앞의 사건 후로 교회를 떠나신 P집사님을 만난 적이 있습니다. P집사님은 자신과 비슷한 시기에 교회를 옮긴 사람이 스무 명은 넘는다고 했습니다. 그 이후에도 사건을 알게 되는 사람들은 교회를 옮기거나 무척 고통스러운 가운데 신앙생활을 하고 있다고 했습니다. 그런데 이분이 J교회를 나오시면서 하셨던 말씀들이 저에게는 너무 큰 아픔이었습니다.

"저도 이제 이 교회를 떠나려 합니다. 예전에는 담임목사님 설교가 참 좋았는데, 요 몇 년 새에 설교가 잘 와닿지 않더라고요. 전에는 설교가 뜨거웠는데, 그리스도가 설교의 중심이었는데, 요새는 자꾸 정치 이야기나 하시고…."

"설교가 성경 내용보다는 철학적으로 많이 바뀌었다고 들었습니다."

"맞아요. 게다가 회개, 겸손 이야기하시는데 귀에 전혀 들어오지가 않네요."

"아무래도 그러시겠죠."

"그래서 요새는 예전에 읽었던 책들을 좀 꺼내서 읽기 시작했어요. 여기 교회 오기 전에는 많이 읽고 즐겨 읽었는데, 아시다시피 여기 교회에서는 그런 책들 별로 안 좋아하잖아요. 담임목사님도 공개적으로 비판하시고요."

"어떤 책들을 읽으시는데요?"

"헨리 나우웬 책을 무척 좋아했어요. 그때도 좋았는데 지금 읽어도 좋네요. 그리고 관상기도 관련 책들을 최근 읽기 시작했는데 제 마음이 편안해지고 참 좋네요."

"K목사님이 잘못한 것들이 있고, 그래서 설교 듣기가 어려우시겠다는 생각은 듭니다. 하지만, 집사님, 개혁주의 자체가 잘못된 것은 아니잖아요. 거짓되거나 잘못된, 오만한 개혁주의자들의 잘못인 거잖아요. 이곳에 계시면서 배웠던 개혁주의 신학 자체가 잘못된 것은 아닌 것을 아시잖아요?"

"네, 맞아요. 개혁주의 자체가 잘못된 것은 아니겠지요. 하지만 말입니다. 개혁주의는 더 이상 제 마음을 뜨겁게 하지 못해요. 그리고 사실 지쳤어요. 저요? 저 정말 이곳에서 봉사 열심히 했습니다. 옛날에 하셨던 설교까지 찾아서 듣고 그랬어요. 하지만 이번 일을 겪으면서 회의감이 듭니다. 개혁주의가 정말 옳은 걸까? 가장 성경적인 걸까? 그렇다면 왜 우리 교회가 이렇게 되었을까? 왜 주변에 교만하고 위선적인 사람이 많은 걸까? 이곳에 처음 오는 사람들은, 우리 교회 밖에 있는 사람들은 우리 교회를 좋은 교회로 알고 있지만, 글쎄요, 전 잘 모르겠어요. 어쨌든 지금은, 당분간이 될지 어떨지 모르겠지만, 저는 개혁주의에 더 이상 관심이 없습니다. 제가 보기에는 그동안 우리 교회에서 비판했던 복음주의가 훨씬 더 건강하고 따뜻해 보입니다. 행여라도 신학과 사람은 나눠서 생각하라는 말 같은 건 하지 마세요. 그것이야말로 가장 비겁한 변명 아닐까요?"

P집사님은 이전 교회들에서 말씀에 대한 갈급함을 채우지 못했었습니다. 그러다가 J교회를 알게 되었고, J교회에서 말씀에 대한 갈증을 채우고, 개혁주의도 충실히 배워오셨습니다. 개혁주의가 주는 기쁨과 자유 때문에 신앙생활을 행복하게 하셨다고 했습니다. 그동안은 가짜 신앙, 가벼운 신앙이었다면, J교회에서의 신앙이야말로 진짜 신앙이라고 생각하셨다 했습니다. 하지만, 그런 분이 다시 이전으로 돌아가셨습니다. 사실은 여기도 아니었다고 하면서요.

P집사님이 여러 곳에서 부지런히 봉사하던 분이셨기에, P집사님이 교회를 옮기자 수군대는 사람이 많았다고 들었습니다. 그 빈 자리를 걱정하는 사람들, P집사님의 영혼을 걱정하는 사람들, 그리고 개혁주의를 떠났

다고 비난하는 사람들…….

다른 개혁주의 교회를 찾아 떠나는 사람들도 있었지만, P집사님처럼 아예 개혁주의를 떠나는 사람들이 더 많았습니다.

하지만, 누가, 대체 누가 P집사님을 비난할 수 있을까요? 누가 그렇게 교회를 떠난 그들을 욕할 수 있을까요? '대체 누가, 그 무엇이 그들을 이전으로 돌아가게 했나? 다른 교회를 찾게 했나?'라고 질문하고 답하는 게 우리의 할 일이 아닐까 싶습니다.

가만히 있는 사람들

L집사님은 처음에는 K목사님과 장로님들이 너무 미웠다고 했습니다. 하지만 어느 순간부터는 이 사건을 알면서도 가만히 있는 다른 성도들과, 이 사건을 객관적으로 보려 하지 않고 K목사님을 무조건 두둔하는 사람들이 더 미워졌다고 말했습니다.

많은 교회에서 이런 일이 일어납니다.

어떤 사람들은 신중히 판단해야 한다고 말합니다. 맞는 말입니다. 함부로 판단해서는 안 됩니다. 한쪽 이야기만 들어서도 안 됩니다. 그러나 정말 한쪽 이야기만 듣고 판단해서는 안 되기 때문이라면, 양쪽 이야기를 다 듣고 나서는 바로 행동에 나서야 합니다. 하지만 양쪽 이야기를 다 듣고 나서 행동하는 사람들이 얼마나 있을까요?

신중히 판단해야 한다고 말하지만, 실제로는 실제 어떤 일이 있었는지를 알려고 노력하지 않습니다. 물론 어려운 일입니다. 감추고 싶어 하는 자들이 어떻게든 감추려 하니까요. 자신들의 이야기만 들으라고 하거나, 자신들에게 유리한 이야기만 공개하고 알릴 테니까요. 그리고 무슨 일이 있었는지, 무엇 때문인지 알려고 할수록 교회를 신뢰하지 않고 갈등과 분열을 일으키는 사람들로 여겨질 테니 말입니다. 그러나 그래도, 그럴수록, 그럼에도 불구하고 우리는 신중히 판단하기 위해서 적극적으로 알려고 해야 합니다. 그런 사건들은 결코 남의 일이 아니라 바로 우리 일이기 때문입니다. 가깝든 멀든, 그것은 우리 교회 일이고, 그리스도의 몸 된 지체된 우리 자신의 일이기 때문입니다. 한 사람이면 패하겠거니와 두 사람이면, 여러 사람이면 맞설 수 있습니다.

어떤 사람들은 교회 입장을 무조건 두둔합니다. 우리 목사님이 그럴리가 없다는 겁니다. 우리 목사님은 그러실 분이 아니라는 겁니다. 그 마음을 이해합니다. 지금까지 교회에서 말씀을 들으며, 봉사하며 살아왔습니다. 이 교회가 지금 여기까지 온 것은 이들의 봉사와 사랑 때문입니다. 그런데 그 교회가 자신들이 보기에는 중차대한 문제가 아닌 일들로 무너지고 사람들의 입에 오르내리는 것이 너무나 싫은 것입니다.

어떤 사람들은 자신에게 일어난 일이 아니라는 이유로 그런 문제들에 아예 관심을 두지 않습니다. 저는 정말 바라건대, 이들이 여러 어려움을 겪을 때 교회의 도움을, 다른 이들의 관심과 지지와 사랑을 받을 수 있기를 바랍니다. 그리고 회개하기를 바랍니다. 우리가 단지 우리 일이 아니라는 이유로 안타까워하기만 한다면, 우리가 어려움에 부닥쳤을 때 다른 사람들도 안타까워하기만 할지도 모릅니다.

아동 성추행을 덮다

L집사님은 교회 주일학교 부서에서 있었던 아동 성추행 사건을 떠올립니다.

주일학교 교육 전도사가 초등 고학년 아이를 성추행했습니다. 많은 사람이 경악을 금치 못했습니다. 피해 아동 부모는 분명한 사실 확인과 철저한 징계를 요구했고, 교회는 알겠다고 했습니다. 하지만 어떤 이유에서인지 2주 후 가해 교육 전도사가 다른 부서를 맡는 것으로 결론이 났습니다. 그리고 교회는 교회의 덕?을 위해 이 일을 덮기로 했습니다.

몇몇 사람이 그래서는 안 된다며, 책임을 물어야 한다고 소리 높였습니다. 하지만, 이상하게도 우리는 아동 성추행이라는 죄보다는, 그런 죄를 덮으려는 죄보다는, 그런 죄가 그냥 덮이지 않고 바르게 처리되기를 바라며 그 죄를 공적으로 드러내는 것을 더 큰 죄로 여깁니다. 그리고 문제를 제기하는 사람들의 사소한 절차상의 잘못과 언어 사용을 걸고넘어집니다. 절차상의 잘못 등이 잘못이라고 해도, 어떻게 그런 작은 악에 대해서는 그토록 분노하면서, 거대한 악은 외면할 수 있는지 모르겠습니다.

그런데 우리는 이런 일을 대할 때 우리 가족의 문제인가 아닌가에 따라 반응을 달리합니다. 우리 가족 문제가 아니면 되도록 덮으려 하고 모른 체하려 합니다. 그러나 내 가족 문제면 또 달라집니다. 그때는 너무나 억울해합니다. 사람들이 자기 이야기를 제대로 들으려고 노력하지 않는 것 같습니다. 듣더라도 그때뿐입니다. 기도해 준다지만, 그뿐입니다. 정말 기도만 하는 것 같습니다. 아니, 기도를 하는 것인지도 사실 잘 모르겠습니다. 기도한다면, 어떻게 가만히 있을 수 있습니까? 하지만… 우리가 누구에게 돌을 던질 수 있을까요?

정말 그렇지 않나요? 우리는 내 권리와 이익이 침해받지 않는 일에 대해서는 대단히 선하고 넉넉하고 너그럽고 온유한 사람처럼 행동하지만, 내 권리와 이익이 침해당할 때는 절대 그렇게 행동하지 않습니다.

이러한 이중적이고 이기적인 우리의 태도는 결국 서로에게 해를 입힙니다. 이 악한 마음들은 그렇게까지 해서라도 지키고 싶었던 교회를, 관계를, 교회의 가치를 끝내 무너뜨립니다. 우리의 영혼을 파괴합니다. 하나님에 대한 신앙과 교회에서 떠나게 합니다.

얼마 후 피해 아동 가정은 이 교회를 떠났습니다. 떠나야 할 사람은 죄지은 자들인데, 피해자가 떠나야 하는 것은 교회나 사회나 크게 다르지 않습니다.

그 교육 전도사는 간음하지 말라고 설교할 수 있을까요? 그 교회는 간음하지 말라는 설교를 할 수 있을까요?

누군가의 죄로 고통에 처한 사람들을 교회가 지켜주고 위로해 주지 못한다면, 누가 그들을 지켜주나요? 다음 피해자가 없도록 교회가 예방하지 않는다면, 교회의 잘못에 대해 교회가 용서를 구하지 않고 회개하지 않는다면, 우리는 어떻게 해야 할까요? 기도만 하면 될까요?

담임목사의 명예를 위해서, 교회의 명예를 위해서라는 이유로 합의하고, 묵살하고, 왜곡하는 교회 앞에, 내 동료 성도 옆에서 우리가 할 수 있는 것은 무엇일까요? 무엇을 어떻게 해야 할까요?

교회를 떠나는 것이 메시지가 될 수 있음

J교회는 사건 후 수십 명이 교회를 떠났지만 신경 쓰지 않았습니다. 나간 사람 수만큼의 사람들이 곧 교회를 채웠기 때문입니다.

사실 떠나려는 사람들을 붙잡는 사람들도 많았습니다. 끝까지 개혁해보자고, 더 기도하자고 말입니다. 하지만 그 일이 쉽지 않다는 것을 양쪽 모두 잘 알고 있습니다.

이전에도 몇 차례 방문했지만 예배당에 빈자리가 없어서 등록을 포기했던 사람들이 자리를 메꾸기 시작합니다. 몇 번밖에 들을 수 없었던, 소문으로만 듣던, 책으로만 읽었던 목사님의 설교를 이제 매주 가까이서 들을 수 있다며 하나님께 감사해합니다. 등록을 위해 안내해주는 성도님들을 보며 건강한 교회, 개혁주의 교회는 뭔가 달라도 다르다고 생각합니다. 그렇게 많은 사람이 이 교회 회원이 됩니다.

교회에 새로 등록하는 사람들이나 기존에 등록한 사람들 모두, 건강하고 행복한 신앙생활을 하시기를 진심으로 바라고 응원합니다. 하지만, 진심으로 바라고 응원한다고 해서 변하는 게 있을까요? 건강을 위해 살을 빼고 싶다는 간절한 마음과 주위의 응원이 살을 자동으로 빠지게 만들 수 없습니다.

그런데 말입니다. 만약, 정말 많은 사람이 교회에 목소리를 내면 어떨까요? 정말 많은 사람이 그 교회를 떠나면 어떤 일이 일어날까요? 어떤 메시지가 되지 않을까요? 그런 목소리와 떠남이 계기가 되어 문제를 일으킨 사람들, 오만한 사람들이 회개하게 되면 얼마나 좋을까요? 혹 진심으로 회개하는 일까지는 나아가지 않더라도 목소리를 내는 사람들이 두려워 이

전보다는 조금 나은 환경과 구조를 만들지도 모릅니다.

더 나아가, 성경적인 교회 질서에 성도들이 크게 관심을 두고, 개혁주의 원리에 따라 교회를 만들어가려고 힘쓰는 사람들이 점점 많아진다면 어떻게 될까요?

하나님께서는 어둠뿐인 세상에 복음의 빛을 선포하라고 목사를 세우셨습니다. 성도가 복음에 합당하게 살도록 인도하시고 보호하시기 위해 목사와 장로를 세우셨습니다. 그들은 죄를 사랑하는 우리를 의의 길로, 그리스도께로 이끕니다. 그들은 우리를 도전합니다. 그들의 신앙고백과 삶으로 우리를 위로하고 책망합니다.

그러나 때로 그들이 타락했을 때는 반대로 성도들이 그들을 섬길 수 있습니다. 그들을 통해 어둠에서 빛으로 이끌려진 성도들이, 그리스도께로 이끌려진 성도들이 이제는 그들에게 옛적 길로 돌아가자고 호소함으로 그들을 섬길 수 있습니다. 그들에게 복음만 전해달라고, 그들에게 그리스도께서만 드러나시도록 하게 해달라고 애원함으로 그들에게 진 사랑의 빚을 갚을 수 있습니다.

건강한 성도의 수가 다수를 차지할 때 힘을 발휘할 수 있습니다. 하지만 꼭 다수가 아니더라도 복음을 사랑하고, 복음에 합당한 삶을 살려고 노력하는 적지 않은, 의미 있는 성도의 수가 가만히 있지 않고 목소리를 내기만 해도 분명 변화를 끌어낼 수 있습니다.

담임목사와 교회에 대한 잘못된 사랑

개척한 지 40년이 넘은 O교회에서 일어난 일입니다. 담임목사는 원로목사로 물러난 아버지에 이어 2대째 교회를 담임하고 있었습니다. 어느 날 담임목사가 행한 재정 비리와 성추행, 그리고 교회 직원들에 대한 갑질 문제가 드러났고, 이를 알게 된 많은 성도가 불같이 일어나 담임목사를 노회에 고발하려 했습니다.

다음은 교회 개척멤버이자 최초의 장로로 선출되어 원로 목사 때부터 지금까지 교회를 섬겨온 E장로와 역시 개척멤버이면서 최근에야 장로가 되어 섬겨온 U장로가 나눈 대화입니다.

"U장로, 꼭 노회에까지 이 문제를 가지고 가야겠어?"

"원로 목사님을 위해서라도 꼭 그래야겠습니다."

"원로 목사님을 위해서라…, 그래, U장로도 원로 목사님께 많은 사랑을 받았지."

"네, 전 지금도 원로목사님을 존경합니다. 그분은 담임목사님과는 너무도 달랐지요. 그분은 정말 하나님을 사랑하셨고, 하나님을 위해 교회를 섬기셨어요. 그래서 담임목사님이 이런 분이실 줄은 정말 상상도 못 했네요. 아무튼 원로 목사님을 위해서라도 전 성도들과 함께 이 문제를 노회에 알리고 권징이 바르게 시행되게 해야겠습니다."

"허허…, 참……"

"분명 원로 목사님도 저희의 결정을 환영하실 거라고 믿습니다. 아니,

그분 성정상 저희보다 더 엄격하게 이 문제를 다루실 테지요."

"하아…, 자네는 어쩌면 내 마음을 알지도 모르겠군. O교회는 내 인생을 바친 곳이야. 내 신앙이 여기서 시작된 거라고 해도 틀리지 않지. 내 삶, 내 청춘, 내 모든 것을 쏟아부은 교회라네. 그래서 끝까지, 끝까지 교회를 지키고 싶네."

"E장로님, 장로님만 교회를 위해 삶과 청춘을 바친 것이 아닙니다. 우리 모두 각자의 위치와 처지에서 이 교회를 사랑해왔습니다."

"오해하지 말게나. 나는 담임 목사님을 두둔하겠다거나, 그분을 지키겠다는 게 아니야. 이 교회를 지키고 싶다는 거야. 나라고 원로 목사님께 사랑을 받지 않았겠나? 교회를 지키고 싶네. 원로 목사님께서 은퇴하실 때 나와 다른 장로들에게 교회를 부탁하셨네. 담임 목사님도 부탁하셨지. 잘 도와달라고 말이네."

"하아……"

"그러니, 노회에 가져가지 마시게. 여기서 해결하세. 여기서."

"E장로님, 원로 목사님께서 정말 그렇게 부탁하셨습니까?"

"그래, 그렇다니까. 정말 그렇게 부탁하셨어."

"그래서, 담임목사님을 잘 도우셨나요?"

"그게 무, 무슨……."

"담임목사님을 어떻게 도우셨나요? 무엇을 도우셨어요? 그래서 지금 교회가 이렇게 되었나요?"

"……."

"하나님께서는 거룩하시니 죄를 미워하신다고, 그러니 성도들도 죄를 미워하며 살라고, 죄를 짓거든 주저 없이 회개하라고, 회개하지 않으면 하나님과의 교제가 끊어진다고! 그렇게 설교한 사람이 누굽니까? 헌금은 하나님께 우리 영혼과 몸과 마음을 드리는 거라고, 헌금하지 않는 자는 하나님께 감사하지 않는 자라고, 하나님의 것을 도둑질하는 자라고 설교했던 사람이 누굽니까? 오늘날 거룩함이 사라졌다며, 몸과 마음의 순결함을 강조하고 외쳤던 사람이 대체 누굽니까?"

"……."

"담임 목사는 사람도 아닙니다. 어떻게 성도들의 그 피 같은 돈을, 아니 성도들이 마음을 다해 하나님께 드린 헌금을 자기만족과 이익을 위해 멋대로 사용합니까? 어떻게 그 어린 학생을 추행할 수 있죠? 딸 같아서 그랬다고요? 세상에 어느 아버지가 자기 딸을 추행합니까? 지금 교회에 아주 커다란 죄악이 뿌리를 내렸고 사악한 열매를 맺었는데, 더 많은 열매를 맺으려고 하는데! 나무를 찍어 불에 던지는 일을 하지 말라고요? 그게 장로라는 분께서 하실 말씀인가요?"

"내가 자네 말을 왜 이해 못하겠나? 자네 마음을 왜 이해 못하겠어? 나는 담임 목사가 아니라 교회를 지키고 싶은 거라네. 이번이 마지막이라고 생각하네. 내 책임과 의무를 다하고 싶네."

"E장로님!!! 장로님이 지키고 싶은 게 담임 목사가 아니라 교회라고요? 지금 이렇게 우리를 막고자 하는 게 교회를 지키고 싶어서라고요? 틀렸습니다. 잘못 아셨습니다."

"… 뭘 말인가?"

"장로님이 지켜야 할 것은 담임 목사도, 장로님이 생각하시는 추억 속의

막연한 교회 이미지도 아닙니다. 장로님이 지켜야 할 것은 성도들입니다. 피해를 직접 받은 사람이든 아니든, 양의 탈을 쓴 거짓 목자로부터, 그 사악한 늑대로부터 양들을 지켜야 하는 것입니다. 교회가 무엇입니까? 장로님이 생각하시는 교회가 무엇입니까? 건물입니까? 원로 목사님입니까? 지금껏 젊음을 바쳐 온 교회의 역사입니까? 교회는 그리스도를 주와 구주로 모신 성도들 그 자체입니다. 그런데 그들을, 그 순박하고 연약한 성도들, 오로지 말씀만을 좇는, 그래서 원로 목사님과 담임 목사를 믿었던, 그러나 믿었던 담임 목사에게 너무나 큰 상처와 충격을 받은 성도 한 사람 한 사람을! 이제라도 지켜주고 보호하셔야죠!"

"......!"

"더는 막지 마십시오. 이 교회는 하나님의 것입니다. 모든 교회가 다 하나님의 것입니다. 원로 목사님의 것도 아니고, 교회를 위해 모든 것을 다 쏟아부은 사람들의 것도 아닙니다. 교회는 언제나 하나님의 것입니다. 그래서 이 교회를 하나님의 뜻대로 되돌려 놓겠다는 겁니다. 하나님에 대한 사랑보다 인정을 앞에 두지 마십시오. 정말 이런 말까지 하고 싶지 않았는데, 장로님과 같은 분들의 바로 그러한 마음과 태도가 오늘날의 담임 목사를, 그가 행한 죄와 악을 만들어 왔다는 것을 정말 모르시는 거예요?"

이 글을 읽은 어떤 독자분들은 '어? 우리 교회 이야기다!'라고 하실지도 모르겠습니다. 정도의 차이는 있겠지만 우리 모두의 이야기입니다.

우리 개혁주의자들은 오늘날 한국 교회가 첫사랑을 잃었다며, 초심을 잃었다며, 타락했다며 다른 교회들을 비판합니다. 하지만 우리가 비판하는 교회들과 똑같은 일들이 개혁주의 교회 안에서도 많이 일어납니다. 어느 곳보다 말씀을 강조하고, 은혜를 많이 말하고, 참되고 바른 교리와 신학을 많이 말하기 때문에 성도들은 개혁주의에 대한 기대가 크고, 그래서 목사와 교회를 더욱 신뢰하며 의지합니다. 그런데 바로 그런 면들이 때로는 오히려 더 심한 문제들이 일어나는 배경이 되기도 한다는 게 참 슬픕니다.

교회 정치가 중요하다 말하며 강조하지만, 실천하지 않기에 교회는 스스로 무너집니다. 누가 우리를 비방하거나 헐뜯어서, 중상해서 일어나는 일이 아닙니다. 사탄이 공격할 필요도 없습니다. 모두 우리의 죽은 믿음 때문입니다. 말씀이 바르게 선포되도록, 선포된 말씀을 신실하게 지킬 수 있도록, 인간의 생각과 탐심이 아니라 복음과 그 능력이 교회를 이루어가도록 하나님께서 우리에게 명령하시고 베푸신 교회 정치와 질서와 직분에 관한 모든 계명을, 우리 입맛에 맞게, 우리에게 유익한 것만 골라 사랑하고 순종하는 까닭입니다.

2장

말하지만
행하지 않는
개혁주의

2

말하지만 행하지 않는 개혁주의

오늘날 개혁주의가 내는 목소리에 힘이 없는 이유는, 교회 정치, 직분, 목양 등에 관한 개혁주의의 교회론만 병들었기 때문은 아닙니다. 많은 사람이 개혁주의를 비판하고 떠나는 이유는 훨씬 더 많습니다. 그래서 아프고 괴롭습니다.

　이번 장에서 우리는 부끄러운 우리 모습을 좀 더 보려고 합니다. 어떤 분들은 지금까지의 이야기만으로도 마음이 매우 힘드실 것입니다. 답답하실 수도 있습니다. 죄송하지만, 우리가 나눠야 할 이야기들이 아직 많습니다. 저도 괴롭습니다. 하지만 오늘날 왜 개혁주의가 이렇게 비방을 받고, 개혁주의가 전하는 메시지가 왜 이렇게 힘이 없는지를 알려면 우리는 보고 싶지 않아도 봐야 합니다. 듣고 싶지 않아도 들어야 합니다. 개혁주의가 추구하는 하나님의 영광을 다시 회복하기 위해서는, 우리의 교회가 그리스도의 아름다운 신부가 되게 하기 위해서는 여기서부터 시작해야 합니다. 죄를 분명히 볼 때, 은혜도 분명히 볼 수 있습니다.

주일을 지키지 않는 목사, 그가 운영하는 개혁주의 지향 출판사

만약 여러분이 자녀를 학교에 보냈는데, 자녀를 가르치는 교사가 입이 거칠다면 어쩌시겠습니까? 여러분이 자연의 소중함과 아름다움에 관해 쓴 책을 읽고 감동하여 그 책의 저자에게 칭찬과 응원을 보냈는데, 실은 그 사람이 분리수거를 전혀 하지 않거나 그 일에 게으른 사람이라면 어쩌시겠습니까? 여러분이 달콤할 뿐만 아니라 신실하며 이타적이고 또 희생적인 내용의 사랑 노래를 즐겁게 들었는데, 그 노래를 부른 가수가 몇몇 이성과 부적절한 관계에 있다거나, 그 사람이 실제 교제한 이성들을 자기만족을 위해 사랑했다는 이야기를 듣는다면 어쩌시겠습니까?

네, 물론 일부의 문제일 뿐 좋은 교사들이 훨씬 더 많습니다. 부르는 노래와 가사에 일치하는 좋은 인격의 가수들도 많습니다. 하지만 우리는 문제 있는 사람이 소수든 다수든 그들의 부정적인 영향을 쉽게 받습니다. 아흔아홉 명이 건강한 학교에 다니고, 건강한 노래를 부르고, 건강한 사람들과 교제한다고 해서, 잃어버린 한 명은 어쩔 수 없다고 말하는 것은 신앙이 아닙니다. 우리 주님은 우리를 향해 그러지 않으셨습니다.

겉과 속이 다른 이야기들이 우리 안에도 있습니다. 우리가 좋아하는 설교자, 책, 저자, 찬양, 프로그램, 출판사……

구체적으로 우리의 이야기를 나눠보겠습니다.

F출판사는 개혁주의 서적을 많이 출간하는 개혁주의 계열 출판사입니

다. 개혁주의 책만 내는 것은 아니지만, 개혁주의 계열 책들이 많아서 개혁주의자들이 좋아하는 출판사입니다. 개혁주의자가 아닌 사람들도 이 출판사 책들을 좋아하는데, 가볍지 않은, 읽을 만한 좋은 책들을 출판하기 때문입니다.

독자들은 많이 좋아하는 데 반해, 함께 일하는 사람들은 F출판사를 너무나 싫어합니다. 생계 때문에 참고 있고, 독자들의 응원 때문에 버티고 있지만, 기회만 되면 다른 출판사로 다들 옮기고 싶어 합니다. 출판사 대표인 G목사가 함께 일하는 동료들을 함부로 대하기 때문입니다. 하루에도 몇 번씩 소리를 지르고, 직원들이 편히 일하는 모습을 보지 못하기 때문입니다. 사소한 잘못에도 비아냥거릴 뿐만 아니라, 단지 자기와 취향이 다르다는 이유로 상대방을 멸시합니다. 그가 많이 비난하는 내용은 그리스도인들이 책을 읽지도 않고, 읽고 나서도 행동하지 않는다는 것입니다.

게다가 G목사는 안 그래도 적은 월급을 받으며 믿음이라는 이유로 야근을 강요당하는 직원들에게 어떻게 하면 월급을 더 적게 줄 수 있을까를 고민합니다. 또 실행에 옮깁니다. 심지어 "내가 왜 여러분에게 이렇게 돈을 주면서까지 이 일을 해야 하는지 모르겠어요."라고 말합니다.

사이가 나빠진 저자에게 직원 이메일을 이용해 메시지를 보냅니다. 온갖 저급한 표현과 함께요. 그리고 직원이 뒷감당하게 합니다. 자기가 월급을 주니 그 정도는 할 수 있는 거 아니냐고 하면서 말입니다.

번역자에게 돈을 덜 주려고 출판사가 매번 어렵다고 말합니다. 그리고 하나님 나라와 교회를 위한 일에 우리 모두 같이 조금씩 감당하자고 말합니다. 하지만 사실 본인은 돈을 아끼지 않습니다. 그리고 번역자가 받는 돈은 일반 출판사의 경우에서도 찾아볼 수 없는 너무나 적은 금액입니다.

이 출판사(만은 아닙니다)의 특이사항은 몇 사람을 제외하고는 직원 대부분이 근무연수가 짧다는 것입니다. 2년, 3년 이상 일하게 되면 월급을 올려줘야 하니 웬만하면 1년에서 2년 정도만 계약합니다. 재계약할 때는 월급을 더 올리지 않기로 한 사람만 다시 계약합니다.

G목사의 자녀 중 한 명은 여러 차례 가출 경험이 있습니다. 청소년이지만 술과 담배도 했습니다. 자녀가 버티고 버티다가 가출까지 한 것은 G목사가 교회를 담임했을 당시 교회에서의 모습과 출판사에서의 모습, 그리고 가정에서의 모습이 너무나 달랐기 때문입니다. G목사는 자기 자녀가 자신에게 반항하는 모습이, 자신을 불편해하는 자녀의 불만과 탄식이 외부에 알려질까 두려워하면서도 회개하지는 않습니다.

직원들은 주일에, 말 그대로 교회도 가지 않는, 섬기는 교회도 없는 G목사를 포기했습니다. 마음 같아서는 당장 직장을 옮기고 싶습니다. 하지만 다른 개혁주의 계열 출판사들도 크게 다르지 않다는 말을 듣고 시무룩합니다. 오히려 개혁주의가 아닌 다른 출판사들이 더 사람 냄새가 난다는 말에 자괴감이 들기도 합니다.

직원들은 F출판사에 들어올 때 다들 꿈을 꾸었습니다. 개혁주의 정신에 입각한 운영과 따뜻함이 있는 일 환경을요. 자신들이 뜨겁게 읽었던 책들을 내는 출판사. 그런 출판사에서 그런 책들을 만들고 알리는 일을 하다니! 정말 기뻤습니다. 최저임금에 가까운 월급을 받으면서도 행복했는데, 좋은 책들을 낸다는 것에 감사와 자부심이 있기도 했는데……. 이제는 자기 이름이 편집자로 마케터로 실리는 게 더는 기쁘지 않습니다. 오히려 부끄럽고 수치스럽다고 생각합니다. 창피할 뿐입니다. 당장은 살아야 하기에, 불편한 마음을 감추고 그저 묵묵히 일할 수밖에 없음이 속상하고 화가날 뿐입니다.

하지만, 외부에서는 G목사를 좋아합니다. G목사는 인터넷에 가끔 글을 올리는데, 자신이 어떤 뜻과 목적으로 이 어려운 일을 하는지, 어떤 환경 속에서 이 출판일을 지속하고 있는지 말합니다. 출판사 재정이 얼마나어려운지, 그럼에도 자기가 직원들을 얼마나 챙겨주고 있는지, 이번에 이런 신간이 나오는데, 직원들이 얼마나 열심히 준비하고 있는지 알립니다. 독자분들도 분명 이 탁월한 교리와 아름다운 헌신 이야기에 감동할 것이라고, 회개하며 은혜 받을 것이라고 강조하면서요. 독자들은 그 하소연에 응원도 하고 후원도 합니다. F출판사는 그렇게 운영됩니다.

또 다른 곳, H출판사도 한 목사가 운영합니다. 이곳도 개혁주의 출판사입니다. 개혁주의를 지향한다고 말하지만, 그렇지 않은 책들도 종종 냅니다. 좋은 원고들도 많아서 독자층이 어느 정도 형성되어 있습니다. 이름있는 교수님들과 목사님들이 종종 이곳에서 책을 출판합니다.

그러나 직원 중에 일부는 급여를 몇 달 치 못 받는 일들을 경험합니다. 어떤 사람은 퇴직 후 수년이 지났는데도 여전히 퇴직금과 급여 몇 달 치를받지 못했습니다. 달라고 연락을 하면 준다고는 말합니다. 하지만, 늘 자기도 어려워서 그런다고 조금만 기다려 달라고, 이해해 달라고 합니다. 하지만 전화를 끊고는 직원들이 듣는 앞에서 돈만 밝히는 사람이라며 흉봅니다. 그러고는 직원들에게는 야근을 시킨 후 고급 승용차를 타고 일찍 출판사 사무실을 나섭니다.

하나님 나라와 그 나라 시민으로 합당한 삶을 살라는 책을 더는 내지 않았으면 좋겠습니다.

또 다른 출판사는 발행 부수를 속여서 저자에게 실제 지급해야 할 금액의 1/5만 줍니다. 몇 명의 저자에게 그랬다가 들통이 났고, 저작권 계약 위반으로 한때 시끄러웠으나, 지금도 크게 다르지 않습니다.

저도 기독교 출판사에서 일하는 사람으로서 너무나 부끄러운 이야기들입니다. 참담합니다.

여러분, 만약 이 이야기들이 사실이라면, 과장 하나 없이, 아니 오히려 일부의 이야기일 뿐이라면⋯ 우리는 어떻게 해야 할까요?

책을 사지 않고, 불매 운동을 하고, 기독교윤리 관련 단체에 고발하면 될까요? 그러면 해결이 될까요? 얼마나 많은 사람이 불매 운동에 참여할까요? 정말 죄송합니다만, 우리가 그 정도의 도덕성을 지니고 있을까요?

출판사는 책으로 말하는 곳입니다. 자기가 내는 책에 충실해야 합니다. 싸구려 사과가 아니라 진정한 회개에 관한 책을 출판했다면, 바르고 덕이 되는 말들로 교회를 세우자는 책을 출판했다면 출판사는 그 책들에 합당하게 살아야 합니다. 저자도 마찬가지입니다. 저자야말로 책으로 말하는 사람입니다. 자신이 지은 책에서 벗어나지 않는 삶을 살기 위해 힘껏 노력해야 합니다. 자신이 절실히 호소하고 주장한 대로 살기를 간절히 바라고 소망하며 은혜를 구해야 합니다. 그러나 회개에 관한 책을 쓴 사람이 정작 자신의 삶에서는 회개에 인색하다면 그 사람과 그 책을 어떻게 봐야 할까요? 그 책이 전하고자 하는 메시지에 힘이 있을까요?

잘못된 간증 – 사람 수 때문에 하나님께서 자신들을 기쁘게 사용하신다고 믿음

그런데요, 이렇게 운영해도 사람들이 책을 사기 때문에 출판사 입장에서는 주위에서 뭐라고 하든, 하나님께서 우리 출판사를 사용하신다고 생각합니다.

1장의 J교회를 떠올려 보십시오. 수십 명이 교회를 떠나도, 또 그만큼의 사람들이 금방 자리를 채우기 때문에 J교회는 하나님께서 자신들의 교회를 기뻐하신다고, 하나님께서 계속해서 하나님의 섭리 아래서 자신들의 사역들을 사용하신다고 생각합니다. 물론 단점도 있지만, 그보다는 장점이 훨씬 크기에 이렇게 사람들을 보내주시는 것 아니냐고 생각하는 겁니다. 외부에서도 변함없이 K목사의 설교를 찾아서 듣고 그의 책을 사 읽으면, K목사는, 그 교회는 하나님께서 자신들을, 그 교회를 기쁘게 사용하신다고, 여전히 계속해서 사용하신다고 굳게 믿게 됩니다.

그렇게 되면, 문제를 제기한 사람들을 자기들과 생각이 다른 사람 정도로 치부합니다. 자신의 선한 의도는 조금도 이해하려 하지 않으면서 단지 자신들의 사소한 실수만을 비난한다고 비난합니다.

사람의 수가 신앙의 가치와 옳고 그름의 문제를 결정하는 이유가 될 수 없는데, 우리는 교인 수가 많으면, 함께 구호를 외치는 사람이 많으면, 많은 사람이 책을 사주면 선으로 생각합니다. '모든 것이 합력하여 선을 이룬다'고 스스로 위안합니다!

그렇기 때문에! 만약, 정말 불매 운동을 한다면, 그래서 매출이 줄고, 더 나아가 가까운 사람들이 진솔한 조언을 계속한다면, 출판사가 바뀔 수도 있지 않을까요? 회개까지는 아니더라도, 적어도 욕을 덜 먹기 위한 노력은 하게 되지 않을까요?

교인들이 교회를 떠나고, 사람들이 더는 찾아오지 않게 되면, 찾아오는 사람 수가 점점 줄어들게 되면 생각이 달라지지 않을까요?

아, 잘 모르겠습니다. 다만, G목사와 같은 사람들이, 이런 출판사들이 계속 출판일을 하는 것이 심히 걱정되고 두렵습니다. 자기들이 말하는 대로는 전혀 살지 않으면서, 남들은 가르치고 지적하는 게 우리 모습입니다.

우리가 한 말에 책임 있게 행동해야 함

우리는 설교하고 설교를 듣고, 책을 내고 책을 읽고, 강의하고 강의를 듣고, 세미나와 콘퍼런스를 열고 참석하는 것으로 만족할 때가 많습니다.

우리는 이런 것들을 알아. 우리는 늘 이런 것에 민감해. 신경을 쓰고 있어. 얼마나 주의하고 있는지! 모르는 사람들에게 계속 알리고 있어. 사람들이 아직 많이 몰라. 더 많이 알아야 해. 몰라서 그러는 거야. 알기만 하면 분명 달라질 거라고!

하지만, 우리는 말하기를 좋아하지만 행하지는 않습니다. 우리는 자신 있게 말하고, 확신에 차서 말하고, 강조해서 말합니다. 이 주제가, 이 내용이, 이 지식이, 이 말씀이, 이 교리가 너무나 중요하고 본질적이기에, 이를 알지 못하거나 행하지 않는 다른 사람들을 사정없이 비판합니다. 하지만, 정작 우리는 행하지 않습니다. 장로교 제도를 지체 없이 적용해야 한다고 말하지만 적용하지 않습니다. 적용하더라도 오용하거나 남용합니다. 그래서 우리가 비판하는 교회들과 다를 바가 없기도 합니다. 복음을 이렇게 전해야 하고, 설교는 이렇게 해야 한다고 말하지만, 실제 삶으로는 그 설교를 부정할 때가 많습니다.

차라리 불의를 당하는 것이 낫지 아니하냐

가 교단과 나 교단은 수십 년 전에 분열했다가 몇 년 전에 다시 하나가 되었습니다. 이를 기념하여 공식 행사도 열고, 기념교회도 세웠습니다. 원래 하나였던 교회가 상처와 아픔을 극복하고 다시 하나가 되었으니 정말 감사할 일입니다. 한국 교회는 한 교파 안에 너무나 많은 교단이 존재해서 민망하기까지 한데, 그래서 이러한 재결합이 더욱 의미 있고 귀하다 하겠습니다.

여러 교회에서 이 재결합을 크게 기뻐하고 감사해하면서 시리즈 설교를 하거나 특별 강의를 열어 기념했습니다. 저는 간격을 두고 두 분의 목사님께 출판을 위한 기념 설교 원고를 받았습니다. 그중 한 분과 있었던 이야기입니다.

C목사님은 두 교단이 나뉘게 된 이유가 매우 다양하고 복잡해서 단편적으로 설명할 수는 없다고 했습니다. 하지만 자신은 그중 하나인 "성도의 분쟁을 세상 법정에 가져가지 말라"(고전 6장)라는 주제로 다섯 편의 시리즈 설교를 전했고, 그 설교를 다듬어서 원고로 작성했다고 말했습니다.

요지는 다음과 같습니다.

두 교단이 하나였을 때 교단 내에 성도 간의(교회 간의, 목회자 간의) 큰 다툼이 일어났습니다. 노회에서도 총회에서도 쉽게 해결될 기미가 보이지 않자, 한쪽에서 그 문제를 세상 법정으로 가져가려 했습니다. 그러자 다른 한쪽은 교회 안의 문제를 세상으로 가져가는 것은 고린도전서 6장 말씀에 따라 교회의 영광을 깎아내리는 허물이 된다며 강하게 반발했습니다. 한쪽에서는 상대방이 교회 내에서도 제대로 해결하려 노력하지 않으면서 세상 법정에 호소하는 것도 안 된다니 악하고 이기적이라며 비난했고, 다른 한쪽은 상대방도 역시 교회 내에서 제대로 해결하려 노력하지 않으면서 신앙의 문제를 세상의 판단에 맡기려는 것은 어리석다고 지적하며 비난했습니다. 이는 양쪽 사이의 감정의 골을 더 깊게 만들었고, 결국 세상 법정에 호소해서는 안 된다고 주장한 소수파가 교단을 따로 만들게 되었습니다.

이 과정에서 양쪽 다 많은 상처를 안게 되었습니다. 제 발로 나갔다. 쫓아냈다. 쫓겨났다. 이런 말들은 의미 없을 것입니다. 그리스도의 몸 된 교회가 갈등과 다툼을 은혜 가운데 해결하지 못하고 나뉘었다는 것 자체가 양쪽에 커다란 고통이 되었습니다. 이런 일들은 우리 모두의 슬픔입니다.

수십 년이 흐르는 동안 양 교단은 여러 차례 대화하면서 다시 하나가 되기를 소망했습니다. 감사하게도 두 교단은 이전의 갈등과 다툼을 뒤로하고 다시 하나가 되었습니다.

그렇다면 신자의 문제를 세상 법정에 호소하는 것과 관련한 견해차는 어떻게 정리가 되었을까요?

두 교단은 "너희가 피차 고발함으로 너희 가운데 이미 뚜렷한 허물이 있나니 차라리 불의를 당하는 것이 낫지 아니하며 차라리 속는 것이 낫지 아니하냐"(고전 6:7)라는 하나님의 말씀을 함께 받아들였습니다. 교회 내에서 신앙과 관련하여 일어나는 모든 갈등과 다툼을 교회 질서 가운데서, 하나님의 계명과 은혜의 원리에 따라 해결하기로 결의하였습니다. 만약 그렇지 못할 경우는 차라리 불의를 당하는 것을 선택하겠다고 다짐하였습니다.

C목사님은 바로 이러한 내용으로 연속 설교를 했습니다. 교단 분열의 배경과 과정, 다시 하나 되는 여정을 설명한 후, 분열의 핵심 쟁점 중 하나였던 '성도의 분쟁을 세상 법정에 호소하는 것은 허물'이라는 주제로 하나님의 말씀을 선포했습니다.

설교 원고가 말하고자 하는 바는 단순히 "어떤 일이 있어도 세상 법정에 호소하지 말자. 창피한 일이다"가 아닙니다.

여러분께서도 잘 아시다시피, 교회와 세상은 존재 목적과 기능 자체가 다릅니다. 하나님께서는 교회를 세상의 원리가 아닌 하나님의 원리로 다스리십니다. 세상은 공의를 기준으로 삼습니다. 하지만 교회는 공의와 함께 은혜도 원리로 작동합니다. 교회는 죽어 마땅한 자신을 구원하신 하나님께 감사하는 마음으로, 나보다 남을 낮게 여기는 태도로, 자신이야말로 죄인 중의 괴수라는 고백으로, 자기야말로 더 큰 용서를 받은 죄인이라는 겸손으로 한 몸 된 지체를 바라봅니다.

그런데 교회 안에서 일어난 갈등과 다툼을 교회 안에서 해결하지 못한다는 것은 바로 이러한 마음과 태도와 고백과 겸손을 잃어버렸거나 무시함을 뜻합니다. 이는 죽어 마땅한 죄인을 구원하신 하나님의 은혜를 값싸게 만들고, 모욕하는 것과 같습니다.

설교 원고는 우리가 얼마나 하나님의 은혜가 필요한 존재인지를 밝힙니다. 우리가 옳다고, 심지어는 성경의 원칙을 충실히 따른다고 믿는 순간조차도, 온갖 교만과 무지와 시기와 질투가 우리 마음을 움직이는 동력이 될 수 있음을 고발합니다. 또, 그리스도께서 택하신 자들을 위해 자신을 주신 것 같이, 우리도 서로를 위해 자신을 줄 수 있어야 한다고 가르칩니다.

무엇보다 교회 안에서 갈등과 다툼이 일어났을 때, 우리가 어떻게 이를 해결해야 하는지를 하나님의 계명과 은혜의 원리를 따라 역설합니다.

저는 원고를 아주 즐겁게 읽었습니다. 여기서 다 말씀드릴 수는 없지만, 원고는 구성도, 논리도 정말 좋았습니다. 특히 '신앙이란 이런 것이구나, 은혜를 따라 생각하고 행동한다는 것이 바로 이런 것이구나'를 깨닫고 느낄 수 있어서 크게 감동했습니다.

하지만, 너무 좋아서 한 번 더 읽고 나자 뭔가 아쉬웠습니다. 아니, 원고가 여기서 끝나면 안 될 것 같았습니다. 지금은 모두가 "성도 간의 분쟁을 세상 법정에 호소하는 것은 허물이다. 차라리 불의를 당하는 것이 낫다"고 입을 모읍니다. "성도는 하나님의 은혜를 아는 자들이니 이런 일들을 겸손하고 낮은 마음으로 대하자"고 고백합니다. 하지만 이전에는 서로 다르게 생각했기 때문에 상대방을 크게 비난하고 모욕했습니다. 그 일로 많은 사람이 큰 상처를 안게 됐고, 결국 교회가 나눠지면서 서로 헤어져야 했습니다. 어제까지 함께 예배했던 지체들과 오늘은 함께 예배할 수 없게 됐습니다. 신앙생활에 많은 변화가 있었는데, 한동안 그 변화들은 대부분 슬픔과 분노, 고통이었습니다. 이 슬픔과 분노와 고통은 아직 해결이 안 됐습니다. 앞으로 이런 일이 일어날 때 다시 경험하게 될지도 모릅니다.

저는 고민하다가 C목사님께 연락을 드려 만났습니다. 먼저 원고의 장점과 특징을 말씀드렸는데, 목사님께서도 무척 기뻐하셨습니다. 저는 본론을 꺼냈습니다.

"목사님, 그래서 제가 원고가 정말 좋아서 한 번 더 읽었습니다. 그런데 뭔가 좀 아쉽더라고요. 어쨌든 나 교단 사람들은 성경의 원리를 고수하려다가 결과적으로는 쫓겨난 거잖아요. 물론 양쪽 다 각자의 상처가 있고, 큰 고통 가운데 있었겠지만, 이 원고가 말하고자 하는 중심주제와 관련해서는 당시 소수파로 교단을 따로 세워야 했던 사람들이 피해자가 아닌가 해요. 분명 그때 나 교단 사람들이 쫓겨날 때 공적으로 쫓겨났고, 이후에 다수파 사람들이 성경의 원리를 따라 생각을 바꾼 건데. 그러면 다시 두 교단이 합칠 때 이에 대해 공적으로 언급이 있었나요? 그러니까 그때 공적으로 쫓아낸 것에 대해, 우리가 잘못 판단하여 성경의 원리를 거스르고 너희를 비방했는데, 잘못했다. 이런 공적 사과 같은 거요."

"아니요. 그런 거는 없었어요. 처음에 말씀드린 것과 같이 사실 정말 다양하고 복잡한 원인으로 갈등하고 나뉜 거거든요."

"네, 제가 다 알 수는 없겠지요. 그런데, 쓰신 글에서 이야기하는 주제는 한 가지고, 그럼 그 주제에 관해서는 아쉬움이 없어야 할 것 같은데요."

"그렇죠."

"네, 만약 제가 소수파 입장이었다면, 쫓겨날 때 그렇게 아프고 힘들었는데, 그리고 당시 이 주제로 그렇게 서로 비방하고 정죄했는데, 이제 와서 거기에 대해서는 아무런 말도 없고 그냥 '우리 이제 잘 지내자'라고만 한다면 마음이 굉장히 안 좋을 것 같다는 생각이 들었어요."

"그렇죠. 그럴 수 있죠."

"그래서 드리는 말씀인데, 그 부분에 대해서 추가로 한 장 정도 따로 글을 써주시면 어떨까요? 교단 차원에서 공적으로는 언급하지 않았지만, 개인적으로는, 우리 교회는 특별히 이 주제와 관련하여 당시 나 교단 분들에게 사과합니다. 교단의 공적 입장을 대변할 수는 없겠지만 매우 슬프고 안타깝게 생각합니다. 이런 사과요. 그리고 나서 이렇게 성경의 원리를 따라 입장을 고수한 사람들이 큰 상처와 고통을 입게 되었을 때, 그런데 노회나 총회 차원에서 이를 성경의 원리를 따라 해결하려 하지 않을 때는 어떻게 대처해야 하는지에 대한 좀 구체적인 내용까지 보충해주시면 좋겠어요."

"음……, 무슨 말씀인지는 알겠는데, 거기까지는 제가 못하겠는데요."

"네? 그게…? 왜 못하신다는 거죠?"

"저는 이 원리를 확인하는 것만으로도 충분하다고 생각합니다. 결과적으로 다시 합쳐졌고, 이제 모두 같은 입장이니, 네, 확인하는 것만으로도 충분합니다."

"음…, 목사님, 저는 생각이 좀 다른데요. 나뉘었던 두 교단이 합쳐졌다고는 하나, 여전히 아물지 않은 상처가 있을 테고, 그 상처와 고통을 완전히 치유하기는 힘들다 하더라도, 최소한 지난날 행한 잘못에 대한 진심 어린 사과는 있어야 하지 않을까요? 그래야 진짜 하나 됨을 이뤄나갈 수 있지 않을까요?"

목사님은 안색이 굳어졌습니다. 저는 조금 눈치가 보였지만 계속 말씀드렸습니다.

"음…, 그건 제가 할 일은 아닌 것 같습니다."

"……. 목사님, 저는 잘 이해가 안 되는데요. 지금 원고를 정말 잘 써주셨잖아요. 거기다가 약간의 내용을 더해 주시면 되는 건데요."

"글쎄, 그건 제 영역이 아니라니까요. 저는 이미 충분한 내용을 썼다고 생각합니다."

"목사님, 사람들이 교회에서 교회 질서에 순종하라는 가르침을 받습니다. 그리고 교회에서 혹 큰 문제나 갈등이 생겨도 세상 법정에 가져가지 말고 교회 내에서 하나님의 계명과 은혜의 원리에 따라 해결하라는 가르침도 받습니다. 사람들은 그 가르침에 순종하기로 합니다. 그런데 실제로 그 가르침을 지키다가 상처를 받는 일이 생깁니다. 세상 법정에 호소할 마음도 없는데, 교회에서 이를 해결할 의지가 없는 것 같을 때 어떻게 해야 할까요? 곧 성도들은 여러 다양한 불의를 당합니다. 그런데요, 불의를 당하는 것이 낫다는 것이, 불의를 당한 사람을 우리가 그대로 두라는 말씀은 아니잖아요? 불의를 당하게 된 제도나 상황을 그대로 두라는 말씀도 아니잖아요? 지체들의 어려움을 보면 마땅히 돕고, 사랑은 불의를 기뻐하지 않는다는 말씀에 따라 그 문제가 이후에는 다시는 성도들을, 나와 내 가족, 내 교회만이 아니라, 모든 성도, 모든 이웃을 상하게 하는 일이 없게끔 경계하고 보호해야 하는 거 아닌가요? 필요하면 제도를 고치고, 해야 하는 거 아닌가요?"

"……"

"성도들이 교회 질서를 배웁니다. 이 목적 때문만은 아니지만, 교회의 건강을 위해 장로회 제도를 주셨다고 배웁니다. 교회와 성도를 보호하기 위해 노회가 있다고 배웁니다. 그런데 교회에서 몇몇 사람이 성폭행이나 성추행을 당합니다. 자신의 권력과 지위를 이용해 다수의 성도를 성폭행하거나 성추행하고도 노회에서, 총회에서 징계받지 않는 목사들을 봅니다. 그 피해자들도 물론 장로회 제도가 제대로 기능할 때 얼마나 아름답고 큰 유익이 있는지, 장로회 제도가 얼마나 성경적이고 합리적인지 배워야 합니다. 하지만, 거기서 멈춰서는 안 됩니다. 그들은 교회를 믿었는데 그런 일을 당했습니다. 실제로는 그 제도가 제대로 기능하지 못하고, 그래서 자기들이 성적으로 유린당해 도움의 손길을 내밀 때 자신들의 손을 잡아주지 않고, 외면하고, 덮어버리려 하고, 피해자는 있으나 가해자는 없는 현실을 봅니다. 그럴 때는 어떻게 해야 하는지도 반드시 배워야 합니다.

절대 그런 일이 있어서는 안 되겠다고 가르친 사람들은 절대 그런 일이 일어나지 않도록 노력해야 합니다. 만약 그런 일이 일어났을 때는 책임지고 함께 감당해야 한다고 생각합니다. 제가 지나친가요? 그렇지 않다면, 이미 한두 번 상처받은 사람들을 우리가 두 번 죽이는 것이 아닐까요? 제대로 시행되지 않는 교회 질서를 먼저 바로잡는 것이 우선이라고 생각합니다. 그래야 그 가르침에 힘이 생기지 않을까요? 실제로는 많은 교회가 문제가 생겼을 때 바로 잡지 않으면서 순종하라고만 얘기한다면, 피해자의 상처는 계속해서 깊어지고 커지는 거잖아요. 이번에도 말씀에 순종하지 않았고, 그래서 성도들이 상처를 입었는데, 그런 교회를 이다음에는 어떻게 믿고 신뢰할 수 있을까요? 거기서 오는 상처와 배신감을 어떻게 해야 할까요?"

"그 말씀은 저도 무척 공감합니다."

"성도들에게만 차라리 불의를 당하는 게 낫다고 가르치는 것이 아니라, 목회자분들도 차라리 노회에서, 총회에서 함께 불의를 당하시는 것이 진정성 있다고 생각합니다.

더 나아가 다시는 그러한 불의가 되풀이되지 않도록 어떤 위치에 있는 사람을 폐한다거나, 제대로 고친다거나, 그게 쉽지 않을 때는 그 안건이 받아들여질 때까지 계속해서 피해자들과, 불의를 당한 사람들과 목소리를 내주셔야 한다고 봅니다.

성도들은 알아요. 우리 교회가 내가 상처받았을 때 해결 의지가 있는지 없는지요. 의지는 있지만 상황이 안 돼서 어쩔 수 없는 경우도 알아요. 그런 경우에는 목회자분들을 탓하거나 원망하지 않아요. 그 제도와 다른 사람들을 탓하지요. 하지만, 잘 아시다시피, 가르치기만 하고 실제 문제가 생겼을 때 의지도 뜻도 마음도 없기에 분노하는 거지요. 여전히 내가 믿고 존경하는 목사님들이 그 일을 한 것은 아니지만, 여전히 내가 믿고, 믿고 싶은 분들이 우리 목소리가 노회에서 총회에서 힘을 발휘하지 못해 미안하다고, 여러분이 당한 일은 여러분 잘못이 아니라고, 다 우리 때문이라고 말씀해 주시기만 해도 사람들은 위로를 받습니다. 이 가르침이 잘못된 게 아니라, 나쁜 사람들이 너무 많다는 것이 문제구나 하고 마음을 다스리기 시작합니다. 그리고 하나님께 나아가 도움을 구합니다."

이후 우리는 한동안 말이 없었습니다. C목사님은 "죄송합니다. 저는 그렇게 할 수 없습니다. 저에게는 이게 최선입니다."라고 말씀하신 후 자리에서 일어나셨습니다.

제가 알지 못하는 이유가 있을지도 모릅니다. 사실 짐작도 잘 안 됩니다.

그 원고가 참 아쉬웠습니다.

하지만 화도 났습니다. 이런 원고에서 말하고자 하는 바는 분명 필요합니다. 많은 사람이 성도 간에 분쟁이 생겼을 때 어떻게 해야 하는지 잘 모르니까요. 그래서 성경의 원리를 온전히 가르치는 일은 정말 중요합니다. 하지만, 이 문제와 관련해 이미 상처 입은 사람들을 실제로 위로하고, 앞으로 그렇게 상처받는 일이 없도록 구체적으로 또 실제로 교회가 어떻게 행해야 하는지는 아무 말도 없다면 원리만 말하는 것이 대체 무슨 소용인가요? 그런 문제와 상황에서 실제 어떻게 해야 하는지 잘 알고 있던 교회가 온전히 순종하지 않은 죄 때문에 벌어진 일인데, 거기에 대해서는 회개도 하지 않고 용서도 구하는 일도 없다면 상처 입은 사람들은 얼마나 낙심하고 화가 날까요? 아무리 설교하고, 아무리 강의하고, 아무리 가르쳐도 지금 피해자들과 미래의 피해자들이 전혀 보호받지 못한다면, 피해자가 계속해서 생기는 구조가 계속 내버려진 채 있다면 성경의 원리를 확인하고 가르치고 배우는 일이 무슨 소용이 있나요? 어떤 면에서는, 이렇게 가르치지만, 피해자들, 상처 입은 사람들을 외면하는 바로 그 구조와 마음의 태도가 가해자들의 악보다 더 나쁜 것이 아닐까 싶습니다.

차라리 불의를 당하는 것이 낫지 않느냐는 말씀에 누구보다 저부터 순종하길 원합니다. 제가 비겁할까 봐, 용기가 없을까 봐 두렵습니다. 동시에 세상의 기준이 아니라 말씀의 기준을 따른 대가로 누군가가 불의를 당한다면 영적으로 정서적으로 물질적으로 그와 함께 감당할 수 있는 사람이 되고 싶습니다. 그리고 다시는 다른 피해자가 나오지 않게 고치고 싶습니다. 성도인 제가 할 수 있는 최선을 다해서요. 독자 여러분께서도 그래 주시길 바랍니다. 아니, 겁 많은 저와는 달리 이미 그런 분들이시라 믿습니다.

개혁주의는 성경을 정말 사랑합니다. 정말로 사랑해서 성경을 있는 그대로 받아들입니다. 우리를 있는 그대로 받아들여 주신 하나님, 그 하나님의 말씀을 개혁주의는 있는 그대로 받아들입니다. 개혁주의는 성경의 진리가 얼마나 풍성한지, 얼마나 공의롭고 거룩한지, 동시에 그 안에 얼마나 큰 사랑과 은혜와 자비가 담겨 있는지 잘 압니다. 그러한 지식이 개혁주의 신학입니다. 우리는 성경의 진리, 바로 그 진리를 알고 있습니다.

하지만 머리로는 알아도 행위로 모른다면 사실상 모르는 것 아닌가요? 우리는 정말 알고 있는 사람들일까요? 너무 아쉽고 안타깝습니다.

팻말: 소 잃고 외양간 고친다

우리 개혁주의자들만큼 책을 많이 만들고, 읽고, 사랑하는 사람들은 없을 것입니다. 또 우리는 하나님의 말씀을 정확하고 치밀하게 연구하는 것을 좋아하는데, 진리의 작은 파편 하나 놓칠세라 힘써 주의를 기울입니다. 우리는 설교하고 듣는 것과 가르치고 배우는 행위가 신앙에서 매우 중요함을 잘 알고 있습니다. 단순히 듣고 배우기만 해서는 안 되겠지만, 듣고 배우는 행위 없이 신앙이 일어나거나 성장하는 일은 없기 때문입니다. 더 나아가 개혁주의는 바르게 아는 것을 매우 중요하게 여깁니다. 자기 소견에 옳은 대로 하는 것은 하나님의 뜻에 반하기 때문입니다. 이 모두는 매우 중요하고 필요합니다.

개혁주의는 사실 성경 전체의 주제를, 성경이 강조하고 보여주는 만큼 강조하고 보려고 합니다. 우리는 칼뱅이 그랬던 것처럼, 그리고 신실한 선배 개혁주의자들이 그랬던 것처럼, 성경이 말하는 것만을 말하고, 성경이 침묵하는 곳에서는 겸손해지려 합니다. 우리는 하나님의 은혜를 드높이고, 하나님의 영광을 궁극적인 목적으로 둡니다.

여러분께서도 잘 아시는 것들을 이곳에서 다시 다루는 것은 의미 없을 것입니다. 혹, 개혁주의가 무엇인지 충분히 정리하지 못하셨거나, 잘 모르시는 분들은 개혁주의가 무엇인지를 소개하는 좋은 책들이 여럿 있으니 읽어보시길 권합니다. 그와 함께, 그리고 그보다 더 권해드리는 것은 여러분께서 건강한 개혁주의 교회에 등록해서 지식이 아닌 삶으로 개혁주의를 체험해 보시는 것입니다.

제가 여기서 간단하게나마 여러분과 다시 확인하고 싶은 단순한 사실은 개혁주의가 참으로 사랑할 만하고, 참으로 성경에 충실하며, 참으로 탁월하다는 것입니다. 개혁주의는 참된 지식에 근거한 참된 신앙입니다. 참된 지식 그 자체입니다. 참된 지식으로 이루어진 모든 것입니다. 그런데 그런 개혁주의가 오늘날, 특히 한국에서 크게 병들어 있습니다.

말로만 개혁, 말로만 실천

소는 지금도 적지 않은 재산입니다. 하지만 농경시대의 소는 오늘날의 소보다 가치가 훨씬 높았습니다. 소를 잃는다는 것은 전 재산을 잃는 것과도 같았습니다. 부잣집이라고 해도 매우 큰 재산을 잃는 것이었습니다. 멀리 갈 것도 없이 3, 40년 전만 해도 우리 부모님 세대는 소 몇 마리 키우신 것으로 자녀들을 대학교에 보내거나 집을 장만하는 데 큰 도움을 주실 수 있었습니다.

그런데 외양간이 이미 꽤 망가진 상태여서 도둑이 옳다구나 하고 소를 도둑질해가는 일이 벌어집니다. 아니면 소가 스스로 도망가버립니다. 정상적인, 상식이 있는 사람이라면, 소를 도둑질당하기 전에, 잃어버리기 전에 외양간을 고쳤을 것입니다. 소를 키우는 집이라면 외양간이 망가졌다는 것을 모를 수가 없습니다. 하루에도 여러 번 여물을 주며 돌봐야 하기 때문입니다. 혹, '이 정도는 괜찮아'라고 생각하더라도 가족 중에, 이웃 중에 누군가가 그대로 방치하지 말라고 주의를 주면 고칠 것입니다. 그런데 고치지 않았고, 그래서 소를 잃어버렸습니다.

그 소의 가치가 클수록, 그리고 외양간이 망가진 정도가 심할수록 우리는 소 주인을 타박할 것입니다. 소 주인이 얼마나 나태하고 게으르며 무책임한지에 따라 비난의 수위는 더 높아질 것입니다. 무엇보다 하나밖에 없는 소를 잃어버렸다면, 그것만 믿고 사는 가족들의 고통과 절망은 이루 말로 다 할 수 없을 것입니다.

이런 일이 오늘날 개혁주의 교회에서 일어나고 있습니다. 우리는 개혁주의가 위기에 처해 있다는 말을 계속해서 듣습니다.

교회 정치가 없다. 직분론이 약하다.
신학교가 타락했다. 이상한 교수들을 내보내고, 목회자 후보생들을 신중하게 모집해야 한다.
말씀을 회복해야 한다. 설교가 너무 교리적이기만 하고 적용이 약하다.
성찬을 바르고 적절하게 행하지 않는다.
세례의 기준이 너무나 얕다. 유사 그리스도인이 너무나 많다.
성도들이 말씀을 높이지 않고, 프로그램을 좋아한다.

이런 일들은 그 자체로 문제가 되거나, 다른 많은 문제를 파생시키면서 개혁주의 교회를 약하게 만들어왔습니다.

물론 잃어버린 개혁주의를 다시 회복하기 위해 여러 노력을 해온 것도 사실입니다. 하지만 많은 경우 그런 노력들은 일시적인 결과만을 만들어 냈습니다. 우리가 기억하는 우리의 모습은, 우리가 바라보는 현재 우리의 모습은 '소 잃고 외양간 고친다'는 말을 팻말에 써서 교회 문 앞에 붙여놓 았을 뿐 실제 외양간은 고치지 않는 것과 같습니다.

성경적 직분론을 강조하지만 실천하지 않음

직분론을 강조하지만 담임목사 아래 있는 부목사 제도를 여전히 운영합니 다. 일단 저는 부목사라는 호칭 자체를 크게 문제 삼고 싶지는 않습니다. 교회마다 여러 사정과 상황이 있을 테니까요. 하지만 우리 모두가 알다시 피 명칭은 그 의미를 정의하고 제한합니다. 부목사라는 말, '부'라는 말 자 체가 담임목사 외 다른 목사들의 위치와 권한을 정의하고 제한합니다. 부 목사라는 말을 사용하지만, 그 명칭 외에는 부목사들이 담임목사와 다른 것이 전혀 없는 교회가 있습니까? 부목사도 담임목사처럼 성도들의 청빙 으로 교회를 섬기나요? 당회 투표권이 있습니까? 담임목사의 지시를 받 지 않고 오직 그리스도만을 머리로 삼습니까? 우리는 자신 있게 말할 수 있나요?

많은 교회에서 집사(안수집사)는 직분의 동등성을 존중받지 못합니다. 대부분 담임목사와 당회의 지시사항을 처리하는 행정직 종사자로 섬깁니 다. 열심히 신앙생활을 하는 사람 중에서 담임목사나 당회의 눈에 드는 사 람들이 선출됩니다. 가장 중요한 구제의 은사 유무는 두 번째나 세 번째 요건일 뿐입니다.

　우리나라 교회 초창기 시절, 교회가 너무 어려 일시적으로 도입된 서리집사 제도는 여전히 교회의 편의를 위해 사라지지 않고 있습니다. 우리는 정식? 집사를 안수집사라고 부르고, 안수집사를 선출하기 전에 안수집사의 직무를 서리, 또는 대리하도록 하는 서리집사를 집사라고 부릅니다. 이상합니다. 따지자면, 장로를 안수장로라고 부르지 않는 것처럼, 안수집사도 안수집사가 아니라 집사라고 불러야 합니다. 오히려 서리집사를 서리집사라고 호칭하는 것이 바르고 정확합니다. 하지만 역시 여기서도 용어 사용이 의미를 결정하는 데 큰 역할을 하게 되는데, 이런 용어 사용 때문에 우리는 안수집사가 서리집사보다 더 높은 사람들이라고 생각하게 됐습니다. 실제 교회 구조와 운영이 그렇게 이뤄지기도 하고요.

　교회를 어느 지역에 처음 세울 때 반드시 필요한 직분자는 목사입니다. 말씀을 선포하고 가르치는 목사 없이는 교회가 세워질 수 없습니다. 주로 목양을 전담하는 장로의 직무는 장로가 세워질 때까지 장로이기도 한 목사가 할 수 있습니다. 집사도 구제와 교회 운영을 위해서 필요한데, 집사의 경우 목사가 그 직무를 감당할 수 없으므로 정식으로 집사를 세우기 전까지 집사의 직무를 감당하도록 서리집사를 세우게 됩니다(따로 서리집사를 세우지 않고 재정위원회를 두기도 합니다). 교회가 성장하고 성숙하게 되면 장로를 세우고, 장로들이 목사와 함께 목양합니다. 마찬가지로 집사도 세워지면 더는 서리집사가 필요 없습니다. 말 그대로 집사 직분자가 세워지기 전에 집사의 직무를 서리하도록 한 것이니, 정식으로 집사가 세워진 지금 서리집사의 존재 목적은 없는 것입니다.

하지만 많은 교회에서, 아니, 대부분의 교회에서 서리집사 제도를 계속 유지합니다. 봉사를 시키기 위해서입니다(슬프지만 헌금 때문이기도 합니다).

우리는 용어가 의미를 어떻게 정하는지 앞에서 잠깐 살펴봤습니다. 서리집사도 예외가 아닌데, 부정적인 경우가 많습니다. 일단 서리집사라는 용어와 제도는 집사 직분에 대한 우리의 태도를 가볍게 만들었습니다. 여러분은 디모데전서와 같은 성경 여러 곳에서 어떤 사람이 집사로 부르심 받을 수 있는지를 확인하실 수 있습니다. 장로와 집사의 직무를 감당할 수 있는 요건을 우리는 주의 깊게 고려하고 적용하고 있습니까? 그 말씀들은 하나님의 말씀입니다. 하나님께서 우리에게 주신 말씀입니다. 교회를 위해서, 하나님께서 우리에게 주신 법칙입니다. 그러나 우리는 그 말씀에 순종하고 있습니까? 사람의 필요를 따라 목사를 세우고, 장로를 세우고 있지 않습니까? 여러 다양한 직분을 만드는 이유가 정말 교회를 섬기기 위해서입니까? 하나님보다 우리가 더 지혜롭습니까? 우리가 하나님보다 교회를 더 잘 압니까? 우리가 하나님보다 사람을 더 잘 압니까? 사람들이 서리집사를 생각할 때 어떤 무거움을 갖습니까? 어떤 존경을 표합니까? 오히려 많은 교회에서, 많은 서리집사들이 본을 보이기는커녕 서리집사라는 호칭만 받았을 뿐 헌신도 열정도 없이 생활하고 있지 않습니까? 서리집사들의 기도 제목이 "올해는 꼭 성경을 꾸준히 통독했으면 좋겠습니다. 매일 성경을 몇 절만이라도 읽었으면 좋겠습니다.", "기도 생활을 좀 했으면 좋겠습니다"와 같은 것이 현실 아닌가요? 말씀과 기도는 신앙의 기본생활일 뿐만 아니라, 그 사람의 신앙이 참된지 아닌지를 보여주는 표지입니다. 하나님을 믿고 사랑하는 사람은 하나님을 알고 싶어 말씀을 찾게 되어 있습니다. 설교를 듣고 싶어 하고, 말씀을 읽고 묵상하고 싶어 합니다. 하나님을 진심으로 믿고 의지하는 사람이 가장 먼저, 그리고 항상 하게 되는 일이 기도입니다. 하지만, 신앙의 기본생활인 말씀과 기도가 없는 사람들이 서리집사로 임명받는 모습이 오늘날 한국 교회의 현실이어서 안타깝습니다.

참된 신앙고백이 없는 세례

저는 직분에 대한 우리의 이해가 얕고, 직분에 대한 바른 적용이 없는 이유가 너무나 많은 세례교인 때문이라고 생각합니다(물론 이것만은 아닙니다).

우리는 세례가 중요하다고 말합니다. 세례 문제는 지금도 그렇지만 교회사에서도 때마다 논쟁의 대상이었습니다. 세례의 중요성을 작게 본 때는 교회가 하향 평준화되었고, 지나치게 크게 본 때는 교회가 너무 경직되기도 했습니다. 중요성을 어떻게 두든 세례의 진정성 때문에 많은 사람이 서로를 비난하고 정죄했습니다.

어쨌든 세례 자체가 구원의 증거는 아니지만, 그럼에도 세례는 매우 중요한 의미를 지닌 성례입니다. 그래서 우리 선조들은 세례 시행을 매우 신중하게 하고자 했습니다. 기록마다 약간의 차이가 있기는 하지만 장 칼뱅이 사역하던 제네바교회를 비롯해 청교도 교회들에는 세례 교인이 다수를 차지한 적이 거의 없었습니다. 심지어 칼뱅은 존 녹스가 그토록 칭송하던 제네바교회에 진실로 거듭난 사람은 소수라고 말했습니다. 우리 선조들도 초대교회의 본을 따라 세례를 매우 신중하게 베풀었습니다. 3년 이상을 관찰하면서 그 사람의 입술의 신앙고백과 삶의 신앙고백이 진실한지를 검증했습니다. 그런 과정을 거쳐 세례받은 교인 수는 다수가 아니었습니다. 절반이 넘어가는 일도 많지 않았습니다.

그런데 세례 자체가 구원의 증거가 되거나 확신을 보장하는 것은 아니지만, 일반적으로 세례받은 사람은 자신을 구원받은 사람이라고 생각합니다. 자신을 예수님을 믿는 사람이라고 생각합니다. 세례를 받을 때 공적으로 신앙고백을 하기 때문입니다. 교회도 그 사람의 신앙고백을 진실한 것으로 받고 세례를 베풀기 때문입니다. 그리고 결정적으로 이후로는 교회가 세례받은 사람을 구원받은 사람으로 전제하고 그 영혼을 대하며 돌보기 때문입니다. 세례받기 전이라면 구원받은 사람의 믿음에 합당하지 않다고 판단할 만한 죄를 짓거나 구원받았다고 판단하기에 주저될 정도로 신앙생활에 무관심하거나 게으른 마음과 태도를 보일 때 이 사람은 아직 구원받지 않았다고 말하겠지만, 세례받은 이후에 그러한 모습을 보이면, 이 사람이 구원은 받았지만 매우 어린 영적 상태에 있거나 영적 침체 가운데 빠져 있다고 판단하는 것입니다.

우리는 세례받은 사람, 곧 공적으로 예수님을 주와 구주로 고백하는 사람들, 예수님에 대한 믿음과 순종을 고백하는 사람들의 신앙생활이 오늘날 세상에서는 말할 것도 없고, 교회에서조차도 덕이 안 되는 모습을 많이 봅니다. 성경은 하나님을 사랑하는 사람은 하나님의 계명을 지킨다고 말하는데, 세례받은 사람들의 모습에서 하나님의 계명을 무겁게 여기거나 주의 깊게 순종하려는 모습을 찾아보기가 어려울 때가 많습니다. 성경은 "너희는 말씀을 행하는 자가 되고 듣기만 하여 자신을 속이는 자가 되지 말라"(약 1:22)고 경고하며, "행함이 없는 믿음은 죽은 것이니라"(약 2:26)며 주의를 주는데, 우리의 입술의 고백과 삶의 고백을 보면 부끄러운 정도가 아니라 과연 거듭났는지, 우리가 의에 대하여 살아 있는지 의아할 때가 많습니다.

이는 많은 교회에서 세례를 세례답게 베풀지 않기 때문입니다. 성경은 거듭난 사람에게, 예수 그리스도께서 베푸시는 생명을 받은 사람에게 세례를 베풀었습니다. 우리 선조들은 그 사람이 예수님을 주와 구주로 실제로, 말만이 아니라 삶으로 고백할 때 세례를 베풀었습니다. 따라서 기본적으로 검증의 시간이 필요했고, 삶의 검증이 필요했습니다. 초대교회, 그 박해받던 시기에, 교회에 스며든 밀정을 거르기 위해서라는 이유 때문만이 아니라, 세례를 베푼다는 것이 그만큼 중요했기에 가정에서, 일터에서, 여러 사람과의 다양한 만남의 자리에서 그 사람의 입술의 고백과 삶의 고백을 수년간 검증했습니다. 이후의 선조들도 그렇게 시간과 삶의 검증을 거친 사람에게 세례를 베풀었습니다.

그러나 오늘날은 어떻습니까? 많은 교회에서 주일날 꾸준히 출석하고, 헌금하고, 크게 나무랄 데 없는 생활을 하는 사람을 세례받을 대상으로 삼습니다. 그들을 교육하면서 복음을 전하며, 복음을 믿는지, 믿기를 원하는지 확인합니다. 그렇게 간단한 입술의 고백과 몇 번의 교육만으로 세례를 베풀고 받습니다. 예수님을 주와 구주로 고백하면서, 그리스도에 대한 믿음과 순종을 고백한다는 의미로 받는 세례의 의미는 너무나도 형식적으로 변해버렸습니다.

앞서도 잠깐 말씀드렸지만, 일단 세례를 받기만 하면 그는 구원받은 사람으로 여겨집니다. 그들에 대한 설교도 아직 회심하지 않은 사람에게 하는 전도설교가 아니라 구원받은 사람으로서 살아가게 하는 복음설교가 주를 이룹니다. 그들이 믿음 없는 생활을 하면, 구원받은 자로 합당하게 살라고 권면합니다. 그러나 세례는 받았지만 실제로는 그리스도인이 아니라면, 그리스도인이 아닌 사람들이 어떻게 그리스도인으로, 그리스도인답게 살아갈 수 있을까요?

문제는 이렇게 세례를 받고 그리스도인이 되어 교회 회원이 된 사람 중 많은 수가 실제로 하나님과 진리를 향한 뜨거운 사랑을 드러내지 못하는 데 있습니다. 실제로 하나님을 사랑하지 않기 때문입니다. 교회를 위해 섬기지 않습니다. 마음이 다른 곳에 있기 때문입니다. 신앙생활을 열심히는 해야 할 것 같고 봉사도 해야 할 것 같아 자리를 지키지만, 이들의 마음의 원리와 동기는 하나님에 대한 사랑과 하나님께서 베푸신 은혜가 아닙니다. 거듭나지 않았기에 여전히 세상의 원리가 이들의 마음을 지배하고 있으며, 장로나 집사로 선출되어서도 그 직분과 직무에 대해서 계속해서 세상의 원리를 적용하는 것입니다. 교회의 많은 문제가 역설적이게도 이들이 교회를 열심히 섬긴 결과로 일어나게 됩니다.

저는 우리가 '비참한 확신' 가운데 살지 않기를 원합니다. 실제로는 거듭나지 않았지만 세례받았다는 이유로 자신을 구원받은 사람으로 여기고 살다가 멸망의 심판을 받게 된다면 얼마나 원통할까요?

다시 말씀드리지만, 저는 세례받은 모든 사람의 신앙이 참된 신앙이 아니라고 말씀드리는 것은 아닙니다. 다만, 만약 현대교회가 우리 선조들처럼 세례를 무겁게 받아들이고, 검증에 좀 더 신경을 쓴다면, 세례받는 사람도 교회도 세례받는 사람의 신앙을 훨씬 더 바르게 판단할 수 있을 것이고, 교회도 더 건강해질 것입니다.

세례 시행에 우리가 좀 더 주의를 기울이게 되면 세례와 신앙고백을, 신앙에 일치한 삶을 무겁게 여기는 건강한 사람들이 많아질 것입니다. 웬만하면 세례를 받고 세례교인이 되어 교회 회원이 되는 교회 수준이 지금보다 상향평준화 되면 그런 세례 교인 중에서도 더욱 본이 되고, 직무에 은사가 있는 사람들을 직분자로 선출하는 일이 지금보다 더 높은 차원에 있게 될 것입니다. 사람이 모여 조직된 공동체에서는 어디서나 그렇습니다. 가치에 따라 기준을 정하고, 그 기준을 지키려고 노력할수록 그 공동체는 높은 수준의 행동 원리와 실상을 유지합니다. 그 공동체의 건강함은 오래도록 이어집니다. 그러나 가치에 따라 기준을 정하지 않거나, 기준을 정했어도 기준을 지키려는 노력을 게을리하면 해당 공동체는 금방 무너집니다.

상향평준화라는 단어가 오해를 불러일으키지 않기를 원합니다. 지금과 비교해서 수준이 높아진다는 의미입니다. 저는 우리의 기준을 단지 높이자고 말씀드리는 것이 아니기 때문입니다. 성경의 기준으로 돌아가자고 말씀드리는 것입니다.

새로 입교한 자도 말지니

조금 더 나가보겠습니다.

"새로 입교한 자도 말지니 교만하여져서 마귀를 정죄하는 그 정죄에 빠질까 함이요"(딤전 3:6). 바울은 감독의 자격에 관해 이야기하면서 새로 입교한 자가 감독이 되어서는 안 된다고 말합니다. 이 말씀은 일차적으로는 장로의 자격에 관한 말씀이지만 그리스도인 모두에게 적용할 수 있는 말씀입니다. 거듭났지만, 새로운 본성을 지니게 되었지만, 성인이라 할지라도 신앙 안에서 배워야 할 것들이 많습니다. 따라서 충분히, 겸손한 마음으로 먼저 배우고 훈련받는 일이 필요합니다. 그렇지 않으면 바울의 경고처럼 교만하여져서 마귀를 정죄하는 그 정죄, 곧 심판을 받을 수도 있습니다.

하지만, 늘 봉사할 사람이 부족한 교회 입장에서는 열심히 신앙생활하는 사람은 모두 하나님을 많이 사랑하는 사람, 진리를 사랑하는 사람으로 보입니다. 게다가 이런 사람들은 열심이 없는 사람들에게 어떤 면에서는 모델이 되기 때문에도 교회에서는 열심히 신앙생활 하는 사람을 소그룹 리더로, 여러 섬김의 봉사자로 속히 세웁니다.

교회는 그렇게 세워진 사람들이 열심히 봉사하는 가운데 겸손을 비롯한 신앙의 아름다운 덕목들을 배우길 원합니다. 성품과 성향은 책으로 배울 수 없는 것이기 때문에도 이렇게 열심히 봉사하는 가운데 알게 되고 깨닫게 되는 경험들이 저들에게 많은 유익을 줄 것이라고 생각합니다. 그러나 적지 않은 사람이 그런 덕목들을 그렇게 빨리 배우지 못합니다. 몇 개월 내에, 1, 2년 이내에 배울 수 있는 게 아닙니다. 우리가 그렇지 않습니까? 우리도 그렇게 배우지 못해왔습니다. 우리도 많은 시간이 걸려왔습니다. (저 같은 경우는 아직도 멀었습니다.)

교회의 의도와는 달리 겸손과 지식을 충분히 소유하지 못한 채 열심히만 섬기는 몇몇 사람들 때문에 교회에 여러 문제가 생기는 것을 보게 됩니다. 그런데 그런 일이 장로나 집사, 심지어는 목사의 경우에도 간혹 발생한다는 것이 우리의 슬픔이 됩니다.

모두가 교회를 건강하게 하고 성장시키기 위한 일입니다. 그러나 세례를 베푸는 일, 직분자를 세우는 일에 관한 하나님의 말씀을 있는 그대로, 철저히 지키지 않기 때문에 오히려 교회가 약해지고 뒤로 물러납니다.

교회가 말씀에 전적으로 순종하지 않을 때, 성도들도 말씀에 전적으로 순종하지 않아도 된다고 생각합니다. 그리고 문제와 논쟁 앞에서 말씀이 아니라, 교회처럼 자신의 권위를 앞세우게 됩니다.

청년 때 어느 기도 모임에서 기도를 하던 중이었습니다. 매주 기도 모임에서 함께 기도하던 한 선배님이 일주일 전부터 청년부 간사로 임명받아 기도 모임을 인도하게 되었습니다. 그 선배님은 청년부 담당 목사님의 말씀을 잘 따르고 각종 봉사도 열심히 하는 사람이었습니다. 그런 열심을 알기에, 또 나이도 가장 많았기에, 기도 모임에 참여하는 대부분의 지체는 그 선배님이 간사로 섬기게 된 것을 환영하고 축하했습니다. 하지만 저는 그 선배님이 세례받은 지 2년이 조금 안 되었던 터라 걱정이 됐습니다. 아무리 작은 소그룹이라도 사람들은 리더의 영향을 크게 받기 때문입니다. 사교 모임이라면 상관없을 것입니다. 하지만, 가르침을 받고 함께 기도하는 공적 성격의 모임은 하나님을 아는 지식과 신앙이 분명하고 성숙한 사람이 인도해야 한다고 생각했습니다.

얼마 지나지 않아 기도 모임 분위기가 확 달라졌는데, 간사님이 방언을 적극 권장한 것이 발단이 됐습니다. 평상시처럼 저는 여러 기도 제목으로 지체들과 함께 기도했습니다. 하지만 점점 마음이 불편해졌습니다. 다수의 지체가 방언으로 기도하기 시작하자, 방언을 하지 못하는(않는) 지체들이 영향을 받았기 때문입니다. 게다가 저는 방언 자체가 불편했습니다. 기도회가 끝난 후 간사님께 따로 가서 다음부터는 방언으로 기도하지 않았으면 좋겠다고 건의했습니다. 방언으로 기도하지 않는 사람들이 방언 소리 때문에 기도에 집중하기 어려워한다고 말씀드렸습니다. 그리고 방언으로 기도하지 못하는 사람들이 자기들의 신앙이 방언하는 사람들보다 열등하다고 생각하는 것 같은데 그런 오해도 생기지 않았으면 좋겠다고 조심스럽게 말씀드렸습니다. 하지만 간사님은 오히려 그렇기 때문에 다들 방언을 하고 싶어 하지 않겠느냐, 더 좋은 자극이 되지 않겠느냐고 말했습니다. 그래서 저는 그런 사람도 있을 수 있겠지만 아닌 사람들도 있다고 말씀드렸습니다. 또 저는 오늘날의 방언이 성경과 일치하지 않는다고 생각한다고, 혹 방언이 성경적이라 할지라도 "만일 통역하는 자가 없으면 교회에서는 잠잠하고 자기와 하나님께 말할 것이요"(고전 14:28)라는 말씀에 따라 통역하는 자가 없으면 최소한 교회의 모든 공적 모임에서 방언을 해서는 안 된다고 생각한다고 강조했습니다. 이 구절보다 더 상위에 놓일 수 있는 구절이 없으므로 저는 간사님께서 당장은 아니더라도 조금 더 고민해 보고 답해주실 것을 기대했습니다. 하지만 간사님은 저보고 바로 "잠잠하라"고 하셨습니다. 자신을 간사의 자리에 세우신 분이 하나님이시기 때문에 자기에게 순종할 것을 요구했습니다. 질서를 따라줘야 한다며 힘주어 말했습니다. 저는 그 이후 모임에서 몇 번 더 건의했으나 달라지는 것도 없고, 간사님과 몇몇 지체가 저를 탐탁지 않게 여겨 기도 모임에서 나오고 말았습니다.

모습과 정도는 다르지만, 이런 일들이 오늘날 교회에서 많이 일어나지 않습니까?

성찬을 강조하지만 기준이 낮음

개혁주의는 성찬이 매우 중요하다고 가르칩니다. 설교를 듣는 말씀, 성찬을 보이는 말씀으로까지 표현합니다. 아시다시피 성찬은 우리를 위한 그리스도의 몸과 피를 우리가 영적으로 먹고 마시는 것입니다. 그래서 성찬은 주의 깊게 시행해야 합니다. 바르게 행하는 성찬은 우리의 믿음을 더욱 단단히 해주고 성장시킨다는 면에서 아주 중요합니다.

게다가 개혁주의가 권징을 강조하기 때문에 성찬은 더욱 무거운 가치를 지닙니다. 1년에 두 번, 또는 네 번 밖에 성찬을 행하지 않는다면, 수찬정지 3개월, 또는 6개월이라는 벌은 큰 의미를 갖기 어렵습니다. 하지만, 매주 성찬을 시행하는 교회라면 다를 것입니다. 매주 성찬을 통해 그리스도의 몸과 피에 대해 생각하며, 성찬을 통해 은혜를 더욱 바라는 성도가 수찬정지 2개월이라는 벌을 받게 되면 그 벌이 무겁다고 생각할 것입니다.

권징을 떠나서 성찬이 영적으로 갖는 의미를 생각하기만 해도 '가능한 한'이 아니라 우리가 주일마다 예배하고, 봉헌하고, 기도하고, 찬양하고, 성도의 교제를 나누는 것처럼, 성찬도 그렇게 '매주' 시행해야 할 것입니다. 정말로 그렇게 중요하다면, 그렇게 중요하다는 것을 실제로 보여야 하지 않을까요?

더욱이 성찬이 단지 주일 예배를 더 있어 보이게 하는 정도가 아니라,

실제로 성도의 삶을 복음으로 윤택하게 하는 일이라면, 다른 프로그램을 더 하려고 할 것이 아니라 우리의 주와 구주이신, 신랑이신, 교회의 머리이신 그리스도께서 세례와 더불어 제정하신 이 성찬을 자주 시행하는 것이 그분의 백성으로, 그분의 신부로, 그분의 몸 된 지체로 행해야 할 거룩한 의무라고 할 것입니다.

"세례가 그렇게 중요한가요? 그보다는, 기준을 조금 더 낮추더라도 많은 사람이 은혜 안에 거할 수 있게 하는 것이 더 낫지 않을까요? 성찬이 중요하다는 것은 알겠습니다. 하지만 꼭 매주 해야만 제대로 하는 것일까요? 교회를 유지하고 성장시키려다 보면 부목사도 필요하고 서리집사도 많이 필요합니다. 성경에는 없지만 다른 직분들도 필요할 때가 많습니다. 모두 하나님 나라와 교회를 위해서 하는 일인데 굳이 그렇게 찬물을 끼얹을 필요가 있습니까?"

개혁주의는 중요한 것을 강조합니다. 더 중요한 것은 더 많이, 덜 중요한 것도 충분히 강조합니다. 네, 성경 전체를, 어느 한 말씀 가볍게 여기지 않고 사랑하고 강조합니다. 가르치고 교훈합니다. 권하고 종용합니다.

저는 여러분과 함께 정말 진지하게 고민해 보고자 합니다. 우리가 잘하고 있는지, 제대로 하고 있는지를 판단할 때 우리의 기준은 성경인가요? 아니면 우리 자신인가요? 하나님의 영원한 말씀인가요? 아니면 우리 시대 평균 신앙인가요? 주위 교회보다 잘하고 있으면, 다른 교회들보다 나름 신경 써서 어느 정도 하고 있으면 만족해도 되나요?

"세상에 완벽한, 완전한 교회가 어디 있나요? 모든 면에서 다 잘하는 교회가 존재할 수 있나요?"

네, 맞습니다. 완벽한 교회는 없습니다. 하지만 완벽한 교회가 없다는 말과 판단과 현실이, 우리가 모든 면에서 그리스도의 장성한 분량에 이르도록 자라가기를 소망하고 달음박질하자는 것을 부정하게 해서는 안 됩니다. 우리에게는 그럴 권리가 없습니다. 하나님께서는 명령하셨고, 명령하신 모든 일에 대해 우리의 순종을 요구하십니다. 무엇보다 그 순종을 위해 성령님께서는 언제나 힘과 능력을 주십니다.

그러한 데다가, 우리가 '어차피 완벽한 교회는 없는데'라고 생각하면서 어느 한두 곳의 기준을 성경 이하로 내려버리면 결국 전체가 다 내려가게 되기 때문에 우리는 이러한 마음을 경계해야 합니다.

건강한 교회가 어떻게 병들게 되는가

Q교회의 U담임목사님은 대학생 때 한 선교단체를 통해서 예수님을 영접했습니다. 이후 장로교 계열의 신학대학원을 졸업하고 교회를 개척합니다. 말씀에 대한 뜨거운 열정과 영혼 사랑으로 유명해지기 시작하셨고, 일반 성도들을 성숙한 그리스도인으로 성장시키기 위한 다양한 제자훈련 과정을 도입하여 많은 열매를 거뒀습니다. 무엇보다 하나님 중심, 말씀 중심의 설교와 순종에 대한 탁월한 적용들은 Q교회 성도들만이 아니라 전국의 많은 교회와 성도들에게 큰 영향을 끼쳤습니다.

한번은 이런 일이 있었습니다. 말씀에 열심인 어느 성도가 다양한 성경 공부 모임에 참여했다가 신천지에 빠지고 말았습니다. 이 소식을 들은 U목사님은 그 성도가 공부하는 신천지 센터에 주저 없이 달려가 복음을 담대하게 선포하고, 그들의 오류를 힘 있게 논박한 후, 그 성도님의 손을 잡고 거기서 데리고 나왔습니다.

Q교회는 U목사님의 목양 아래 말씀을 사랑하고 이웃을 사랑하고 섬기는 일에 진심을 다했습니다. 성도 수는 만 명을 넘어섰고, 지역사회에 여러 봉사를 하며 불신 이웃들에게 칭찬을 많이 받았습니다. 성도 수가 많다 보니 Q교회에 많은 부목사가 있었습니다. 부목사님들은 U목사님께 부당한 대우를 받은 적이 없었으며, 다른 어떤 교회와 비교해도 여러 면에서 좋은 환경에서 좋은 대우를 받았습니다. U목사님은 개척 이후 성도 수가 2천 명 정도 될 때까지는 모든 성도의 이름을 직업, 기도 제목 등과 함께 잘 알고 있었고, 교회에서나 교회 밖에서나 성도님들을 만나면 멀리서도 먼저 고개를 숙여 인사를 하는 인격자였습니다. 많은 목회자 후보생이 U목사님을 닮고 싶어 했고, 신학과 경건을 배우기 위해 Q교회에 일반 성도로 등록하는 일도 많았습니다.

그러던 어느 날 Q교회에 찬양 집회와 중보기도 운동, 그리고 방언이 들어옵니다. 교회는 찬양 집회가 성도들로 하여금 더 뜨겁게 예배하는 데 도움을 준다고 판단했습니다. 마찬가지로 중보기도 운동과 방언 또한 이를 행하는 사람들이 그렇지 않은 성도들보다 기도에 훨씬 더 큰 열심을 내는 듯 보이기에 도입되었습니다. 교회는 기도가 점점 평가절하되는 이 시대에 중보기도 운동과 방언이 성도들에게 큰 자극을 주기를 바랐습니다.

하지만, 찬양 집회와 중보기도 운동, 방언이 교회에서 자리를 잡자 말씀보다는 체험이 더 중요하게 여겨지게 되었습니다. 곧 중고등부와 대학 청년부에서 여는 수련회와 각종 행사에 성령 운동이 들어오기 시작합니다. 강사가 바람을 불자 사람들이 쓰러지고, 몇몇 사람은 환상을 보기도 합니다.

이때까지도 Q교회는, U목사는 신중론을 펼칩니다. 아직 크게 우려할 만한 문제들이 드러나지 않았다고 판단합니다. 오히려 성도들이 이전보다 훨씬 더 신앙에 관심을 기울이는 듯 보였으므로 좀 더 두고 보기로 합니다. 그러나 Q교회에는 그렇게 검증되지 않은 문화와 프로그램들이 마구 들어오기 시작했습니다.

몇 년이 지나고 나서 Q교회는 완전히 다른 교회가 되었습니다. 대학 청년부를 지도하던 R목사는 통역과 예언의 은사가 있다고 하는 한 자매를 옆에 두고 설교도 하고 여러 행사도 개최합니다. 하지만 설교 때 공적으로 했던 예언이 다 맞지 않자 이후에는 통역만 하게 합니다. 그러나 그 통역도 믿을 수 없게 되었는데, 통역하는 은사가 있다고 하는 사람 몇이 나타나 한 가지 방언에 대해 서로 다른 내용으로 통역하는 일들이 계속됐기 때문입니다. 이 문제와 함께 몇 가지가 더 문제가 되어 R목사는 교회에서 쫓겨났는데, 자신은 쫓겨난 것이 아니라 스스로 나왔다고 말했습니다. 지금은 설교가 없는, 이상한 집회만 여는 교회를 개척해서 자신을 따르는 사람들과 종교 생활을 하고 있습니다.

말씀 사랑에 뜨거웠던 U목사님도 변했습니다. 그는 설교단에서 성령의 바람이라며 장풍을 몇 번 쏘았습니다. 누구도 그분이 그렇게 변할 거라고는 생각하지 못했습니다. 본인도 생각 못 했을 겁니다. 지금도 말씀이 가장 중요하고 가장 기본이라고 외치고 있지만, U목사와 Q교회의 모습을 보면 말씀이 정말 있는 것인지 잘 모르겠습니다. U목사만이 아니라 Q교회 성도들도 시나브로 변화를 받아들였기 때문에 사람들에게는 그 변화가 자연스레 흡수됐습니다. 사람들은 이런저런 변화가 감지되고, 이런저런 프로그램이 도입돼도 여전히 말씀 중심이지 않냐며 변한 것은 없다고 생각했습니다. 하지만 곧 그러한 프로그램들은 설교를 바꾸었고, 교회 분위기를 바꿨고, 본질과 비본질의 차이를 교묘하게 흐트러뜨리고 경계를 없애더니, 교회를 바꾸어 버렸습니다. 많은 교회가 이런 어려움을 겪습니다. 그렇게 Q교회는 말씀이 최고 권위였던 이전과는 달리 지금은 완전히 은사 중심적인 교회가 되어버렸습니다.

Q교회는 기존에 있던 많은 건강한 교회가 어떻게 말씀에서 멀어졌는지를 단편적으로 보여줍니다. 우리는 하나님을 더 사랑하기 위해서라는 이유로, 성도들이 좀 더 신앙생활에 집중했으면 해서 교회에 많은 프로그램을 들여옵니다. 많은 일을 만듭니다. 또는 특정한 일들을 다른 일들보다 더 강조합니다. 처음에는 어느 정도 효과가 있는 듯 보입니다. 실제로 그런 일들을 통해 신앙이 자라는 사람도 분명 있을 것입니다. 하지만, 이렇게 선의로 하는 일들이 실제로는 선한 의도를 충족시키지 못할 때가 많습니다. 결과적으로 다수의 사람은 복음을 온전히 듣지 못하는 피해를 봅니다.

복음을 전하는 일에서도 태만함

개혁주의는 어느 곳보다 하나님의 주권과 섭리를 높이고 찬양합니다. 하나님의 주권은 성경 전체를 붙들고 있는 매우 중요한 신학이자 신앙고백이기 때문에 이를 충분히 강조하지 않는 다른 신앙들을 무겁게 비판합니다. 다른 곳들이 삶의 어려움과 고난을 "이 또한 지나가리라" 또는 "버티면 하나님께서 복을 주신다" 정도로 대하게 하는 것과 달리, 개혁주의는 하나님의 선하신 손길을 깊이 깨닫게 하고 적극적으로 하나님을 신뢰하게 합니다. 복음은 단지 죄와 허물로 죽을 수밖에 없는 사람이 예수 그리스도의 공로로 말미암아 구원을 받는다는 내용만이 아니라 하나님의 주권에 대한 이해와 신앙 같이 구원받은 사람이 하나님과 삶에 대해 가져야 하는 마음의 태도와 방향 또한 담고 있습니다.

그러나 안타깝게도 강조하는 교회만 그렇게 합니다. 또는 책으로만 그렇게 이야기합니다. 실제 많은 개혁주의 교회는 복음의 일부만을 선포합니다. 복음 전체를 선포하지 않습니다. 그리고 그 결과 힘을 잃었습니다. 사람을 잃었습니다.

Q교회의 A성도는 하나님을 경외하고 이웃 섬기기를 기뻐하는 청년이었습니다. 누군가가 해야 할 일이 있으면 그 누군가를 항상 자신이라고 생각하는 사람이었습니다. 주일만이 아니라 수요일에도 새벽에도 말씀과 기도가 있는 곳이라면 언제든 나아가 하나님을 예배하고 하나님과 교제했습니다. 사람들과 만나 신앙에 관해 나누며 격려하는 위로자였습니다. 하나

님을 더 알고 사랑하고 싶어 신앙 서적도 즐겨 읽고, 읽은 책을 친구들과 나누기를 즐거워했습니다. 그런 A성도를 사람들은 모두 좋아했습니다. A성도는 쓸데없는 말을 하지 않는 듯 보였습니다. 그가 하는 모든 말은 하나님을 높이고 사람을 세웠습니다. 그 외에는 말을 아꼈습니다. 하지만 활발하고 명랑한 사람이었습니다.

그날도 A성도는 새벽 일찍 하나님의 말씀을 듣고, 하나님께 아뢰고, 하나님을 찬양하기 위해 집을 나섰습니다. 10여 분을 걸은 뒤 교회 바로 앞 횡단보도 앞에 멈춰서 신호를 기다렸습니다. 이윽고 신호가 바뀌자 건너기 시작했습니다. 바로 그때, 신호를 무시하고 달리던 시내버스가 A성도를 덮쳤습니다. A성도는 그 자리에서 죽었습니다.

며칠 후 주일, A성도를 사랑하는 많은 사람이 슬픔을 감추지 못했습니다. 하나님께 따지는 사람들도 더러 있었습니다. 목사님께 왜 이런 일이 일어나는 거냐고 거칠게 항변하는 사람들도 있었습니다. 사람들은 그토록 하나님을 사랑하는 사람이, 모든 사람의 기쁨이 되는 사람이, 왜 그렇게 갑자기, 비참하게 죽어야 하는 거냐고 물었습니다. "왜 하나님께서는 하필 새벽기도회 가는 길에 그 영혼을 부르셨나요? 이 일이 정말 하나님의 뜻인 건가요? 하나님의 선하심이 이런 건가요? 하나님께서는 정말 우리를 사랑하시는 거 맞나요?"

Q교회는 교회의 필요와 성도들의 요구에 따라 하나님의 주권과 섭리, 그리고 고난에 관해 몇 주간 설교했습니다. 또 크게 슬퍼하고 힘들어하는 성도들을 찾아가 위로하고 하나님의 주권과 섭리에 관해 성경의 가르침을 전했습니다. 하지만 여전히 많은 성도가 하나님의 주권과 섭리를 받아들

이기 어려워했습니다. 이 사건이 일어나기 전에는 거의 제대로 들어보지 못했기 때문입니다.

한두 달이 지나자 대부분이 A성도와 교통사고를 잊었습니다. 하나님의 주권과 섭리에 관한 질문도 거의 사라졌습니다. 그러나 이는 다른 많은 일에서 그런 것처럼 사람들이 그냥 잊었기 때문입니다. A성도가 사람들에게서 잊혔기 때문입니다. 평상시 주로 회심을 강조하며 복음을 전했던 이 개혁주의 교회는, 세 주 정도 하나님의 주권과 섭리를 주제로 설교하고 성도들을 위로하려고 했던 이 교회는 곧 다시 이전으로 돌아갔습니다. 이에 반해 극소수의 사람들만 반년이 넘도록 마음 아파하다가, 그중 몇몇은 결국 신앙을 떠나게 되었습니다.

저는 "몇몇은 신앙을 떠나게 되었다"는 말이 저에게도, 여러분에게도 담담하지 않기를 원합니다. 백 명이 교회를 떠나는 일과 한 명이 교회를 떠나는 일 모두 하나님께는 같지 않을까요? 우리가 하나님께 새로운 본성을 받은 사람들이라면, 그리스도를 본받아, 아흔아홉 마리를 두고서라도 잃어버린 한 마리의 양을 찾아, 온 골짜기와 들판을 뛰어다녀야 합니다. 한 마리의 양이라도 잃어버리는 일이 애초에 일어나지 않도록 해야 합니다.

그러나 우리는 "몇몇 사람이 교회를 떠나게 되었다. 신앙에서 멀어지게 되었다"는 말을 너무 아무렇지도 않게 하거나, 약간의 안타까움을 표현하는 정도로만 합니다. 이런 우리 모습이 너무 슬프지 않습니까? 비통해야 할 일이 아닌가요?

계속해서 Q교회에서 있었던 일입니다.

비슷한 시기에 Q교회는 신천지와 구원파 등 여러 이단의 공격 또한 받고 있었습니다. 큰 교회다 보니 교회에서 성도들을 책임지고 목양하기가 어려운 점이 문제였습니다. 큰 교회, 대형교회에서는 어떤 사람이 주일 예배에 참석했는지, 어떻게 한 주를 보냈는지, 경건 생활을 구체적으로, 또 실제로 어떻게 하는지를 그 사람이 열심히 활동?하지 않으면 알기가 꽤 어렵습니다. 또 언제부턴가 도입된 여러 찬양 집회와 프로그램이 어떤 사람들에게는 만족을 주었지만, 어떤 사람들에게는 말씀에 대한 갈급함을 더욱 일으켰는데, 그러다 보니 성도들이 외부에서 열리는 세미나나 강연, 성경 공부 모임에, 알려지지 않은 모임들에도 분별없이 참석하고 있었습니다.

교회에서는 이단 세미나도 개최하고 나름 여러모로 성도들을 위해 신경을 썼습니다. 하지만 이참에 교리를 가르쳐달라는 소수의 주장은 무시됐습니다. 설교에 교리가 담겨 있으니 충분하다는 것이었습니다. 프로그램을 좀 줄여달라는 의견도, 구역모임을 성경 공부에 좀 더 집중할 수 있는 구성으로 바꿔 달라는 건의도 받아들여지지 않았습니다.

M성도는 이때 친구 몇 명을 이단에 빼앗기고 무척 괴로운 시간을 보냈습니다. 아무것도 할 수 없는 무기력감, 친구들을 잃은 상실감, 교회에 대한 배신감이 M성도의 마음을 채웠습니다. 이후 믿고 따르는 C목사님이 Q교회에서 분립 개척한다는 소식을 듣고 몇몇 가정과 함께 분립개척에 참여했습니다. C목사님은 인격도 훌륭하셨을 뿐만 아니라 성경에 충실하게 설교하셨고, 성도들도 세심하게 잘 살피시는 분이었습니다. C목사님

과 M성도는 Q교회가 지니고 있던 여러 문제점에 대한 인식도 비슷했기에 기대가 더 컸습니다.

하지만 분립 개척한 교회는 Q교회와 크게 다르지 않았습니다. 이단을 대비한 교리 교육도 여러 이유로 계속 미뤄졌습니다. Q교회의 문제점이라고 함께 지적했던 점 여럿은 많이 개선되었습니다. 그럼에도 전체적인 교회 분위기는, 특히 성경 공부와 목양 부분은 달라지지 않았습니다.

그렇게 분립 개척한 교회에서 신앙생활을 한 지 3년 정도가 지났을 때, 남편이 어린 딸아이를 데리고 이단으로 넘어가 버렸습니다. 남편이 이단으로 넘어간 이유가 이단이 적극적으로 가르쳐주는 교리와 성경 공부의 매력 때문이었기에 M성도는 마음이 너무나도 상해버렸습니다. 남편과 딸아이를 포기할 수 없어서, 함께 힘을 내주는 동료 몇이 있어서 남아 있을 뿐, 분립 개척한 교회도 Q교회도 M성도에게는, 더는 교회가 아니게 됐습니다.

왜 교회는 성도들의 영혼에 그렇게 관심이 없는 걸까요? 왜 성도들이 정말 필요로 하는 영혼의 양식을 주지 않는 걸까요? Q교회에서 어떤 문제가 생기기 전에 하나님을 바르게 알고 예배하고 사랑하기 위해서 교리를 제대로 가르쳤다면, 아니 여러 사람이 이단에 빠졌을 때라도 주의하며 교리를 가르쳤다면 어땠을까요? 그때부터라도 교리를 제대로 가르치고 공부하고, 한 사람 한 사람, 한 영혼 한 영혼을 세심히 목양했다면 어땠을까요?

몇 가지 사례만을 함께 나눴을 뿐, 실제로는 내용과 상황과 정도가 다양한 일들이 개혁주의 교회 안에서 일어나고 있습니다.

하나님 말씀에 합당하게 직분자를 세우고, 교회를 조직하고, 권징을 시행하고, 말씀과 성례를 가장 본질적이자 주요한 은혜의 수단으로 강조하고 거행하는 일들이, 지금은 이것 때문에 안 되고, 또 저것 때문에 다음으로 미뤄집니다. 지금은 당장 사람이 필요하니 강도권이 없는 자들도 설교하게 하고, 교회를 운영해야 하니 말씀의 기준에 못 미치지만 우리 수준에 그래도 좀 나아 보이는, 이 정도면 오늘날 세상에서는 훌륭한 편인 사람들을 직분자로 세웁니다.

그렇게 하나둘 성경이 아니라 우리의 생각과 상황과 환경을 기준으로 교회와 신앙을 타협하다 보니 높이 들어 올렸던 개혁주의의 기치가 부끄러워집니다. 색이 바래져서 무슨 모양인지 무슨 색깔이었는지 알기가 어려워졌기 때문입니다.

결국에 우리는 전통적으로, 또 역사적으로 고백해온, 성경에 충실한 이 개혁주의를 우리 스스로 부정하고 부인하고 있습니다. 여전히 설교하고, 책을 내고, 가르치고 배우지만, 사실은 그렇게까지는, 그 정도까지는 마음을 다해 사랑할 필요도, 순종하고 실천할 필요도 없다고 말하는 셈입니다. 우리는 점점 타협한 직분과 직무, 목양, 교회 조직, 성례 등에 익숙해지고, 우리 생각에는 필요하다고 느껴서 만든 그 많은 예외를 원칙으로 삼아 신앙생활 하면서, 하나님께서 개혁주의 교회를 하나님의 영광을 위해서 사용하시길 원하고 기도합니다. 하지만 과연 하나님께서 자신의 말씀을 기쁘게 받지 않고, 무겁게 순종하지 않는 우리의 마음과 기도를 받아주실까요?

이런 의미에서 오늘날 많은 개혁주의 교회는 복음에 충실하지 않습니다. 복음을 온전히 전하지 않으면 제대로 전한 것이 아니기 때문입니다.

말씀만 좋으면 됐지!

Q교회와 1장에서 살펴본 G교회(그리고 이후 개척한 교회)를 생각해 봅시다.

우리는 말씀을 가장 중요하게 두면, 복음적인 설교를 하는 한, 말씀 중심의 교회 분위기가 다른 일들을 견제하고, 균형을 잡아줄 것으로 생각합니다. 그러나 아무리 말씀 중심을 외쳐도, 실제 그와 반대되는 것들을 들여오거나, 말씀 중심이 되도록 하는 교회 질서를 충실히 운영하지 않으면 말씀 중심은 구호로 전락하기가 쉽습니다.

솔로몬은 하나님을 배신한 적이 없습니다. 평생 하나님을 예배했습니다. 그가 지은 잠언과 전도서 등을 보십시오. 그는 하나님의 말씀을 귀하게 여기고 높였습니다. 하지만 그가 수많은 이방 여인과 결혼하고, 결혼하면서 함께 들여온 많은 이방신과 문화는 결국 이스라엘을 앞으로 나아가게 하지 못하고 뒤로 물러나게 했습니다.

많은 사람이 교회를 선택하는 기준이 설교입니다. 맞습니다. 너무나 중요합니다. 하지만 그것만 보면 안 됩니다. 말씀 중심은, 복음적인 설교는 필요조건이지만 충분조건은 아닙니다.

하나님께서는 말씀과 함께 성례 시행과 권징을 은혜의 수단으로 주셨습니다. 참된 교회의 표지로 주셨습니다. 이외에도 우리가 주의 깊게 따라야 할 것들이 많습니다. 그 모두가 중요합니다. 네, 이 모두를 우리는 교회를 선택할 때 기준으로 삼아야 합니다.

"하지만, 요즘 그렇게 모든 것을 챙기는 교회가 얼마나 있나요? 설교만
이라도 잘하면 감사한 거 아닌가요? 게다가 설교를 잘하는 사람도 많지
않고요."

우리는 설교를 잘하는 사람이 많지 않다고 말하지만, 그렇지 않습니
다. 우리가 겸손하게, 세속적인 우리의 귀를 씻고 복음에 충실하고 영혼을
돌보는 설교가 어떤 설교인지 주의 깊게 분별한다면 좋은 설교는 우리 생
각보다 훨씬 많습니다. 오히려, 설교자와 교회가 그 설교에 일치하려고 노
력하는 교회가 많지 않습니다.

처음에는, 설교를 잘하는 목사님이 있는 교회로 가는 것이 영혼에 이
로워 보입니다. 하지만 시간이 지나면 꼭 그렇지는 않다는 것을 알게 됩니
다. 말씀만이 아니라 말씀에 합당한 순종, 성경에 충실한 교회 질서, 직분
등도 함께 있어야 건강하고 좋은 교회라고 말할 수 있음을 알게 됩니다.

또한, 교회의 모든 표지를 실천하는 교회가 아니라면, 모든 은혜의 수
단을 충분히 강조하는 교회가 아니라면 우리의 교회들을 그렇게 만들어가
야 하지 않겠습니까? 설교만으로는 충분하지 않기에, 말씀 중심으로라는
구호만으로는 충분하지 않기에 하나님께서 건강한 교회를 세우시고 지키
시기 위해 베푸시고 허락하신 다른 모든 선한 일을 함께해야 하지 않겠습
니까? 신실한 목회자와 깨어 있는 성도가 많으면, 많아지면 우리의 교회
들이 그렇게 될 수 있습니다.

진짜 우리의 문제

어떤 분들이 보시기에는 지금 제가 말씀드리는 이야기들이 조금 답답하게 느껴지실지도 모르겠습니다. 하나하나의 이야기는 알겠으나, 대체 무슨 말을 하려고 하는지 모르겠다고 생각하실 것도 같습니다. 이제 제가 정말 나누고 싶은, 함께 울고 싶은, 함께 매달리고 싶은 이야기를 드리겠습니다.

모든 면에서 개혁주의를 추구하는 교회는 없다

모든 면에서 개혁주의가 아닌 교회는 없습니다.

어떤 교회는 말씀에 사활을 겁니다.

성경 모든 곳에서, 모든 설교에서 그리스도만을 전합니다. 그리스도께서 누구이신지, 어떤 일을 행하셨는지, 그분과 그분이 하신 일이 지금 우리와 무슨 관계가 있는지를 강설합니다.

목회자 자신이 좋아하는 특정 본문만 설교한다거나, 특정 주제만 설교하지 않습니다. 심방을 통해 성도들의 영혼이 무엇을 필요로 하는지 충분히 살피면서 하나님의 말씀을 때로는 성경별로, 때로는 주제별로 강해합니다.

특히 주일 설교에 매우 공을 들입니다. 주일 설교를 성도들의 주식이라고 믿고 온 힘을 기울입니다. 그 말씀에 모든 것을 쏟아붓습니다. 올바른 교리와 풍성한 적용이 설교를 가득 채웁니다. 정치나 경제 이야기를 하며 그 귀한 시간을 낭비하지 않습니다. 세속적인 성공이나 간증으로 허비하지 않습니다. 그리고 설교가 성도들의 삶에 뿌리내리게끔 소그룹 안에서 설교를 중심으로 교제하게 합니다.

성도들은 설교를 들으며 하나님의 영광을 경험합니다. 하나님의 말씀이 진리임을 확신합니다. 그래서 큰 위로를 받습니다. 이 세상에서 어떻게 살아가야 할지에 대한 교훈을 받습니다. 자신이 얼마나 큰 죄인인지도 깨닫습니다. 거듭난 자나, 거듭나지 않은 자나 죄의 문제 때문에 괴로워합니다. 거듭나지 않은 사람은 구원받기 위해 몸부림치며, 구원받은 사람은 더 거룩하게 살고파 합니다. 죄를 미워하길 원하고, 싸우되 피 흘리기까지 대항하고 싶어 합니다.

어떤 교회는 교리 교육에 마음을 다합니다.

이들 교회는 하나님의 진리를 정확히, 그리고 풍성히 아는 것을 매우 중요하게 여깁니다. 정말 값진 일이고, 필요한 일입니다. 구원은, 믿음은 바른 지식을 전제로 하기 때문입니다(롬 10:2 참고).

그래서 어떤 교회는 조직신학을 분과별로 계획을 세워 질서 있게 가르칩니다. 예를 들어 가장 먼저 성경론에 관한 책 한두 권을 교회 전체가 함께 봅니다. 강의로 듣기도 하고, 소그룹으로 모여서 공부하기도 합니다. 그 이후 신론이나 구원론 등의 다른 주제로 공부를 이어갑니다.

최근에는 조직신학의 내용과 흐름이 다소 어렵다는 판단에 우리 선조들이 남긴 신앙고백 문서와 교리문답들로 교리 교육하는 교회가 늘었습니다. 많은 교회에서 「웨스트민스터 신앙고백」, 「웨스트민스터 소교리문답」,

「도르트 신조」, 「하이델베르크 교리문답」을 가지고 교리 교육을 시행합니다. 이들 신앙고백 문서들은 성경의 중요 교리를 간략하게 잘 정리했을 뿐만 아니라 시간의 검증도 이겨낸 탁월함이 있습니다. 그래서 오늘날에도 많은 교회가 이 문서들을 활용하여 성도들이 믿고 구원받는 데 꼭 알아야 할, 그리고 구원받은 성도로 살아가는 데 꼭 필요한 교리들을 가르치고 있습니다.

설교와 교리 교육에 힘을 쏟는 교회들은 각종 강연과 세미나도 부지런히 엽니다. 유명한 목사와 신학자들을 초청해 현시대를 분석하고, 대안을 제시합니다. 잃어버린 유산들을 확인하고 어떻게 회복할지를 논의합니다. 이런 강연들과 세미나와 콘퍼런스들, 정말 좋습니다. 필요합니다. 정말로 그렇습니다. 계속 이어지면 좋겠습니다. 더 많아지면 좋겠습니다.

또 책을 무척 강조합니다. 기독교를, 개신교를 책의 종교라고 말할 정도로 책은 신앙에서 중요한 역할을 해왔습니다. 그중에서도 개혁주의는 신앙 서적을 은혜의 수단으로 일컬을 정도로 매우 사랑해 왔습니다. 그래서 지금도 개혁주의 교회들은 부지런히 설교집을 출판합니다. 시대의 도전에 부응하거나 응전하고, 성도들의 경건을 위해 다양한 책들을 내놓습니다. 어떤 교회는 자체적으로 출판사를 만들어 책을 출간하기도 합니다. 많은 교회가 출판사를 후원하고, 출판사는 교회의 필요를 따라 책을 발간합니다.

많은 교회가 이외에도 다양한 일에 관심을 두고, 여러 일을 합니다. 그럼에도 많은 교회가 주로 이렇게 설교와 교리 교육에 큰 힘을 쏟습니다. 매우 잘하고 있습니다. 이는 우리 선조들도 강조하고 주로 행해온 일들입니다. 설교와 교리 교육은 정말 중요하니까요. 모든 교회가 각자 자신의 상황과 처지에서 노력합니다. 개혁주의가 강조하는 내용들에 힘을 쏟습니다. 사실 이것도 대단히 귀합니다. 왜 안 그렇겠습니까? 오늘날 복음에서 멀리 떠난 교회들이 많습니다. 오늘날 어느 한 가지도 바르게 행하지 않는 교회가 무수합니다. 그런 분위기와 흐름 속에서 개혁주의 신학을 지켜나가는 것은 쉬운 일이 아닙니다. 서로가 격려하고 위로할 가치가 충분히 있습니다.

하지만, 제 생각에 진짜 우리의 문제는, 우리 각자가 우리가 할 만한 일, 우리가 좋아하는 일만 사랑하고 순종한다는 것입니다. 지금까지 살펴본 이야기 중 몇몇은 그 일이 그렇게까지 문제 삼을 만한 일인가 하고 생각될 수 있습니다. 부목사 제도를 둔다고 해서 교회가 아닌 건가요? 타락하나요? 건강하게 잘 운영되는 교회들도 있지 않나요? 세례 시행에 관해 우리가 선조들만큼의 주의를 기울이지 않는다고 해서 그 세례들이 아무런 의미가 없나요? 가짜인가요? 취소되어야 하나요? 우리도 나름대로 고민하고 주의하며 시행하고 있지 않나요? 장로가 꼭 목양을 위해서만 존재해야 하나요? 교회에 필요한 다양한 사역을 위해서 장로가 일할 수 있지 않나요? 같은 이유로 서리집사를 둘 수 있지 않나요?

기준을 "아무런 의미도 없는가?"라고 세우면, 사실 여기서 우리는 더

할 말이 없습니다. "지금 하는 것도 의미가 있다. 잘하는 것이다. 좋은 열매가 많다." 네, 맞습니다. 틀린 말은 아닙니다. 그런데 여러분, 뭔가 어색하지 않으신가요? 이런 말들을 어디서 많이 들어보지 않았나요?

"우리는 성찬만 매주 안 할 뿐이지 나머지는 다 성경에 순종합니다. 우리는 성도들의 열정적인 기도 생활을 위해 방언기도를 허용하고 있지만 나머지는 다 말씀대로 하고 있습니다. 우리는 부목사 제도가 있지만 큰 문제는 없습니다. 매우 건강합니다. 다른 교회와는 분명 다릅니다."

이런 말들, 사실 우리가 비판하는 교회들에서 우리가 듣는 이야기들이 아닌가요? 그렇습니다. 개혁주의가 아닌 교회를 비판했을 때, 우리가 그들에게서 듣는 이야기입니다. 그런데 개혁주의 교회인 우리가 우리 자신에게 이렇게 말하고 듣고 있습니다.

우리는 개혁주의를 전적으로 추구하지 않는 교회들을 비판합니다. 말씀을 아무리 강조하고 바르게 전한다 해도 방언 하나가 교회 안에 들어오면 말씀의 권위가 떨어집니다. 초대교회 때와 다른 오늘날의 방언은 결과적으로 말씀의 권위를 낮추는 성향이 있기 때문입니다. 정도의 차이가 있을 뿐 예외가 없습니다. 게다가 방언은 결코 혼자 교회에 들어오지 않습니다. 온갖 이상한 신학과 함께 교회 안에 들어와 교회를 멍들게 합니다. 그래서 우리는 방언을 허용하는 교회 중에서는 하나님의 말씀을 최고로, 유일한 권위로 두는 교회를 보지 못합니다. 하나님의 뜻과는 달리 말씀을 교회와 성도의 신앙생활 중 가장 중요한 것으로 여기지 않는 것을 봅니다. 하나님의 말씀을 알려고, 하나님을 알려고 하는 노력보다 다른 일에 더 많은 시간과 힘을 쏟습니다. 하나님보다 하나님께서 주시는 선물들과 복 자체를 더 사랑하는 경향을 보게 됩니다. 말로는 아니라고 해도 실제로는 부인할 수 없습니다. 그래서 우리는 개혁주의가 아닌 교회들을 비판합니다. 그들이 성경의 방언과 오늘날의 방언을 구별하지 않는 것을 탓합니다. 진정성이 방언을 성경적인 것으로 만들 수는 없다고 지적합니다.

그런데 우리가 똑같은 핑계를 댑니다. 우리의 진정성을 알아달라고 말합니다. "개혁주의를 떠나는 것이 아니다. 말씀에서 벗어나는 것이 아니다. 우리는 말씀을 가장 사랑한다. 다만 선한 의도로 성도들의 경건을 위해 나름 조심하면서 방언을 허용하는 것이다." 왜 이렇게 우리는 이중적일까요?

개혁주의가 아닌 교회들을 비판할 때 우리는 뭐라고 비판하나요? "왜 장로회 제도를 받아들이지 않느냐? 이 제도가 성경적이라는 것을 왜 깨닫지 못하느냐? 여러분처럼 교회를 운영하는 것은 하나님의 뜻이 아니다. 부목사 제도는 성경의 원리에 위배된다. 오직 교회의 머리는 그리스도시다. 장로와 집사를 함부로 뽑아서는 안 된다. 인기 투표가 되면 안 된다. 정말 그 자리에, 그 직무에 합당한 사람이 선출되어야 한다. 그러나 여러분은 단지 봉사 많이 하는 사람, 돈 있는 사람, 사회적 지위가 있는 사람을 선출한다. 그래서 여러분의 교회가 건강하지 못하고 온갖 문제를 만들어 내는 것이다!"

아…, 여러분, 우리가 이런 말 할 자격이 있습니까? 우리 모습은 어떻지요? 우리는 장로회 제도가 가장 성경적인 제도라고 믿지만, 그렇게 말하지만, 실제로는 감독제나 교황제처럼 운영합니다. 칼뱅을 비롯해 우리 선조들이 사제주의를 타파하고 성경과 교회사를 면밀히 살핀 후 정리한 제도가 장로회인데, 우리 선조들이 목숨을 걸고 회복한 장로회 제도를 실질적으로 버리고 그토록 온갖 악한 구조와 열매들을 만드는 온상이 되었던 사제주의로 돌아간 것입니다. 실제로 우리는 부목사라는 호칭을 쓰든 안 쓰든 많은 교회에서 담임목사가 부목사들을 거느리고 있는 모습을 봅니다. 담임목사가 부목사들의 임직과 임기를 결정하는 현재 구조상, 부목사들은 담임목사의 눈치를 볼 수밖에 없고, 이는 부목사들이 교회의 머리가 그리스도가 아니라 담임목사로 볼 수밖에 없게 하는 결과를 낳습니다.

개혁주의든 아니든 한국 교회는 유독 직분론에 상당히 약합니다. 그런데 이 약함과 악함이 개혁주의 교회에서 더욱 두드러집니다. 왜냐하면 교회 질서를 어느 곳보다 매우 강조하기 때문입니다. 순종에 대해서 대단히 강조하기 때문입니다. 정작 그 약함과 악함을 만들어 내는 사람들은 하나님의 법에 순종하지 않으면서 말입니다.

무엇이든 자기 마음대로 하고 싶기 때문일까요? 자기가 아니면 안 된다고 생각해서일까요? 왜 자기 밑에 부릴 사람을 두려는 걸까요? 전도사로 사역하던 시절에 워낙 당한 게 많아서, 또는 그런 교회 구조가 너무 자연스러워서 목사가, 특히 담임목사가 되면 그렇게 되는 걸까요? 이병, 일병일 때는 병장을 욕하지만, 정작 병장이 되면 똑같이 후임병들이 편하게 군 복무 하는 것을 못 보는 것처럼, 그런 걸까요?

자기가 아니면 안 된다는 생각이 너무 강한 목사들이 있는 교회는 심지어는 후계자가 없어서 문을 닫기도 합니다. 자신의 마음에 드는 후계자가 없기 때문입니다. 자신도 어렸을 때는 미숙한 목사였을 텐데, 그것을 못 참습니다. 자신이 생각하는 수준과 정도가 아니면 함께 사역할 수 없는 것입니다. 그러다가 담임목사가 은퇴하고 나면, 성도들은 갈 곳을 잃어버립니다. 함부로 다른 교회 등록하는 것도 쉽지 않습니다. 담임목사가 아무 교회나 가면 안 된다고 했기 때문입니다. 담임목사는 은퇴했고, 성도들은 아무 데나 갈 수 없고, 그렇게 이 성도들의 방황이 시작됩니다.

똑같은 문제라도 그들과 우리는 다른가요? 우리는 개혁주의 배경에 있으므로 정당하게 변호하는 것이 되지만, 다른 사람들은 저열하게 변명하는 차이가 있는 것일까요? 우리 스스로 "그래, 그렇다면 이해할 수 있다. 그 정도면 문제 삼지 않겠다."라고 말하고 싶으면, 개혁주의가 아닌 곳에도 같은 태도를 보여야 합니다.

하지만, 우리는 어떻게 하죠? "더 성경적인 것을 추구하십시오. 이러이러해야 합니다. 그렇게 하면 안 됩니다. 이것이야말로 하나님께서 받을 만하신 것입니다. 왜 하나님의 영광을 추구하지 않습니까? 하나님의 영광을 추구하지 않고, 말씀이 아니라 우리 소견에 옳은 대로 하는 것은 죄입니다."라고 말합니다.

슬프게도, 이런 부끄러움이 외부를 향해서만 드러나는 것이 아니라는 이야기를 여러분과 나눠야겠습니다.

교리를 중요하게 여기고 강조하는 교회가 있습니다. 교리 교육을 열심히 합니다. 하지만 다른 많은 교회처럼 부목사 제도를 두며 장로와 집사를 선출하는 과정도 성경의 원리를 따르지 않습니다. 성경의 원리를 따라 직분자를 바르고 엄격하게 선출하는 교회가 있습니다. 그러나 교리를 무시하는 것은 아니지만 교리 교육에는 그렇게 크게 신경 쓰지 않습니다. 두 교회가 서로 정죄합니다. 우리는 서로 정죄합니다. 서로 나는 이것을 하는데 너는 왜 안 하느냐며 비난합니다. 그러면서 만날 때마다 싸웁니다. 그리고 "너희는 개혁주의 아니야, 응 아니야~"하며 깎아내립니다.

개혁주의 바깥에서 보면, 우리는 어떻게 보일까요? 우리는 우리 바깥에 있는 사람들도 정죄하고, 우리끼리도 정죄합니다. 그러면서 정말 징그럽게도 말씀에 순종하지 않습니다. 우리가 말하는 것들을 행하지 않습니다. 중요하다고 강조하는 것이 많은데, 실제로는 그렇게 중요하지는 않은 것처럼, 마치 각 교회가 하고 싶은 것만 하면서 이렇게 말합니다. "서서 따로 기도하여 이르되 하나님이여 나는 다른 사람들 곧 토색, 불의, 간음을 하는 자들과 같지 아니하고 이 세리와도 같지 아니함을 감사하나이다 나는 이레에 두 번씩 금식하고 또 소득의 십일조를 드리나이다"(눅 18:11-12). 우리가 토색, 불의, 간음하는 자들과 같지 않나요? 이레에 두 번씩 금식하고 소득의 십일조를 내면 참된 신자인가요? 그런 우리에게 하나님께서는 이렇게 말씀하십니다. "화 있을진저 외식하는 서기관들과 바리새인들이여 너희가 박하와 회향과 근채의 십일조는 드리되 율법의 더 중한 바 정의와 긍휼과 믿음은 버렸도다 그러나 이것도 행하고 저것도 버리지 말아야 할지니라"(마 23:23). 우리는 박하와 회향과 근채의 십일조는 물론이요, 그보다 더 중한 정의와 긍휼과 믿음도 실천해야 합니다. 이것만 해서는 안 되고 저것도 해야 합니다. 저것만 해서는 안 되고 이것도 해야 합니다. 성경이 중요하게 여기는 모든 것을 우리도 다 중요하게 여기고, 성경이 말하는 모든 것에 예외를 두지 말고 주의를 기울여야 합니다. 말씀하신 모든 일에 순종해야 합니다.

위선적인 바리새인, 개혁주의자

저는 너무나 부끄럽습니다. 우리의 비판을 받던 사람들이 "너희나 잘해라!" 하고 말하며 우리를 한심하게 쳐다볼 것 같습니다. 네, 정말 저희가 잘해야 합니다. 저희 먼저 잘해야 합니다.

우리는 무거운 짐을 묶어 사람의 어깨에 지우되 정작 우리 자신은 이 것을 한 손가락으로도 움직이려 하지 않습니다(마 23:4 참고). 개혁주의 밖에 있는 교회는 물론이요, 개혁주의 내에 있는 다른 교회에도 우리는 이것을 해야 하고 저것도 해야 한다고 소리쳐 외칩니다. 하나님의 영광과 은혜를 운운하면서 말입니다. 그렇게 안 하면 하나님을 사랑하는 것이 아니고, 그렇게 하지 않으면 참된 신앙을 소유한 것이 아니라고 경고하면서 무거운 짐을 그들의 어깨에 지웁니다. 정작 우리는 한 손가락도 움직이지 않으면서요.

그러면서 우리는 우리가 행하는 작은 순종들과 실천들을 남들이 크게 알아주기를 원합니다. 또 높은 자리와 권력을 사랑합니다. "그들의 모든 행위를 사람에게 보이고자 하나니 곧 그 경문 띠를 넓게 하며 옷술을 길게 하고 잔치의 윗자리와 회당의 높은 자리와 시장에서 문안받는 것과 사람에게 랍비라 칭함을 받는 것을 좋아하느니라"(마 23:5-7). 마태복음 23장 말씀은 겉으로는 예수님께서 위선적인 종교지도자들에게 하시는 훈계와 경고, 책망이지만 모든 성도에게 적용할 수 있는 말씀입니다. 특히 개혁주의자들에게는 더욱 그러한데, 우리가 비개혁주의자들을 가르치기를 좋아하기 때문입니다. 우리는 우리가 이만큼이나 알고 있다고, 바르게 알고 있다고, 풍성히 알고 있다고 은밀히 자랑합니다. 사람들이 우리의 지식을, 개혁주의 신학에 대한 충성을 높이 보아주기를 원합니다. 그러나 우리가 비개혁주의자들을 대상으로 그토록 비난하고 경계하는 죄들을, 우리는 참으로 사랑합니다.

이런 죄들을 보고 있는데 여러분도 슬프신가요? 비통한 마음이 드시나요?

부목사 제도와 같은 비성경적인 교회 질서로 운영하는 교회는 다음 말씀에 대해 당당히 변호를 할 수 있어야 할 것입니다. "그러나 너희는 랍비라 칭함을 받지 말라 너희 선생은 하나요 너희는 다 형제니라 땅에 있는 자를 아버지라 하지 말라 너희의 아버지는 한 분이시니 곧 하늘에 계신 이시니라 또한 지도자라 칭함을 받지 말라 너희의 지도자는 한 분이시니 곧 그리스도시니라 너희 중에 큰 자는 너희를 섬기는 자가 되어야 하리라 누구든지 자기를 높이는 자는 낮아지고 누구든지 자기를 낮추는 자는 높아지리라"(마 23:8-12). 하지만 우리 중 누가 당당하게 답할 수 있을까요? 우리는 다른 사람들을 우리보다 낮추는 데 전문입니다. 신앙에서의 권위는 하나님을 향한 사랑과 말씀에 대한 순종에서 오는 것인데, 우리는 자리와 위치로 그 권위를 탐합니다. 내게 충성하는 사람을 장로와 집사로 삼고,

내가 친한 사람에게 표를 던집니다. 그러고 나서 "내가 너를 **뽑았다**"고 구태여 말하며 우리의 힘을 드러냅니다.

제자들의 발을 씻기신, 머리 둘 곳이 없으셨던, 우리를 섬기기 위해 오셨던 그리스도께서 우리의 당회와 노회와 총회가 열리는 곳에, 직분자 선출 때에, 공동의회 열리는 곳에 계신다면 무슨 말씀을 하실까요?

"화 있을진저 외식하는 서기관들과 바리새인들이여 너희는 교인 한 사람을 얻기 위하여 바다와 육지를 두루 다니다가 생기면 너희보다 배나 더 지옥 자식이 되게 하는도다"(마 23:15). 우리는 나름 애써 사람들을 교회로 인도하고 그들에게 복음을 전하여 그들이 신앙생활을 시작하게 합니다. 하지만 우리의 위선으로 그들을 가나안 성도가 되게 하고, 개혁주의 신앙에서 떠나게 하며, 심지어는 오히려 신앙생활을 시작하기 전보다 더 그리스도와 진리를 미워하도록 만듭니다.

세상에! 이런 일들을 지금 우리가 하고 있습니다. 우리가요…….

우리는 얼마나 악한지요. 얼마나 겉과 속이 다른지요.

"화 있을진저 외식하는 서기관들과 바리새인들이여 잔과 대접의 겉은 깨끗이 하되 그 안에는 탐욕과 방탕으로 가득하게 하는도다 눈먼 바리새인이여 너는 먼저 안을 깨끗이 하라 그리하면 겉도 깨끗하리라 화 있을진저 외식하는 서기관들과 바리새인들이여 회칠한 무덤 같으니 겉으로는 아름답게 보이나 그 안에는 죽은 사람의 **뼈**와 모든 더러운 것이 가득하도다 이와 같이 너희도 겉으로는 사람에게 옳게 보이되 안으로는 외식과 불법이 가득하도다"(마 23:25). 우리는 우리 자신의 죄는 감추면서 다른 사람들을 비난하고 정죄하기에 바쁩니다. 우리는 우리도 같은 죄를 지으면서 그 죄를 짓는 사람들에게 어떻게 그럴 수 있느냐는 태도를 보입니다. 우리 주님의 말씀이 우리를 심히 부끄럽고 수치스럽게 합니다. "어찌하여 형제의 눈 속에 있는 티는 보고 네 눈 속에 있는 들보는 깨닫지 못하느냐 너는 네 눈 속에 있는 들보를 보지 못하면서 어찌하여 형제에게 말하기를 형제여 나로 네 눈 속에 있는 티를 빼게 하라 할 수 있느냐 외식하는 자여 먼저 네 눈 속에서 들보를 빼라 그 후에야 네가 밝히 보고 형제의 눈 속에 있는 티를 빼리라"(눅 6:41-42). 우리 얼굴에는 똥이 묻어 있고 역한 냄새가 나 주위에 있는 사람들을 괴롭게 하는데, 우리는 우리 앞에 있는 사람의 이 사이에 낀 작은 고춧가루 조각 하나 가지고 역정을 냅니다. 사람들이 우리를 얼마나 비웃을까요? 이 얼마나 부끄러운 일인가요?

아, 여러분, 우리는 다른 사람이나 교회가 잘 못하거나 잘못하고 있는 것 말하기를 굉장히 좋아합니다. 그런 이야기를 하면서 우리는 얼마나 건강한 교회인지 생각하고 감사합니다. 자부심도 생깁니다. 그러다가 우리 교회가 해야 하는 데 안 하고 있거나, 잘못하고 있거나, 부족하게 하는 것에 대해 누가 이야기를 하면 맹수가 사냥감을 쫓고 물듯이 공격합니다.

창피하고 부끄럽습니다.

우리는 세속적으로 기도하고, 기복적으로 기도하고, 하나님과 신앙에 관해 잘 알지 못하면서 그저 달라고만 하는 기도가 왜 어떻게 잘못되고 틀렸는지를 비판하는 데 힘씁니다. 또, 성경에 따른 바르고 건강한 기도에 관해 가르치는 데 진력합니다. 기도가 얼마나 중요하고, 기도가 얼마나 하나님을 의지하는 것인지, 그래서 얼마나 하나님을 영화롭게 하는 것인지, 기도를 통해 우리가 하나님과 어떻게 얼마나 교제할 수 있고, 어떻게 하나님 나라를 이뤄나갈 수 있는지에 대해서 부지런히 가르치고 공부합니다. 그러나 우리 개혁주의자들은 기도를 안 합니다. 정말 안 합니다.

개혁주의자들은 성경도 읽지 않습니다. 신학책은 좋아하지만, 성경은 잘 모릅니다. 도르트 신조를 하나님을 더 예배하고 하나님의 은혜에 더 감사하기 위해 읽거나 묵상하거나 가르치기보다는, 개혁주의 교리의 우수성을 드러내고, 다른 사람이 틀렸음을 지적하는 데서 희열을 느끼고, 우리의 존재 가치를 드러내기 위해 이용합니다. 정작 그 내용이 가리키는바 그 은혜의 교리에 사로잡히는 경험을 추구하지 않습니다. 대부분이 지적인 만족과 깨달음을 신앙이라고 착각하고 삽니다. 치밀한 논리를 높이 치고 좋아하지만, 치밀한 논리가 왜 필요한지, 왜 치밀한 논리가 존재하는지는 생각해 보지 않습니다. 자신이 논박하기 위해 자주 인용하는 성경 구절은 잘 암송하지만, 그 외에는, 성경을 사랑해서 간절한 마음으로 흠모해서 읽거나 묵상하는 일은 드뭅니다.

성경을 읽으라고, 기도하라고, 봉사하라고, 교회를 사랑하라고 하는 설교가 가장 많이 필요한 사람들은 우리 개혁주의자들입니다. 하지만 우리는 이 모든 것을 단지 지식으로 알 때가 너무나 많습니다. 또 바로 그 지식으로 하나님을 예배하고 사랑하고, 우리 이웃들을, 우리와 같이 선 줄로 생각하나 넘어진, 넘어지고 있는, 넘어질 것 같은 이웃들을 섬기는 것이 아니라 그들을 비난하고 정죄하기에 여념이 없어 보입니다. 우리 중 많은 사람이 경건의 모양도 없고 경건의 능력은 더욱 알지 못합니다.

더군다나 우리 중 많은 사람이 개혁주의 안에 있다고 안심하면서 아무 것도 안 합니다. 그러면서 구원을 확신합니다. 심지어 때로는 구원을 확신하지 않으면서도 자신의 영혼을 위해 아무것도 안 합니다. 바른 것에 주의한다는 가르침에 만족하면서, 실제로는 바른 것에 주의하지 않으면서도 자신은 바른 것에 주의한다는 것이 무엇인지 안다고 생각하며 만족해합니다. 소극적으로는, 성경과 반대되는 일들과 성경적이라고 말할 수 없는 것들을 행하지 않는 것에 만족해합니다. 그러나 적극적으로는 성경에 합당한, 하나님께서 기뻐하시는, 그리스도께서 명하신 일들을 행하는 데 무관심하며 게으릅니다.

여러분, 우리는 위선자입니다. 오늘날의 바리새인입니다. 때로 우리는 자기 자신을 속이면서도 속은 줄 모르는 어리석은 사람들입니다.

이렇게 부끄러운 우리 자신의 모습을 보는 것은 괴로운 일입니다. 그래도 봐야 합니다. 정직해야 합니다. 우리 세대에서 회개하고 순종하지 않으면 그다음은 없을지도 모르겠다는 경고가 계속 울리고 있기 때문입니다. 세상이 보는 교회의 모습에 희망이 없습니다. 덕이 안 됩니다. 우리가 서로를 보는 모습도, 우리가 우리 자신을 보는 모습도 크게 다르지 않은 것 같습니다. 교회가 이토록 빛을 잃고, 이토록 맛 잃은 소금으로 짓밟힌 적이 있었을까요? 그런데 이 모든 게 우리 개혁주의자들 책임이라고 한다면 너무 과한 생각일까요? 이 모든 책임이 우리 개혁주의자들에게 있다고 말하면 지나친 판단일까요? '모든'이라는 말이 언짢다면 '주된' 책임, '대부분의' 책임이라고 한발 물러선다고 해서 달라지는 게 있을까요? 우리가 가장 성경적인 빛이잖아요? 우리가 가장 밝게 빛나는 빛이잖아요? 우리만이 몸에 해롭지 않으면서 맛을 나게 해주는 소금이잖아요? 그러면, 그렇다면, 전적이든 거의든 우리 책임 아닌가요?

우리는 어떤 사람들인가요? 우리 개혁주의자들은 성경에 가장 정통적인 신앙을 가졌다고 자부합니다. 우리는 겸손한 척 말하지만, 실제로는 가장 건강한 믿음을 지녔다고 확신하며 감사해합니다. 하지만, 많이 알고 많이 말하지만 행동하지는 않는 사람들입니다. 다른 교회, 다른 성도들과 비교할 필요가 있을까요? 비교해도 바뀌는 것은 아무것도 없습니다. 우리 모두 하나님 앞에 서 있기 때문입니다. 오히려 우리의 죄가 더 큽니다. 저사람들은 몰랐기 때문이라고 해도, 우리는 알면서도 순종하지 않아 왔으니까요.

> 그러므로 모든 더러운 것과 넘치는 악을 내버리고 너희 영혼을 능히 구원할 바 마음에 심어진 말씀을 온유함으로 받으라 너희는 말씀을 행하는 자가 되고 듣기만 하여 자신을 속이는 자가 되지 말라 누구든지 말씀을 듣고 행하지 아니하면 그는 거울로 자기의 생긴 얼굴을 보는 사람과 같아서 제 자신을 보고 가서 그 모습이 어떠했는지를 곧 잊어버리거니와 자유롭게 하는 온전한 율법을 들여다보고 있는 자는 듣고 잊어버리는 자가 아니요 실천하는 자니 이 사람은 그 행하는 일에 복을 받으리라 누구든지 스스로 경건하다 생각하며 자기 혀를 재갈 물리지 아니하고 자기 마음을 속이면 이 사람의 경건은 헛것이라 하나님 아버지 앞에

서 정결하고 더러움이 없는 경건은 곧 고아와 과부를 그 환난 중에 돌보고 또 자기를 지켜 세속에 물들지 아니하는 그것이니라

– 약 1:19–27

아, 우리의 경건은 헛것입니다. 우리는 우리 영혼을 능히 구원할 말씀을 받았습니다. 하지만 온유함으로, 겸손히 받았습니까? 우리는 이 귀한 말씀을 듣고도 행하지 않았습니다. 모르는 것도 아니라 아는데도 행하지 않았습니다. 말씀의 가치를 모르는 것도 아닌데 행하지 않았습니다. 우리는 들었지만 잊어버렸습니다. 자기 마음을 속였습니다. 그렇다면 예수님을 믿지 않는 사람들과 우리가 다른 게 무엇인가요? 비개혁주의자들과 우리가 다른 게 무엇인가요? 오히려 우리가 비판하는 사람들이 하나님의 말씀을 더 무겁게 여길 때가 있지 않나요? 오히려 그들이 많은 사람을 섬기고 돕지 않나요? 그들이 지식은 혹 부족할지 몰라도, 아는 지식에 순종하려는 열심은 우리보다 훨씬 더 크지 않나요? 우리가 그들에게 책망을 받아야 하는 거 아닌가요? 우리가 그들에게 배워야 하지 않을까요?

내 형제들아 만일 사람이 믿음이 있노라 하고 행함이 없으면 무슨 유익이 있으리요 그 믿음이 능히 자기를 구원하겠느냐 만일 형제나 자매가 헐벗고 일용할 양식이 없는데 너희 중에 누구든지 그에게 이르되 평안히 가라, 덥게 하라, 배부르게 하라 하며 그 몸에 쓸 것을 주지 아니하면 무슨 유익이 있으리요 이와 같이 행함이 없는 믿음은 그 자체가 죽은 것이라 어떤 사람은 말하기를 너는 믿음이 있고 나는 행함이 있으니 행함

이 없는 네 믿음을 내게 보이라 나는 행함으로 내 믿음을 네게 보이리라 하리라 네가 하나님은 한 분이신 줄을 믿느냐 잘하는도다 귀신들도 믿고 떠느니라 아아 허탄한 사람아 행함이 없는 믿음이 헛것인 줄을 알고자 하느냐 우리 조상 아브라함이 그 아들 이삭을 제단에 바칠 때에 행함으로 의롭다 하심을 받은 것이 아니냐 네가 보거니와 믿음이 그의 행함과 함께 일하고 행함으로 믿음이 온전하게 되었느니라 이에 성경에 이른바 아브라함이 하나님을 믿으니 이것을 의로 여기셨다는 말씀이 이루어졌고 그는 하나님의 벗이라 칭함을 받았나니 이로 보건대 사람이 행함으로 의롭다 하심을 받고 믿음으로만은 아니니라 또 이와 같이 기생 라합이 사자들을 접대하여 다른 길로 나가게 할 때에 행함으로 의롭다 하심을 받은 것이 아니냐 영혼 없는 몸이 죽은 것 같이 행함이 없는 믿음은 죽은 것이니라

– 약 2:14-26

이 말씀들도 우리가 비판할 때 많이 인용하는 말씀들입니다. 우리는 행함이 없으면 죽은 믿음이라고, 거짓된 믿음이라고 저들에게, 우리 자신에게 경고합니다. 단순한 지식과 믿음은 아무것도 아니라며, 귀신들도 믿고 떠는 그런 거 말고 참되고 살아 있는 지식과 믿음을 소유해야 한다고 힘주어 말합니다. 하지만 우리가 비판하는 사람들이, 우리보다 부족하다고 여겼던 사람들이 우리에게 "너는 믿음이 있고 나는 행함이 있으니 행함이 없는 네 믿음을 내게 보이라 나는 행함으로 내 믿음을 네게 보이리라" 하며 말하는 것 같지 않습니까? 저들이 볼 때 우리가 얼마나 우스울까요?

얼마나 어이없을까요? 만날 말로는 하나님의 영광을 위하여 한다고 합니다. 작은 일에 순종할 수 있는 자가 큰일에도 순종할 수 있다고 말합니다. 하지만 하나님의 영광도 없고, 작은 일에도 순종하지 않습니다. 당연히 큰일에도 순종하지 않습니다.

"그러므로 사람이 선을 행할 줄 알고도 행하지 아니하면 죄니라"(약 4:17).

우리는 우리의 위선과 거짓된 신앙으로 정말 많은 사람에게 상처를 줍니다. 많은 사람을 신앙에서 떠나게 합니다. 많은 사람이 우리의 불순종과 믿음 없음 때문에 크게 실족합니다. 그래서 매우 슬픕니다. 우리 주님께서는 "또 누구든지 나를 믿는 이 작은 자들 중 하나라도 실족하게 하면 차라리 연자맷돌이 그 목에 매여 바다에 던져지는 것이 나으리라"(막 9:42)라고 말씀하실 정도로 이런 일들에 대해 미리 경고해 주셨습니다. 하지만 우리는 듣지 않았습니다. 순종하지 않았습니다.

그래서 사람들이 개혁주의를, 우리를 싫어합니다. 교회를 그렇게 강조하지만, 교회를 세우지 않습니다. 말씀을 그렇게 강조하지만, 말씀의 권위를 스스로 낮춥니다. 티도 흠도 없을 것처럼 말하고, 가장 완벽할 것처럼 말하지만 삶은 크게 못 미치기 때문입니다.

자신을 섬기는 개혁주의자

사실 많은 개혁주의자가 실제로는 하나님이 아닌 자신을 섬깁니다. 하나님을 사랑하기보다는 자기 자신을 사랑하고 예배합니다.

우리의 마음은 그러지 않을 수도 있습니다. 우리의 말은 그렇지 않을 수 있습니다. 하지만 우리가 하는 행동들과 안 하는 행동들은 실제 우리가 하나님과 우리 자신 중 누구를 섬기고 사랑하는지를 보여줍니다.

하나님의 말씀이 바로 서지 않고, 하나님께서 세우신 질서가 무시되는 것은 하나님의 명예와 성호가 짓밟히는 것과 똑같습니다. 그러나 우리는 그런 일에는 관심조차도 없는 듯합니다. 그러한 일을 중요하게도 긴급으로도 다루지 않습니다. 하나님의 말씀에 따라 교회가 살아가지 않아도 크게 슬퍼하거나 분노하지 않습니다. 오히려 우리가 화를 내고 분노하고, 속상해할 때는 우리의 자존심과 이루어 온 일과 명예가 무시될 때입니다. 아닙니까? 우리가 "개혁주의는 이런 것이다"라고 했는데, 누가 "그렇지 않고 이러이러하다"라고 하면 우리 생각과 마음이 무시되었기에 분노를 참지 못합니다. 우리의 필요와 취향에 따라서는 신속하게, 미루지 않고 교회 질서를 바꿉니다. 합리화를 위해 그에 관한 설교도 많이 하고, 글도 씁니다. 그래도 마음 내키지 않아 하는 성도들이 있다면 일단 교회에 순종하라고 말합니다. 그러나 원래 그래야 할 하나님의 명령들에 대해서는 그렇게 하지 않습니다. 왜 그럴까요?

우리는 핑계하고 변명합니다.

"이 세상에 완전한 사람도 없고 완전한 교회도 없다." 맞는 말입니다. 하지만, 정직해집시다. 우리는 이 말을 우리가 최선을 다한 후에 하지 않습니다. 고쳐보려고, 바꿔보려고, 순종하기 위해 온갖 애를 다 쓴 후에 하지 않습니다. 시작도 안 해보고, 조금 해 보다 말고, 지금 이 상황이 인간적으로 더 좋으니까, 귀찮아서, 나랑 큰 상관이 없어서, 나에게는 손해가 없는 일이라서 합리화할 때 합니다.

우리는 주님만 자랑해야 하는데, 우리의 의를 자랑합니다. 말로는 하나님께 영광이라고 하지만, 사실은 우리 자신과 우리가 좋아하는 조직과 구성과 취향에 영광을 외치는 자들, 자기 자신을 섬기는 자들이 오늘날의 개혁주의자들입니다.

"내가 이것을 알아, 너희는 모르지? 알아도 나보다는 모르지? 나보다는 정확히 모르지? 나보다는 풍성히 모르지? 나보다 늦게 알았지…?" 이렇게 기준은 우리 자신이고, 기준이 우리라는 말은 우리가 우리의 영광과 만족과 유익을 구하는 우상 숭배자라는 말입니다.

가나안 성도 – 개혁주의자들 때문에 교회를 떠나는 사람들

가나안 성도는 누가 만들었습니까? 우리 개혁주의자들의 대답은 어떠해야 할까요? 우리가 만들었습니다. 우리 개혁주의에 따르면, 누구보다 어느 곳보다 건강하고 성경적인 소망과 빛을 줄 수 있는 곳이 어디입니까? 하나님께서 보시기에 참 아름다운 교회를 세워나갈 수 있는 곳이 어디입니까? 우리가 믿는 바에 따라 그 어느 곳보다 참된 교회를 이룰 수 있는 곳이 바로 개혁주의 교회입니다. 따라서 다른 곳에서 실망했더라도, 다른 곳에서 복음을 충분히 듣지 못했더라도, 다른 곳에서 충분히 위로받지 못했더라도, 다른 곳에서 큰 상처를 받았더라도, 다른 곳에서 잘못된 신앙을 배우게 됐더라도, 우리가 제대로 서 있으면, 우리가 건강하게 서 있으면, 우리가 진짜 교회의 모습을 보여주면, 우리가 본이 되는 교회를 이루면, 우리가 참으로 아름다운 교회 질서를 드러내면 사람들은 개혁주의 교회로 몰려들 것입니다. "여기 진짜가 있다. 여기 참 아름다움이 있다. 여기에 사랑과 섬김이 있다. 여기에 위로와 함께함이 있다. 여기가 내가 거할 곳이다. 하나님께서 참으로 여기에 계시다!"

하지만 가나안 성도는 비개혁주의 교회에서도 태어났고, 우리 개혁주의 교회에서도 태어났습니다. 그런데 다른 교회에서 떠나 우리 개혁주의 교회에 오는 사람이 없다는 것은 무엇을 말할까요? 우리가 부족하다고, 잘못됐다고 비판하는 교회들과 우리는 크게 다르지 않습니다. 부정할 수 있나요? 오히려 개혁주의 교회에서 상처받는 사람들이 많습니다. 심지어 극단적인 선택을 할 때가 있습니다. 즉, 신앙에서 아예 떠나거나, 개혁주의가 그토록 경고하는 곳들로 갑니다.

신앙을 차마 놓을 수 없는 사람들은 책과 설교 동영상으로 자신들의 영혼을 채웁니다. 교회는 개혁주의가 아닌 곳으로 정합니다. 이전에 경험했던, 건조하고 교만하고 차가운 개혁주의 교회가 아닌, 따뜻한 교회로 정합니다. 그리고 그 교회에서 정서적인 만족을 채웁니다. 그리고 책과 설교 동영상으로 머리를 채웁니다. 이런 기이한 현상을, 어떻게 설명할 수 있을까요?

아, 여러분. 오늘날 가나안 성도들을 만든 사람들은 누구입니까? 우리입니다.

1장의 J교회를 기억하십니까? P집사님을 기억하십니까? Q교회와 M성도를 생각해 봅시다. 누가 그들을 교회에서 떠나게 했습니까? 그들은 더 건강한 개혁주의 교회를 찾아 떠나지 않았습니다. 교리적으로는 개혁주의가 아니지만, 따뜻하고, 말과 행동이 일치하는 교회를 찾아 떠났습니다. 그들이 그렇게 개혁주의를 떠나도록 하게 한 것은 누구입니까? 또, 적지 않은 사람을 아예 신앙생활에서 떠나게 만든 사람들은 누구입니까? 우리입니다. 우리가 그랬습니다.

성경과 종교개혁을 가장 정통으로 잇는다는 우리가 온전하다면, 사람들은 개혁주의 교회를 진리의 성읍이라고 일컬을 것입니다. "여호와가 이같이 말하노라 내가 시온에 돌아와 예루살렘 가운데에 거하리니 예루살렘은 진리의 성읍이라 일컫겠고 만군의 여호와의 산은 성산이라 일컫게 되리라"(슥 8:3).

사람들이 우리를 붙잡고 다음처럼 말해야 맞습니다. "하나님이 너희와 함께하심을 들었나니 우리가 너희와 함께 가려 하노라"(슥 8:23).

지금 우리에게 필요한 것은 앞에서 살펴본 바리새인의 기도가 아니라 세리의 기도입니다.

"세리는 멀리 서서 감히 눈을 들어 하늘을 쳐다보지도 못하고 다만 가슴을 치며 이르되 하나님이여 불쌍히 여기소서 나는 죄인이로소이다"(눅 18:13).

어떻게 하면 우리 눈 속에 있는 들보를 찾아 뺄 수 있을까요? 어떻게 하는 것이 들보를 빼는 것일까요? 우리의 겉과 속이 같아지려면 어떻게 해야 할까요? 어떻게 해야 우리의 말과 행동이 일치할까요? 정말 어떻게 해야 우리의 믿음이 죽은 게 아니라 살아 있게 될까요?

나더러 주여 주여 하는 자마다 다 천국에 들어갈 것이 아니요

최근 기독교 윤리 운동에 앞장섰던 몇몇 사람이 불륜 관계를 맺어온 것이 드러났습니다. 그들은 주로 돈과 권력과 성 문제에 관련된 많은 인물과 교회와 조직을 비판하고, 회개를 요구하며 경고해왔습니다. 그랬던 그들이기에 많은 사람이 크게 실망했습니다.

이런 일이 반복되고 많아지면 사람들은 그 일과 그 일을 하는 사람들에 대해 지나치게 신중해지고, 머뭇거리게 됩니다. 더 나아가 그런 운동을 하는 사람들 모두를 비난합니다.

자기 자녀가 다니는 어린이집이 CCTV 설치하는 일에 반대하자 온갖 비난을 퍼붓던 의사가 정작 수술실에 CCTV 설치하자는 여론에는 크게 반대합니다. 이런 모순이 오늘날 우리 개혁주의 안에 만연하지 않나요?

이처럼 우리는 자신을 개혁하지는 않으면서 누군가를 비방하는 것은 잘합니다. 우리가 지금 당장 교회를 개혁하지 않으면, 우리가 진정으로 회개하지 않으면 사람들은 개혁주의를 계속해서 비난할 것입니다. 그리고 떠날 것입니다. 찾아오지도 않을 것입니다.

그래서 저부터 회개하며 이 글을 씁니다. 결국은 또 누군가를 정죄하고 비난만 하기 위해 쓰지 않았습니다. 저는 이 책에 등장하는 실제 이야기들을 각색하고, 인명과 지명을 이니셜로 표기했습니다. 비슷한 두세 사람의 이야기를, 비슷한 서너 교회의 이야기를 섞었기 때문에 사람이든 교회든 단체든 특정하기 어렵게 했습니다. 그럼에도 우리가 누군가를 떠올리게 된다면, 대다수의 교회에서 일어나는 일반적인 이야기까지는 아니어도, 적지 않은 교회에서 일어나고 있는 같은 이야기, 비슷한 이야기이기 때문일 것입니다. 저는 마녀사냥을 부추기고 싶지 않습니다. 동료 여러분께 호소합니다. 이 책에 나오는 이야기가 우리 교회, 나의 이야기라고 생각되시면, 거기서부터 슬퍼하고 회개하길 원합니다. 내가 아는 누군가의, 어딘가의 이야기라면 기도합시다. 이런저런 방법으로 섬길 수 있다면 섬깁시다. 어느 한 곳의 문제가 아니라, 누구 한두 사람의 문제가 아니라, 우리 모두의 문제이기 때문입니다.

우리는 "항상 배우나 끝내 진리의 지식에 이를 수 없"(딤후 3:7)는 사람들이 되지 않도록 두려워하고 주의해야 합니다. 우리는 이 말씀을 개혁주의 교리를 알지 못하는 사람들을 비난하거나, 선한 마음으로 그들에게 복음적 경고를 주기 위해 인용합니다.

그러나 정작 우리는 어떠한가요? 우리도 이 말씀을 두려워해야 합니다. 왜냐하면 항상 배우지만, 그 배운 바대로 사랑하지 않고 예배하지 않고 순종하지 않으니까요. 오히려 그 지식으로 다른 사람들을, 심지어 개혁주의 안에 있는 다른 형제들을 많이 다치게 하니까요.

정말로 저희만큼, 우리 개혁주의자들만큼 이 말씀을 두렵게 받아야 할 사람들이 있을까요?

좁은 문으로 들어가라 멸망으로 인도하는 문은 크고 그 길이 넓어 그리로 들어가는 자가 많고 생명으로 인도하는 문은 좁고 길이 협착하여 찾는 자가 적음이라 거짓 선지자들을 삼가라 양의 옷을 입고 너희에게 나아오나 속에는 노략질하는 이리라 그들의 열매로 그들을 알지니 가시나무에서 포도를, 또는 엉겅퀴에서 무화과를 따겠느냐 이와 같이 좋은 나무마다 아름다운 열매를 맺고 못된 나무가 나쁜 열매를 맺나니 좋은 나무가 나쁜 열매를 맺을 수 없고 못된 나무가 아름다운 열매를 맺을 수 없느니라 아름다운 열매를 맺지 아니하는 나무마다 찍혀 불에 던져지느니라 이러므로 그들의 열매로 그들을 알리라 나더러 주여 주여 하는 자마다 다 천국에 들어갈 것이 아니요 다만 하늘에 계신 내 아버지의 뜻대로 행하는 자라야 들어가리라 그날에 많은 사람이 나더러 이르되 주여 주여 우리가 주의 이름으로 선지자 노릇 하며 주의 이름으로 귀신을 쫓아내며 주의 이름으로 많은 권능을 행하지 아니하였나이까 하리니 그 때에 내가 그들에게 밝히 말하되 내가 너희를 도무지 알지 못하니 불법을 행하는 자들아 내게서 떠나가라 하리라 그러므로 누구든지 나의 이 말을 듣고 행하는 자는 그 집을 반석 위에 지은 지혜로운 사람 같으리니 비가 내리고 창수가 나고 바람이 불어 그 집에 부딪치되 무너지지 아니하나니 이는 주추를 반석 위에 놓은 까닭이요 나의 이 말을 듣고 행하지 아니하는 자는 그 집을 모래 위에 지은 어리석은 사람 같으리니 비가 내리고 창수가 나고 바람이 불어 그 집에 부딪치매 무너

져 그 무너짐이 심하나라

– 마 7:13–27

이 말씀 또한 우리가 온전한 신앙을 갖지 않은 사람들에게 복음적인 경고로 주의를 주고, 그들을 선하게 돕고 섬기기 위해서 사용할 때 많이 인용하는 말씀입니다. 신앙 안에 있으나 개혁주의가 아닌 사람들을, 그들이 지닌 잘못된 신앙을 비판하면서 자주 인용하는 말씀이기도 합니다.

하지만, 역시, 이 말씀에서 우리는 자유롭습니까?

교리만 건전하면 구원을 받습니까? 성경과 종교개혁에 가장 정통한 신학을 이어받아 온 것으로 하나님을 기쁘시게 할 수 있나요? 사랑이 없어도, 순종하지 않아도, 전적으로 의지하지 않아도, 그리스도께서 하신 말씀을 듣고 그대로 행하지 않아도 괜찮나요?

비가 내리고 창수가 나고 바람이 불어 결국 심하게 무너지는 것은 다른 누구, 다른 무엇 때문이 아니라 우리가 그리스도의 말씀을 듣고 행하지 않기 때문입니다. 개혁주의 세미나가 가장 많을 것입니다. 개혁주의 도서가 가장 많을 것입니다. 그러나 온전함을 푯대 삼아 나아가는 개혁주의 교회는 이에 비해 찾기가 쉽지 않습니다. 우리의 불순종 때문입니다. 우리 소견에 옳은 대로 행하기 때문입니다. 다른 불을 드리기 때문입니다.

그래서 열매가 없습니다. 열매로 안다고 말씀하시는데 우리에게는 열매가 별로 없습니다. 우리는 예배를 드리며, 여러 강연과 세미나를 개최하며 주여 주여 부르지만, 그리스도의 단호한 말씀은 너무나 무겁기만 합니다. "나더러 주여 주여 하는 자마다 다 천국에 들어갈 것이 아니요 다만 하늘에 계신 내 아버지의 뜻대로 행하는 자라야 들어가리라." 심지어 우리가 행하는 많은 일이 궁극적으로 하나님의 영광을 위해서가 아니라, 우리 자신, 우리 교회, 우리가 좋아하는 조직과 전통과 프로그램을 위한 것이기에, 우리 주님께서는 "내가 너희를 도무지 알지 못하니 불법을 행하는 자들아 내게서 떠나가라"고 말씀하실지도 모릅니다.

네, 오늘날을 교회의 위기라고 합니다. 개혁주의의 위기라고 말하는 사람들도 있습니다. 우리는 내부에서, 또 외부에서 많은 어려움을 겪고 있습니다. "무릇 그리스도 예수 안에서 경건하게 살고자 하는 자는 박해를 받으리라"(딤후 3:12). 하지만 우리가 받는 대부분의 어려움과 고난과 박해는 우리가 경건해서, 경건하게 살고자 해서 받는 것이 아닙니다. 우리가 받는 고난은 우리의 불순종, 순종하되 이익에 따른 순종, 우리가 말씀대로 살지 않고 뿌린 씨 때문입니다.

하나님과 그 말씀을 부끄러워하는 개혁주의자들

우리는 하나님 말씀의 권위와 충분성 등에 우리 신앙의 사활을 겁니다. 자꾸 말씀드려서 이제는 민망하기까지 하지만, 그래도 말씀드려야겠습니다. 우리 개혁주의는 하나님 말씀을 매우 중요하게 생각하고 강조합니다! 하지만 실제 우리는 자주 하나님 말씀에 순종하기를 게을러 하고, 말씀의 권위도 인정하지 않습니다. 하나님께서 명백하게 말씀으로 주신 계명들이 명약관화한데도 순종하고 싶어 하는 것만 순종합니다. 자기 소견에 따라 말씀을 거부합니다. 그리고 직분자 선출과 교회 조직 구성, 세례와 성찬 시행 등 많은 일에서 우리는 자기 소견으로 말씀을 대신합니다. "너희는 이르되 사람이 아버지에게나 어머니에게나 말하기를 내가 드려 유익하게 할 것이 고르반 곧 하나님께 드림이 되었다고 하기만 하면 그만이라 하고 자기 아버지나 어머니에게 다시 아무것도 하여 드리기를 허락하지 아니하여 너희가 전한 전통으로 하나님의 말씀을 폐하며 또 이같은 일을 많이 행하느니라 하시고"(막 7:11-13). 그렇게 하나님 말씀보다 교단 헌법이 우선이고, 그보다는 각 교회의 내규가 더 우선입니다. 그리고 개교회 내규보다는 담임목사의 말이 우선입니다. 우리는 누구를 교회의 머리로 두고 있습니까? 우리는 누구 말씀에 순종하고 있습니까?

결과적으로 우리는 하나님과 그 말씀을 부끄러워하는 사람들입니다. 그래서 다음 말씀이 우리를 두렵게 합니다. "누구든지 나와 내 말을 부끄러워하면 인자도 자기와 아버지와 거룩한 천사들의 영광으로 올 때에 그 사람을 부끄러워하리라"(눅 9:26). 우리가 단지 우리 욕심 때문에 하나님 말씀보다 우리 생각을 더 위에 둔, 아니면 하나님보다 우리가 더 지혜롭다고 생각해서 그렇게 행동하든 결과적으로 우리는 하나님과 하나님 말씀을 부끄러워하는 자들입니다. 우리의 행동은 하나님께서 하나님의 지혜와 권세로 주신 계명을 무시하는 것입니다. 곧 하나님을 무시하는 것입니다. 정말 자랑스럽게 생각한다면, 하나님의 말씀을 정말 생명의 말씀, 영원한 진리라고 생각한다면, 그분을 유일하게 참되신 전능하신 하나님 아버지라고 생각한다면, 우리는 모든 것 위에 하나님과 그분의 말씀을 둘 것입니다. 상황과 환경을 떠나서, 누군가의 권위를 벗어나, 심지어 자기 교단의 헌법과 전통보다 성경의 원리를 높일 것입니다. 상황과 환경과 모든 권위와 교단의 헌법과 개교회의 전통과 내규를 성경의 원리 앞에 무릎 꿇도록 할 것입니다. 그 누가 뭐라 해도 하나님의 말씀을 따를 것입니다. 그러나 현실은 어떠합니까? "우리 교단 입장은…", "우리 교회 상황에서는…", "우리가 이것저것 해봤는데…" 이것이 부끄러운 우리의 변명과 핑계입니다.

누구의 죄인가 – 목사

제 주위에 계신 목사님들은 오늘날 교회의 타락이, 특히 개혁주의가 이렇게 힘이 없고, 오히려 비난이 대상이 된 이유가 근본적으로, 일차적으로 모두 자신들의 탓이라고, 목사들의 잘못이라고 말씀하십니다.

이성호 목사님도 『직분을 알면 교회가 보인다』에서 오늘날 교회가 이렇게 된 것은 직분론이 무너졌기 때문이고, 이를 가르치고 순종해야 할 목사들이 잘못해서라고 말씀합니다. 옥한흠 목사님도 생전에 그런 설교를 자주 하셨습니다. 장 칼뱅, 찰스 스펄전, 마틴 로이드 존스 목사님들도 다 그렇게 말씀하셨습니다. 우리 선조들은 목사들이, 말씀의 사역자들이, 복음의 봉사자들이 교회 타락의 일차적인 이유라고 말해왔습니다.

왜 그렇습니까? 하나님께서 복음을 알지 못하는 사람들에게 복음을 전하도록 세우신 직분이 목사이기 때문입니다. 복음 안에 들어왔지만 여전히 많은 오류와 옛사람을 완전히 떨쳐내지 못한, 그런 연약하고 부족하고 위선적인 성도들을 바로 가르치고 인도하라고 불러주신 직분이 목사이기 때문입니다.

종교개혁이 왜 일어났습니까? 여러 이유가 있지만 사제들이, 사제주의가 교회를 타락시켰기 때문입니다. 말씀을 전하고, 성도들을 바르게 인도해야 할 교회 지도자들이 하나님이 아니라 교황과 자기 자신들을 섬겼기 때문입니다. 그런 교회 지도자들 밑에 있는 성도들이 병들 수밖에 없는 것은 당연합니다. 타락하지 않을 수가 없습니다.

구약 시대에도 이스라엘 왕국이 타락한 것은, 왕과 제사장들과 선지자들이 하나님을 경외하지 않았기 때문입니다. 성도들의 타락이 원인이 된 경우를 찾아보기 어렵습니다. 혹 성도들이, 일반 백성들에게서 타락이 시작되었다고 해도 책임은 직분자인 왕과 제사장들과 선지자들이 져야 했습니다. 바로 그러한 어리석은 성도들을 바로 돌아오도록, 그들이 그렇게 타락하지 않도록 목양하는 책임이 그들에게 있었기 때문입니다.

예수님 당시에도 예수님이 누구를 비난하시고, 누구를 경계하라고 하셨는지 생각해 보십시오. 모두 종교지도자들이었습니다. 바리새인들과 서기관들이었습니다.

언제나 문제는 종교지도자들입니다. 그러나 구약 시대에도, 예수님 당시에도 그들 대부분은 회개하지 않았습니다. 끝까지 자신을 섬겼습니다. 그 결과 이스라엘 왕국은 무너지고, 복음과 경건은 사라졌습니다. 이는 초대교회 이후 오늘날까지 계속 반복되는 일입니다. 그리고 현재도 이유는 같습니다. 모두 종교지도자들, 목사와 장로들 때문입니다.

성도들이 바른 복음을 듣고 싶다고, 온전한 교회를 이루어가자고 목소리를 낼 때 가장 많이 듣는 말이 순종하라, 기도하라는 말일 것입니다.

기도하라, 기도하라. 네, 우리가 기도해야 합니다. 맞습니다. 하지만 기도만 하는 것은 아닐 것입니다. 목사님이 성도의 생활을 살핍니다. 성도의 삶에 흠이 발견됩니다. 불경건이 드러납니다. 그래서 권면을 합니다. 그런데, 성도가 고쳐야 할 것들을 고치려고 하지 않은 채, 기도하고 있다고만 말하면, 계속 기도하고 있다고만 말하면 목회자 입장에서는 어떨까요? 그 기도를 온전한 기도라고 받아들일 수 있을까요? 성도들이 볼 때도 똑같습니다.

성도들이 원하는 것은 목회자가 매일 데모하라는 것이 아닙니다. 목소리를 내야 할 때는 내달라는 것입니다. 선지자들과 사도들처럼 사람보다 하나님을 무서워해달라는 것입니다. 종교개혁자들이 가톨릭에서 파문을 당한 것처럼 혹 노회에서 쫓겨나는 일이 있어도 교회를 바로 세워 달라는 것입니다.

목회자는 강단에서, 당회와 노회와 총회에서, 교회를 구체적으로 실제로 개혁하는 일에 관해 말하기를 머뭇거리고, 잘못된 것을 잘못됐다고 말하기를 주저하고, 말씀에 온전히 순종하지 못하는 교회와 교회 지도자들에 대해 회개하지 않으면서, 성도들에게는 회개하라고, 회개의 열매를 보이라고, 변화된 삶을 보이라고, 때로는 희생하라고 말하는 것은 의미가 없습니다. 누가 그 말을 듣겠습니까? 왜 성도들이 여러분의 말을 듣고 순종하지 않는다고 생각하십니까? 언론에 언급되는 교회의 타락한 모습과, 이전 노회에서 있었던 창피한 일들과, 지금도 벌어지는 많은 불순종에 대해서는 정작 회개하지 않고, 자신들을 믿어 달라며, 다만 순종하라며, 기도하라며, 인내하라며, 그렇게 요구만 하고, 성도들의 삶에서는 즉각적인 반응이 보이지 않으면, 신앙이 없다고, 타락했다고, 건강하지 않다고, 잘

못하는 거라고 정죄하는데, 누가 여러분을 신뢰하고 누가 여러분의 말을 듣겠습니까? 여러분의 눈에 있는 들보를 먼저 **빼야** 하지 않을까요?

이런 문제들 때문에 교회를 옮기고 싶어도, 온갖 경고와 협박으로 교회도 옮기지 못하게 하고, 그러나 정작 자신들은 때를 기다렸다가 교회를 옮겨 버리는 일이 많은데, 그런 모습을 너무나 많이 봐왔는데, 대체 누가 목회자를 신뢰하겠습니까? 왜 많은 성도가 가정교회에 마음을 **빼앗기고**, 가정교회로 옮겨가겠습니까? 왜 그토록 많은 사람이 가나안 성도가 되었을까요?

오직 소수의, 하나님만을 사랑하고 섬기는 참된 목사들과 장로들만 이런 교회의 모습과 상황에 대해 비통해합니다. 모두 자기들의 잘못이라고 생각하며 회개하고, 자신들이 책임지고 있는 교회와 조직에서 오직 그리스도만이 머리가 되시고, 오직 복음만이 선포되고, 오직 성경만이 성도들의 신앙과 삶의 유일한 법칙이 되도록 전력을 다하고 있습니다.

누구의 죄인가 – 성도

이 모든 게 자기들의 죄라고 생각하시는, 그래서 더 겸손히, 더 신실하게 노력하시는 분들이 계셔서 참 감사하고 다행입니다. 그분들이 그렇게 생각하실수록, 그렇게 생각하시는 분들이 많을수록 한국 교회는 건강할 것입니다.

여러분, 이제는, 지금부터는 목사님들이 자신을 어떻게 생각하는지가 아니라 우리 자신에 대해 생각해 봅시다.

동료 여러분, 그동안 우리 주위에 신실한 목사가 한 명도 없었습니까? 그분들이 사도들이 전하고자 했던 복음을 전했을 때 우리는 어떻게 반응했습니까? 무엇을 했습니까? 그들이 교회를 올바르게 하고자 했을 때 우리는 무엇을 했습니까? 사람들이 길가에 쓰러졌을 때 사마리아 사람(비개혁주의자)이 저들을 돕고, 선을 베풀며, 말씀에 순종할 때 우리는 어디에 있었습니까? 무엇을 했습니까?

우리는 교회를 건강하게 하는 일에 어떻게 이바지했습니까? 교회가 어렵고 아플 때 우리는 무엇을 했습니까? 기도했습니까? 기도만 했습니까? 나름 이런저런 노력을 했습니까? 하지만 정말 그것이 하나님 나라와 교회를 위한 것이었습니까?

정말, 정말 전적으로 목사들만의 잘못입니까? 100% 그들의 잘못입니까? 순수한 목사들은 없었습니까? 하나님만을 두려워하는 목사와 교회들이 전혀 없었습니까? 말씀을 따라, 말씀만을 좇아 말씀을 전하고 교회를 조직하고 성도들을 양육하고 섬기는 사람들이 단 한 사람도 없었습니까?

아닙니다. 신실한 목사들은 계속 있어 왔습니다. 지금도 우리 주위에 있습니다. 그들도 우리와 같은 사람입니다. 그들도 두려운 게 있을 것입니다. 그들이 우리와는 달리 강철 심장을 가진 것은 아닙니다. 그들도 무엇인가를 할 때, 특히 용기를 내야 할 때는 옆에 누군가가 있어야 합니다. 함께하는 사람, 지지해주는 사람, 그 어렵고 어두운 길을 같이 헤쳐 나갈 사람이 필요합니다.

하지만 그런 그들의 목소리와 발걸음에 우리가 마음을 쏟았습니까?

그들이 목소리를 낼 때 함께 냈습니까? 그들이 목소리를 내고 발걸음을 내디딜 때 겪게 될 어려움을 우리가 함께 감당하고자 했습니까? 그들을 앞에 세우고는 우리는 뒤에 물러나 뒷짐을 지고 가만히 있지는 않았습니까?

    1장의 J교회 개혁파 장로들이 쫓겨난 것처럼, 그들이 배운 바대로 실천했기 때문에 쫓겨난 것처럼, 성도들은 마땅히 배운 바대로 교회를 만들어 가려고 해야 합니다. 교회에 어떤 일이 생겼을 때 "뭐, 당회에서 알아서 하시겠지, 목사님이 알아서 하시겠지"와 같은 태도는 신뢰가 아닙니다. 옳은 방법이 아닙니다. 믿고 맡기더라도 관심 있게 지켜봐야 합니다. 그래서 아닐 때는 아니라고 말할 수 있어야 합니다. 우리는 항상 교회가 그리스도의 몸이며, 우리의 유일한 머리 되시는 분이 그리스도라는 것을 기억해야 합니다. 교회의 주인, 교회의 왕이 그리스도뿐이시기 때문에 교회에 어떤 일이 생겼을 때, 특히 그 일이 목사나 장로와 관련돼서, 교회 질서와 관련돼서 의문이 제기되는 일이라면, 적극적으로 교회의 머리 되시는 그리스도의 뜻에 맞게끔 일이 진행되도록 해야 합니다. 그리스도의 뜻이 무엇인지, 그분이 교회에 대해 뭐라고 말씀하셨는지, 교회가 이렇게 어려울 때 성도들이 어떻게 하기를 원하시는지를 성경에서 찾아야 하고, 그에 온전히 순종하려고 노력해야 합니다. 그렇지 않고, 거기에 관심조차 없고, 그 일을 바로잡으려는 노력에 대해 냉소적인 태도로 일관한다면, 염세적인 태도만을 보인다면, 더 나아가 그런 태도로 교회 문제를 바라보고 교회를 떠난다면, 어떻게 해야 할지 고민도 하지 않는다거나, 기도도 안 한다거나, 기도를 해도 형식적으로만 한다면 그것은 바른 태도가 아닙니다. 바로 그런 태도 때문에 오늘날 교회가 이렇게 되었기 때문입니다.

가만히 있는 사람들의 죄

흔히 '처음 그들이 왔을 때'라는 제목으로 알려진 다양한 종류의 인용문을 여러분께서도 한 번쯤은 듣거나 본 적이 있을 것입니다. 그중 하나의 인용문은 다음과 같습니다.

> 그들(나치)이 처음 공산주의자들에게 왔을 때, 나는 침묵했다. 나는 공산주의자가 아니었기 때문이다.
>
> 그들이 노동조합원들에게 왔을 때, 나는 침묵했다. 나는 노동조합원이 아니었기 때문이다.
>
> 그들이 가톨릭 신자들에게 왔을 때, 나는 침묵했다. 나는 가톨릭교도가 아니었기 때문이다.
>
> 그들이 유대인에게 왔을 때, 나는 침묵했다. 나는 유대인이 아니었기 때문이다.
>
> 마침내 그들이 나에게 왔을 때, 나를 위해 말해줄 사람이 아무도 없었다.

어쩌면 가장 큰 죄는 무관심일지도 모릅니다. '나는 그 일에 참여하지 않았어'라고 하지만, '나는 안 했어, 나는 그렇게 안 했어'라고 하지만….

교회에서 성추행당한 사람이 있을 때, 우리는 침묵합니다. 우리가 성추행 당한 것이 아니기 때문입니다. 교회에서 부목사님이 담임목사님의 눈 밖에 나 잘릴 때, 우리는 침묵합니다. 우리가 잘리는 것이 아니기 때문입니다. 교회에서 무슨 일이 일어나도 우리 일이 아니면, 우리는 침묵합니다. 우리는 하나님도, 교회도, 이웃도 사랑하지 않기 때문입니다.

우리는 참으로 (이런 표현을 써서 정말 죄송합니다만) 미련하고 이기적이어서 우리가 직접적으로 관련되지 않으면 신중함, 중립이라는 이유로, 교회를 지킨다는 이유로 가만히 있을 때가 많습니다. 또 함부로 판단하지 않고 지혜와 균형을 추구하는 넉넉한 사람으로 비치고 싶어서 사실은 아무것도 판단하지 않는 방관자일 때도 많습니다. 그렇게 가만히 있는 우리를 사람들이 비난하면, 비난하는 그들을 불쌍히 여기며 그들을 위해 안타까워하며 기도합니다. 실제로는 누가 안타까운가요?

하지만, 그 일들이 우리 일이 되면 완전히 바뀝니다. 우리에게 어떤 일이 생겼을 때 누군가가 옆에 있어 주고, 우리 얘기를 들어주고, 바르게 판단해주고, 같이 목소리를 내주고, 자리를 지켜주고, 함께 싸워주기를 바랍니다. 그러나 우리가 지금처럼 무관심하다면, 그날에 우리 옆에 누군가가 있어 주고, 우리 얘기를 들어준다는 것 자체가 기적일지도 모릅니다. 그날에 우리는 아무도 원망할 수 없습니다. 우리는 어떤 도움도 바랄 수 없을 것입니다.

그런데도, 우리가 침묵함으로 더 상처받은 사람들이, 하나님 나라와 교회를 위해 고민하며 기도하는 사람들이 우리 옆으로 다가와 줄 것이고, 우리 이야기를 처음부터 찬찬히 들어주고, 우리와 함께 행동해줄 때! 우리는 부끄러워 얼굴을 들지 못할 것입니다.

신실한 목사들을 외롭게 만듦

하나님께서는 이스라엘이 가장 어둡게 보였던 때도 신실한 하나님의 종들을 계속해서 보내주셨습니다. 선지자 대부분이 "평안하다, 평안하다" 하며 거짓 평안을 전할 때에도, 하나님의 말씀을 바르게 선포하면서 경고하고 책망하는 선지자들이 있었습니다. 그러나 이스라엘은 거짓 평안을 전하는 자들을 사랑했습니다. 소수의 참 선지자들은 그런데도 이스라엘을 포기하지 않고 계속해서 하나님의 말씀을 전했습니다. 그러나 대부분은 큰 핍박을 받거나 쓸쓸히 죽었습니다. "또 어떤 이들은 조롱과 채찍질뿐 아니라 결박과 옥에 갇히는 시련도 받았으며 돌로 치는 것과 톱으로 켜는 것과 시험과 칼로 죽임을 당하고 양과 염소의 가죽을 입고 유리하여 궁핍과 환난과 학대를 받았으니"(히 11:36-37).

하나님께서는 지금도 하나님의 말씀을 있는 그대로 사랑하고 전하는, 말씀에 온전히 순종하는 목사들을 교회로, 성도들에게로 보내십니다. 신실한 목사들은 수십 년 전부터, 그 이전부터 계속해서 하나님의 말씀을 바르게 적절히 선포하고 가르쳐왔습니다. 하지만 우리가 듣지 않습니다. 하나님께서는 성경에 충실한 복음을 들려주시고, 바른 교회가 무엇인지도 가르쳐 주십니다. 그러나 우리가 순종하지 않습니다. 많은 그리스도인(또는 자신을 신자라고 여기는 사람)은 그들을 싫어했습니다. 그들을 보내신 분을 거절한 것입니다. 우리는 자기 편한 대로 복음을 받아들였습니다. 우리는 우리 소견대로 교회를 조직하고 구성했습니다.

신실한 목사님들은 지금도 우리 옆에서, 우리 주위에서 좀 더 나은 교회 정도가 아니라, 하나님께서 뜻하시고 의도하신 교회, 성경에 충실한 교회, 그리스도께서만이 왕이시자 머리 되시는 교회를 이루어가기 위해 힘써 말씀을 전하고, 힘겹게 한 발자국씩 걸음을 떼고 있습니다. 그러나 그분들이 소리 높여 외칠 때 듣지 않는 우리 때문에 그분들은 지금 너무나 외롭습니다. 그분들이 이 힘겨운 길을 걸을 때 그분들과 함께 걷지 않는 우리 때문에 그분들의 마음은 지금 참담합니다.

바르게 말씀을 선포하는 사람이 없어서 개혁주의가 이렇게 힘이 없게 되었다고요? 아닙니다. 그분들의 말을 듣는 사람이 없어서였습니다.

사람의 소견대로가 아니라 하나님의 말씀에 충실하게 교회를 조직하고 이루어가려는 목사들이 없어서 개혁주의가 이렇게 비방을 받는 거라고요? 아닙니다. 그분들의 말씀을 한 귀로 흘려버리고, 우리 소견에 옳은 대로 교회를 만들어왔기 때문입니다. 그분들 앞에서 징징거리고 그분들을 협박하고, 그분들과 함께 행동하지 않은 우리 때문입니다.

우리는 왜 아무런 순종도 하지 않습니까? 왜 비성경적인 것들에 만족합니까? 왜 명백한 말씀 앞에서 침묵하고 있습니까?

정말 신실한 목사가 없어서인가요? 아닙니다. 왜 우리는 그렇게 문제 있는 교회를 떠나지 않습니까? 말씀대로 하려니 피곤하기 때문입니다. 힘들 게 보이기 때문입니다. 말씀에 순종하는 것이, 말씀대로 행하는 것이 우리 죄성과 맞지 않기 때문입니다. 그런 교회를, 그런 우리 자신을 사랑하기 때문입니다.

모두, 100%, 온전히 다 우리 성도들의 죄와 잘못입니다.

목사와 함께 노회에서 쫓겨난 교회

I교회가 있습니다. I교회는 교단 총회와, 소속 노회의 입장과는 달리 직분자를 성경에 따라 바르게 세우기 위해 노력했습니다. 그래서 I교회 내규는 교단 헌법과 상충했습니다. 하지만 하나님의 법과는 일치했습니다.

노회에서는 지속해서 I교회에 압박을 가했습니다. 교단 헌법을 따르지 않는 것은 교회를 어지럽히는 일이라며 순종하라고 했습니다. 그러나 I교회의 R목사님은 교회의 건강을 위해 노회를 따를 수 없었습니다. 자신의 생각이 성경에 일치한다고 굳게 믿었기에, R목사는 기회가 닿는 대로 노회 내의 다른 교회들을 방문하여 설득하려 노력했습니다. 성도들도 다시 한번 자신들의 입장을 돌아보았습니다. 성경을 상고하고, 교회 역사를 살펴보았습니다. 자신들의 입장을 바꿀 수 없었고, 오히려 더욱 확신하게 되었습니다. 하지만, 말씀대로 하려고 하는 I교회가 다른 교회 입장에서는 잘난 체하는 교회로 보였습니다. "너희만 잘났냐?"는 식의 반응이었습니다. I교회와 R목사의 개혁 취지는 이해하지만, 당장 자신들의 교회 질서를 무너뜨리는 개혁이었기에 달갑지 않았습니다.

양측의 입장은 평행선을 달렸습니다. 이후 열린 노회에서 R목사는 베드로와 사도들의 대답을 좇아 "사람보다 하나님께 순종하는 것이 마땅"(행 5:29)하다고 답했습니다. 하나님의 법을 있는 그대로 받아들이자고 호소했습니다. 하지만 노회는 R목사에게 직무 정지 6개월의 벌을 내렸습니다.

I교회는 크게 놀라고 당황했습니다. 설마하니 노회가 이렇게까지 할 줄은 몰랐습니다. 이에 I교회 성도들이 들고일어났습니다. 자신들도 R목사와 입장이 같으니 자신들도 벌하라고 요구했습니다. 일이 점점 더 커지게 되었습니다.

사실 I교회에서는 이 일로 교회 내에서 약간의 갈등도 있었습니다. 그러나 모든 성도가 R목사님으로부터 하나님의 말씀에 온전히 순종하는 신앙을 배웠기 때문에 결국 하나가 된 목소리를 낼 수 있었습니다.

이들은 노회가 다음 노회가 열릴 때 자신들의 문제를 다시, 신중하게, 말씀을 따라 다뤄주기를 요구하는 문서를 노회에 제출했습니다. 그리고 자신들과 노회를 위해 계속해서 기도했습니다.

하지만 총회 차원에서 I교회는 결국 교단에서 제명당했습니다. R목사님과 I교회 성도님들은 잠시 크게 낙담하기도 했지만 하나님께 간절히 도움을 구하면서 일어났습니다. 자신들이 죄를 지어서가 아니라 하나님의 말씀에 순종했기 때문에 일어난 일이라고 믿었기에 당당했습니다. 결국 뜻을 같이하는 두 교회와 마음을 모아 작은 교단을 설립하게 되었습니다.

교단을 새로 조직한 후 처음 맞는 주일에 이들은 찬송가 〈내 주의 나라와〉를 한 마음으로 불렀습니다.

내 주의 나라와 − 통일찬송가 246장 (새찬송가 208장)

내 주의 나라와 주 계신 성전과 피 흘려 사신 교회를 늘 사랑합니다.

내 주의 교회는 천성과 같아서 눈동자같이 아끼사 늘 보호하시네.

이 교회 위하여 눈물과 기도로 내 생명 다하기까지 늘 봉사합니다.

성도의 교제와 교회의 생활과 구주와 맺은 언약을 늘 좋아합니다.

하늘의 영광과 베푸신 축복이 진리와 함께 영원히 시온에 넘치네.

R목사님은 노회에서 직무 정지 6개월이라는 징계를 받았던 날을 기억합니다. 그때 마음이 많이 상했습니다. 교회가, 세상이 너무 무서워졌습니다. 외로웠고 슬펐습니다. 오만가지 생각이 들었습니다. 무거운 발걸음을 겨우 옮겼습니다.

노회가 열리는 한 교회 건물 문을 열고 밖으로 나왔을 때, R목사는 가슴이 요동치는 것을 느꼈습니다. 가슴이 너무 뛰어서 어떻게 되는 건 아닌가 하는 생각까지 들었습니다. 자신이 사랑하는 I교회 성도 중 몇 사람이 팻말을 흔들고 있었습니다. 나머지는 너무 크지 않게 손뼉 치고 있었습니다. "목사님, 저희가 있습니다. 목사님 뒤에, 목사님 옆에 저희도 있습니다. 진리는 살아 있습니다. 이 길을 계속 걸어가십시다!"

교회는 참되고 용기 있는 목사도, 신실한 말씀의 사역자도 필요하지만, 신의가 두터운 성도들도 필요합니다.

우리 모두 그런 성도가 되길 원합니다. 옆에서 뒤에서, 함께 있습시다. 함께 지키고, 함께 회개하고, 함께 배우고, 함께 순종합시다. 우리도 정말 그런 성도가 됩시다.

왜 교회 개혁이 더딜까?

왜 교회 개혁이 더딜까요? 왜 교회 개혁이 온전하지 않을까요?

우리는 기다리자는 말을 정말 많이 듣습니다. 시간이 필요하다는 말도 많이 듣습니다. 물론 개혁은 시간이 걸리는 일입니다. 즉각 바꿀 수 있는 일도 있겠으나, 많은 문제가 그 문제 하나만 따로 떼어서 생각할 수 있는 게 아니기 때문입니다. 그럼에도 이런 질문이 생깁니다. 그러면 언제까지 기다려야 할까요? 어떻게 기다려야 할까요? 그보다 '기다린다'는 것이 대체 무엇을 말하는 걸까요?

20, 30년 전에도, 그 이전에도 교회 개혁을 외친 분들이 계셨습니다. 그런데 지금 교회는 거기서 더 나아갔나요? 우리가 지금 기다린다고 해서 20, 30년 후가 달라질까요? 잘 모르겠습니다.

왕따가 되더라도 복음의 가치를 실현하라고. 직장을 잃을 각오로 그리스도인답게 살라고 도전하는 목사님들은 자신들도 노회에서 쫓겨날 것을 각오하면서 교회 개혁을 외치고, 그리스도인다운 삶을 살기 위해 노력할까요?

한편으로 우리는 그런 목사님들이 많이 있기를 정말 간절히 바랍니다. 하지만 그분들이 혼자 그 일을 감당해야 하나요? 목사가 그 일을 전적으로 감당해야 하나요? 어느 목사가 신앙을 따라 정말 모든 것을 걸고 목소리를 내는데 아무도 옆에서 호응해주지 않으면, 함께 그 길을 걸어가 주지 않으면, 그는 너무 외로울 것입니다. 교회가 함께 있어야 하지 않을까요? 우리 교회가요. 우리 성도가요. "목사님, 뒤에 옆에 저희가 있습니다.

힘내십시오. 목사님은 혼자가 아닙니다." 당회나 노회에서 만약 부당하게 그 목사를 징계하려 한다거나 면직하려고 한다면 교회가 그를 보호해야 하지 않을까요? "목사님, 걱정하지 마십시오. 우리는 목사님과 함께 하나님 편에 서겠습니다. 말씀의 편에 서겠습니다. 우리는 이제까지와 마찬가지로 앞으로도 목사님과 함께합니다. 더 담대하십시오"라고 외쳐야 하지 않을까요?

우리는 변화를 원하지만, 변화가 일어날 만큼의 노력은 하지 않습니다. 변화가 일어날 만큼의 회개는 하지 않습니다. 우리는 순종하되 우리가 좋아하는 일에, 좋아하는 정도로만 순종합니다. 우리는 우리가 사랑하는 것만을 사랑합니다. 마중물을 붓기는 하지만 충분히 붓지 않아 아무리 펌프질을 해도 샘에서 물이 올라오지 않습니다.

조금 다른 측면에서, 교회 개혁이 더딘 또 다른 이유는 교회가 사람들을 피로감에 젖게 하기 때문입니다.

하나님의 말씀에 순종하기보다는, 하나님의 영광보다는, 교회의 명성과 담임 목사의 명예를 더 높이 두는 교회들은 눈이 어둡고, 귀가 닫혀 있습니다. 그들은 그런 거악들은 두둔하고, 최대한 좋게 해석하고, 선으로 포장합니다. 그러나 자기들을 비판하는 목소리는 금합니다. 교회를 파괴하는 악이라고 생각합니다. 그래서 문제 제기하는 자들을 내쫓거나 억누릅니다. 그런데 내쫓고 억누르는 일이 여러 번 생기면 문제 제기하는 사람들은 겁을 먹거나 포기하고 싶어 합니다. 그런 일들이 사람들에게 큰 피로감을 줍니다. 지치게 만들고 아무것도 하고 싶지 않게 만듭니다. 그래서 결국 "그래, 그래도 이 정도면 됐지." 하고 만족하게 합니다. "그래도 이 정도면 어디야." 더 온전함으로 나아가지 않고 그 자리에서 주저앉게 만드는 말입니다. "그래, 물론 다른 문제들도 많아. 하지만 그래도 이러저러한 부분은 나름 괜찮지 않아? 잘하고 있지 않아?" 하면서 눈을 다른 데로 돌리게 합니다. 하지만, "두 팔과 한쪽 다리는 멀쩡해. 비록 한 다리가 멍이 들고 피가 나고 계속 이렇게 두다가는 썩어버릴지도 모르지만, 나름 두 팔과 다른 한 다리를 보면 괜찮지 않아?" 하는 말과 뭐가 다를까요?

왜 성적이 안 나올까요? 공부를 안 하기 때문입니다.
왜 건강하지 않을까요? 식단 조절도, 운동도 안 하기 때문입니다.
왜 신앙이 그 자리에 있을까요? 은혜의 수단을 부지런히 사용하지 않기 때문입니다.
왜 교회가 건강하지 않을까요? 바르게 개혁되지 않을까요? 아무것도 하지 않기 때문입니다.

교회는 함부로 옮기는 게 아니야! – 그래서 옮기는 거야!

우리는 크게 실망해서, 버티다 버티다 힘들어서 교회를 옮기는 사람들을, 교회를 옮기려고 고민하는 사람들을 쉽게 정죄합니다. "교회는 함부로 옮기는 게 아니야. 교회를 함부로 바꾸면 그것도 죄야."라고 말합니다. 저는 묻고 싶습니다. 그들이 함부로 옮기는 걸까요? 왜 그들이 교회를 옮기려고 하는지 왜 그런 고민을 하게 됐는지 언제부터 그런 고민을 했는지 무엇 때문인지 우리는 아는 걸까요? 들어보려 노력은 해 봤을까요?

무엇보다 "함부로 옮기지 않는 거야"라는 말이 맞게 하려면 안 옮기게 하면 됩니다. 문제를 제기했을 때 고치면 되고, 아닌 건 아니라고 말하고, 실수했으면 실수했다고, 잘못했으면 잘못했다고 하면 됩니다. 그리고 고치면 됩니다. 바꾸면 됩니다. 어떤 성도도 완벽한 교회를, 완벽한 목사를, 완벽한 시스템을 바라지 않습니다. 요구하지 않습니다. 다 같이 노력하는 거니까요. 그런데 다 같이 노력하는 가운데 아닌 게 발견되면, 선의로 시작했지만 그렇지 않게 되었다면 거기서 돌이키면 되는 겁니다. 바꾸면 되는 겁니다. 조금만 변화를 주면 되는 겁니다. 그런데 왜 그렇게 안 할까요? 정작 교회 자신은 바꾸지 않으면서, 회개하지 않으면서, 힘들어서 상처받은 사람이 여러 차례 힘들다고 말하고 "이건 아니다"라고 말을 했는데도 반응하지 않아서, 그래서 "이제 더 이상은 이 교회에 못 있겠어요."라고 하면, 왜 그 사람들을 정죄하는 걸까요? 잘못은 교회가 했는데. 우리가 했는데요.

정말로 교회를 옮기는 게 죄라면 그것보다 훨씬 큰 죄가 그들을 떠나게 만든 죄 아닌가요? 교회를 옮기도록 한 죄 말입니다. 사람들을 떠나게 만든 악들은 여전히 고치려고 하지 않으면서 떠나는 사람들만 정죄하는 건 대체 어떤 마음일까요?

아직은 많은 사람이 그나마 교회 자체를, 신앙 자체를 떠나지 않는 것에 우리는 감사해야 합니다. 여러분도 여러분의 가족이나, 친구들이 아예 신앙에서 떠나버리는 슬픔을 겪으신 분들이 계실 줄로 압니다.

사람들은 하나님을 떠나기 싫어서, 이 신앙을 포기할 수 없어서, 부인할 수 없어서, 부정할 수 없어서, 개혁주의를, 개혁신앙을 떠날 수 없기에 교회를 옮깁니다. 그래서 이러한 사실은 우리에게 아픔이기도 하지만, 여전히 희망도 됩니다. 교회가 바뀐다면, 그들은 되돌아올 것이기 때문입니다. 사람들이 떠나지 않을 것이기 때문입니다.

"어휴, 저 사람은 인내심도 없어. 더 버티고, 같이 인내하고 노력해야지"라고 말만 하는 것은 정말 아무런 의미가 없습니다. 실제로는 아무런 노력도 안 하거나, 변화를 만들어 낼 만한 노력까지는 하지 않으면서, 의미 있는 노력은 안 하면서 교회를 떠나는 사람들에게, "저들은 신앙이 약해"라고 말하는 것은 정말 나쁜 것입니다. 그런 우리의 말과 태도가 사람들을 떠나게 만드는 것이니까요. 우리 생각과는 달리 사람들은 오히려 정말로 신앙이 그렇게 중요하기 때문에 교회를 떠나는 겁니다. 정말 복음을 있는 그대로 선포하고, 하나님의 말씀 일부가 아니라 모든 말씀에 전적으로 순종하기를 원하는 교회를 찾는 겁니다. 남아 있는 사람들보다 신앙을 훨씬 더 가치 있게 여기기에 떠나는 겁니다. 말씀 그 자체의 능력, 목회, 목양, 성례, 진실한 믿음을 정말로 진지하게 생각하기 때문에 오히려 떠나는 겁니다.

3장

회개와
순종

3

회개와 순종

몇몇 독자분들은, 왜 지은이는 교회의 일반적인 이야기를 하고 있는가? 이게 어떻게 개혁주의의 문제인가? 이 얘기들이 개혁주의만의 문제인가? 이것들은 교회의 일반적인 문제가 아닌가? 하고 말씀하실 수도 있습니다. 네, 어떻게 보면 그렇습니다. 개혁주의만의 문제라기보다는 모든 교회의 일반적인 문제일지도 모릅니다. 하지만, 제가 말하고 싶은 것은 이것입니다. 개혁주의가 말하는 교리와 신학이 정말 참되다면, 그리고 개혁주의 교리가 가리키는 내용에 따르면, 어느 곳보다도 한 개인의 고민에 대해서, 교회 자체에 대해서, 교회론에 대해서, 신앙과 관련된 모든 주제와 내용과 문제에 관해서 타협의 여지 없이, 순전하게 믿고 가르치고 순종해야 하는 것이 개혁주의입니다. 개혁주의만큼 지금까지 우리가 함께 나눈 주제와 내용들을 중요하고 무겁고 진실하고 진지하게 다루는 데가 없기 때문입니다!

그런데, 그러면 개혁주의 교회에서는 이런 문제들이 나오지 말아야 합니다. 나와도 덜 나오거나 가벼워야 합니다. 그런 일들이 생기더라도 금방 개혁되어야 합니다. 즉시 회개해야 합니다. 바로 고쳐져야 합니다. 우리가 가르치고 배우고 말하는 것들이 다 우리에게 증언하고 있지 않습니까? 그런데 그게 아닙니다. 똑같습니다. 심지어 더 할 때도 있습니다.

게다가 우리만의 문제가 정말 없습니까? 지금까지 살펴본 내용들, 앞으로, 특히 5장에서 살펴볼 내용 모두가 개혁주의, 아니 정확히는 우리 개혁주의자들의 문제입니다.

그만큼 소중하다고 말하기 때문에 똑같이 문제가 일어난다고 해도 우리의 죄가 너 나쁘고 더 악합니다. 세상에서도 그렇지 않습니까? 세상에서도 도덕성을 강조하는 사람이 죄를 범했을 때 더 욕먹고 비난받는 것처럼 말입니다.

그런데 우리 중 이렇게 말하는 사람들이 있습니다. "난 또 뭐라고. 뭘, 그 정도 문제를 가지고 그러나? 사람 모이는 곳은 세상이든 교회든 다 똑같다." 아…, 제발요. 그래서 사람들이 우리를 싫어합니다. 개혁주의를 더 나쁘게 본다고요…….

제발 우리부터 순종합시다. 회개하고, 개혁주의가 가르치고 말하는 그대로 순종합시다. 귀하게 여깁시다. 높입시다. 붙듭시다. 하나님의 말씀에, 하나님의 말씀을요.

잘못된 것은 바로 고치고, 조그만 것도 커지도록 놔두지 말고 바로 제거하고, 우리가 죄에 무뎌지지 않게 늘 경계합시다. 선 줄로 생각하지 맙시다. 먼저 우리의 들보를 뺍시다. 교만하지 맙시다. 우리의 집을 모래 위에 짓지 말고 반석 위에 지읍시다.

우리 동료들과 이웃들의 신음에 귀 기울이고, 그들과 함께합시다.

1장의 D교회 이야기를 기억하십니까? 죄를 죄로 다루되 우리가 받은 은혜 안에서 다룬, 한 몸 된 지체로 서로를 섬긴 D교회 이야기를 기억하십니까? 자문해봅시다. 우리 주위에 우리 곁에 우리 교회에 그렇게 운 사람이 있습니까? 아니, 우리는 그렇게 운 적이 있습니까? 울 수 있습니까? 우리의 손은 누군가가 공적으로 징계를 받는다고 할 때 그를 위해, 교회를 위해 함께 기도할 준비가 되어 있습니까? 아니면 혹시 돌을 들 준비가 되어 있나요?

그들을 집으로 초대하고 그들에게 믿음의 가정이 결혼 전부터 어떻게 준비되는지를 보여줄 준비가 되어 있나요? 또 믿음의 가정이 어떻게 이루어져 가는지 함께 나누고 도전하고 격려할 준비가 되어 있나요? 우리는 아무런 수고도, 섬김도, 나눔도, 희생도 생각하지 않으면서 다른 지체들을 향해 이래야만 한다, 그래서는 안 된다는 당위성만 따지고 있는 것은 아닌가요? 공적 권징이 끝나는 날에 하나님께서 자기들을 홀로 두지 않으시고 한 몸 됨이 무엇인지, 하나님 말씀의 무거움이 무엇인지, 순종의 행복과 감사가 무엇인지 넘치도록 알게 해주셨다면서 그들이 하나님께는 감사와 찬양을 회중에게는 고마움과 사랑을 전하는 모습을 우리 자신에게서 발견하거나 기대할 수 있습니까?

저는 우리가 하나님보다 더 공의롭지도 더 자비하지도 않기를 경계하면서 우리 형제들을 바라볼 수 있기를 원합니다. 저는 우리가 하나님께 받은 은혜를 서로에게 감사하며 나눌 수 있기를 원합니다.

회개합시다!

성경을 바르게 아는 것, 너무나 중요합니다. 하지만 지금 우리에게 무엇보다 필요한 것은 감히 눈을 들어 하늘을 쳐다보지도 못하고 다만 가슴을 치며 "하나님, 저를, 저희를 불쌍히 여겨주십시오. 저는 죄인입니다."라는 회개입니다.

회개는 회개 기도가 아닙니다. 회개하는 기도만 하면 끝나는 것이 아닙니다. 잘못했다고 아뢰면 끝나는 것이 아닙니다. 회개는 뉘우치거나 반성하는 것만이 아니라 실제로 죄와 잘못을 범하지 않고 고치는 것입니다. 죄를 미워하는 것입니다. 하지만 우리는 이럴 때 신기하게도 우리 자신에게 너무나 너그러운데요. 우리에게 무엇인가를 잘못한 사람이 사과하고 용서를 빈 후에, 다시 두어 번 같은 잘못을 범하면 이전에 했던 사과를 진실한 것으로 여기고 싶어 하지 않습니다. 그러나 우리가 하나님께 어떤 죄에 대해서 날마다 용서를 구하며 회개(기도)하지만 계속해서 그 죄를 지을 때는 간절히 회개하고 도움을 구한다면서 하나님께 자비를 호소합니다. 같은 논리라면, 우리는 전혀 회개한 것이 아닌데 말입니다. 회개는 잘못했다는 인식 정도가 아니라 상한 마음으로 통회하고, 다시는 그러한 죄를 짓지 않겠다고 굳게 결심하면서 하나님의 은혜를 구하는 것입니다. 우리 스스로 해결할 수 없으니 전적으로 하나님께 도움을 구하는 것입니다. 그리고 해야 할 것을 하는 것이고, 하지 말아야 할 것을 하지 않는 것입니다. 그래서 회개는 곧 순종이라고 말할 수도 있습니다. 네, 회개한다는 것은 바르게 순종하는 것입니다.

그러나 우리처럼 회개 안 하는 사람들이 있을까요? 성경이 말하는 회개가 무엇인가요? 개혁주의가 주의 깊게 가르치는 회개가 무엇인가요? "범사에 헤아려 좋은 것을 취하고 악은 어떤 모양이라도 버리"(살전 5:21-22)고, 죄와 싸우되 피 흘리기까지 대항하는 것 아닌가요(히 12:4 참고)? 죄를 미워하는 것 아닌가요? 의를 사랑하는 것 아닌가요? 우리는 사실 회개가 무엇인지 잘 압니다. 성경에서 다양한 정의와 사례를 찾아 말할 수 있습니다. 우리는 심지어 책도 많이 냅니다! 아, 그러나 회개하지 않는다면 그게 다 무슨 소용이 있습니까?

한국 교회는 오랫동안 일제 강점기 때 행한 신사 참배에 대해 회개하지 않았습니다. 최근에서야 회개한 교단이 몇 있기는 하지만, 여전히 회개하지 않은 교파와 교단도 많습니다. 저는 궁금합니다. 묻습니다. 회개하지 않은 기간 동안 그 교단의 목사님들은 우상 숭배를 하지 말라는 설교를 했을까요? 어떻게 할 수 있었을까요? 회개에 대해 말할 수 있었을까요? 회개에 대해 말할 때마다 신사 참배가 떠오르지 않았을까요? 우상 숭배를 하지 말라는 말에, 회개하라는 말에 힘이 있었을까요?

Q교회가 초반에 외양간을 고쳤더라면 어땠을까요? 선한 의도와는 다르게, 어떤 한 프로그램이, 어떤 한 개념이 교회에 들어와 예상과는 달리 교회의 핵심 기능을 약화시키는 바로 그 순간! 외양간을 고쳤다면, 그런 프로그램들과 어떤 신학 개념들을 거부했다면 어땠을까요?

G교회의 담임목사님이 개척한 후에 교회 질서를 바로 바꿨다면 어땠을까요?

그러면 우리는 개혁주의가 참되고 살아 있다고 말할 수 있었을 것입니다. 개혁주의를 오해하거나 잘 모르시는 분들, 개혁주의에 거부감을 느끼는 분들에게 개혁주의가 이런 것이라고 말할 수 있었을 것입니다.

회개합시다.

위선자인 우리 자신을 불쌍히 여겨달라며 은혜를 구합시다. 오늘날 개혁주의가 힘이 없는 것은 다 우리 때문입니다. 설교로든 책으로든, 강연으로든 우리가 전하는 메시지에 힘이 없는 이유는 모두 우리 때문입니다. 다른 누군가가 우리를 약하게 만들었습니까? 아닙니다. 오늘날 우리의 위기는 외부의 공격 때문인가요? 아닙니다. 우리가 무엇을 몰라서 이런 위기에 빠지게 되었나요? 아닙니다. 우리의 위기는 어떤 신학적인 위기가 아닙니다. 우리에게는 우리 선조들이 물려준 정말 귀하디귀한 유산들이 많습니다. 정말 많습니다. 우리가 받은 유산들은 진리를 충분히 드러내고, 거짓에 대항해 이 진리를 충분히 변증합니다. 그럼 무엇 때문인가요? 우리 위기는 그 유산을 사랑하지 않는 데 있습니다. 우리는 이 진리를 정말로 사랑하지 않는 듯합니다. 우리의 위기는 알면서도 행하지 않는 실천적 위기입니다. 입맛에 맞는 아이스크림을 고르듯 우리가 원하는 것만 골라 순종하는 데서 오는 실천적 위기입니다. 우리 스스로 우리를 약하게 만들었습니다. 우리는 말과 행동이 달라서, 아는 만큼 순종하지 않아서 빠진 위기 가운데 있습니다. 우리가 죄인입니다. 이제부터라도 순종하고, 또 순종합시다. 무엇인가를 알게 되었다면 무조건 순종합시다. 주저 말고 순종합시다. 말했다면 지킵시다. 하나님을 사랑한다면, 진리를 사랑한다면 순종하고 순종합시다. 우리가 믿고 사랑하는 개혁신학을 다른 사람, 다른 교회의 신앙이 참인지 아닌지를 판별하는 잣대로 들이밀지 말고, 우리가 먼저 뜨겁게 사랑하며 실천해야 하지 않겠습니까?

개혁주의 교리에, 교회 정치와 직분론에 그렇게 자신이 없나요? 가장 성경적이라면서요? 이것이야말로 성경에 충실한 것이라면서요? 이것이 하나님께 영광을 돌리고, 교회를 살리고, 세우고, 성도들을 건강하게 하는 거라면서요? 그런데, 그렇게 자신이 없나요? 왜 순종하지 않나요? 참 이상합니다. 정말 이상합니다. 정말 그냥 있는 그대로 순종하면 되는데요. 왜 그럴까요? 우리는 대체 왜 그럴까요?

"성경이 말하는 교리는, 개혁주의 교리는 이것이다. 이렇게 해야 한다. 저렇게 해야 한다"라고만 말하지 말고 순종합시다. 제발 순종합시다. 그렇게 좋은 거라면, 그렇게 중요한 거라면 제발 우리 먼저, 순종합시다. 그만큼 중요하다는 것을 실제로 보입시다. 그렇게 중요하다면, 우리 교회에서, 그렇게 잡고 붙듭시다. 실제로 우리가 예수 그리스도께서 교회의 머리라고 고백한다면, 총회장이나 노회장이 최종결정권자가 되지 않게 합시다. 여론이, 성도들 다수의 의견이, 시대의 흐름이, 다수의 취향이, 세속적인 가치가 최종결정권자가 되게 하지 맙시다. 하나님의 말씀만이 최종결정권자가 되게 합시다. 때로 어떤 결정과 법과 관행 등이 옳지 않다면, 교회의 머리 되시는 분의 가르침이 다시 세워지도록 합시다. 계속해서 건의하고 의견을 나누고, 기도하고, 목소리를 내고, 고치면서 실제로! 구체적으로! 순종합시다! 교회 머리 되시는 분이 누구이신지를 실제로 고백합시다.

회개합시다.

우리의 죄성은 우리 자신의 불순종과 죄는 최대한 긍정적으로, 가볍게 보게 합니다. 반대로 다른 사람의 불순종과 죄는 최대한 부정적으로, 무겁게 보게 합니다. 이 얼마나 악합니까? 우리는 다른 교회의 단점은 비난하고, 우리에 대한 다른 사람의 비판도 비난합니다. 아니요, 그러지 맙시다. 우리의 불순종과 죄를 최대한 부정적으로 봅시다. 무겁게 다룹시다. 다른 사람들의 불순종과 죄를 불쌍히 여기고 그들을 위해 기도합시다.

우리가 좋아하는 것을 선택하여 그것만 순종하지 말고, 하나님께서 말씀으로 주신 모든 것, 하나님께서 기뻐하시는 모든 것에 순종합니다. 개혁주의 교회가, 개혁주의자가 자기만의 순종을 합니다. 하지만, 그것은 온전한 순종이 아닙니다. 그리고 각자 소견에 옳은 대로 하는 것은 교회를 하나 되게 하지 못할 뿐만 아니라 서로를 정죄하는 도구가 되기 쉽습니다. 모든 일에 순종합시다. 우리에게 부담이 되는 것이라도 기꺼이 순종합시다. 예외가 없게끔 합시다.

회개합시다.

우리가 해야 할 순종에 대해 여러 이유를 대며 변명하면서 "어쩔 수 없다"고 하면, 우리가 다른 사람들에게 이것을 알아야 한다고, 이렇게 해야 한다고 말할 때 다른 사람들도 여러 이유를 대면서 "어쩔 수 없다"고 말하게 될 것입니다. 그러면 정말 어쩔 수 없을 것입니다. 우리도 하지 않는 것을 다른 사람에게 하라고 하지 맙시다. 안 한다고 정죄하지 맙시다. 우리부터 순종합시다.

회개합시다.

부목사 제도가, 은사주의적인 프로그램 몇이 그렇게 큰 죄인가 하는 의문이 들 수 있습니다. 하지만요, 우리 그렇게 생각해서는 안 됩니다. 우리는 개혁주의자니까요. 우리는 그리스도인이니까요. 우리는 하나님의 백성이니까요. 아담과 하와는 '단지' 열매를 따 먹었을 뿐이었습니다. '겨우' 열매를 따 먹은 건데 그들과 그들의 모든 후손이 타락하게 됐습니다. '겨우' 그 죄 하나 때문에 인류는 "하나님과의 교제가 끊어졌고 하나님의 진노와 저주 아래 놓이게 되어 이 세상에서는 온갖 비참함을 겪다가 결국 죽음에 이르며 지옥에서는 영원히 고통을 받게 되었습니다"(웨스트민스터 소교리문답 19문답). 나답과 아비후는 아론의 아들들로서 제사장의 직분을 수행했습니다. 하루는 하나님께 제사를 드리다가 하나님께서 명하시지 않은 '다른 불'을 드리다가 죽게 되었습니다. '고작' 불 하나 때문에 그들은 죽었습니다. 웃사는 우차에 실린 언약궤를 끌고 가는 소가 뛰므로 언약궤가 떨어지려고 하자 '선의로' 손을 내밀어 언약궤를 붙들었는데 '겨우' 그 일로 즉사했습니다.

아, 동료 여러분, 이 모든 일이 단지 '단지, 겨우, 고작'일 뿐인가요? 하나님의 기준과 우리의 생각은 다릅니다. 하나님은 무한히 거룩하신 분이십니다. 그러면 그런 그분께 합당한 순종을 바쳐야 하지 않겠습니까?

회개합시다.

하나님께서는 하나님의 말씀이 높임을 받을 때 영광을 받으십니다. 하나님의 말씀이 어떤 상황에서도 예외 없이, 신앙고백 문서의 글자로만이 아니라 실제로 신자의 신앙과 삶의 유일한 법칙이 될 때 영광을 받으십니다. 반대로 단 하나의 말씀이라도 그 말씀이 우리 실제 입술의 고백과 삶으로 부정될 때, 우리는 하나님을 심히 모욕하는 것입니다.

우리 주님께서는 "자기를 낮추시고 죽기까지 복종하"셨습니다(빌 2:8). 그분께서 하나님 아버지의 모든 말씀에 죽기까지 순종하셨다면, 우리는 더욱 그래야 하지 않겠습니까? 그리스도께서 하나님의 모든 말씀을 다 무겁게 여기셨다면, 어느 하나도 가벼이 여기지 않으셨다면 우리도 그래야 하지 않겠습니까? 그런 마음을 간절히 품고 살아야 하지 않겠습니까?

회개합시다.

우리에게 눈물이 있습니까? 우리는 교회를 위해서, 형제를 위해서 아파할 심장을 가지고 있습니까? 우리 주님께서는 아흔아홉 마리의 양만이 아니라 잃어버린 양 한 마리도 마음에 두셨습니다. 오히려 그 잃어버린 양 한 마리를 위해 온 산과 들을 헤매는 수고를 감당하셨습니다. 바로 우리 같은 양들을 위해서 말입니다. 그런 주님을 따라 우리도 그러해야 하지 않을까요? 한 사람이라도 실족하는 일이 없도록 해야 하지 않겠습니까? 수십 명이 교회를 떠나도 어차피 다시 그 사람들이 채워질 테니 아무런 아쉬움도, 슬픔도, 고통도 느끼지 못하는 심장이 살아 있는 심장일까요? 한 몸 된 지체들이, 우리의 교회들이 우리 죄 때문에 이렇게 아픔과 고통 가운데 있는데 우는 사람이 없습니다. 형제를 잃었는데 울지 않습니다. 괴로워하지 않습니다. 우리가 정말 하나님의 사랑을 아는 자들입니까? 그리스도의 자비하심을 아는 자들이 맞습니까? 우리는 은혜를 받은 자들입니까?

회개합시다. 온전하고 진실하게 회개합시다. 구체적으로, 모든 면에서, 철저하게 회개합시다.

직분과 직무 회복

우리는 적지 않은 신학생들이 책을 사 보지 않고 PDF를 불법으로 복제해 공부한다는 이야기를 듣습니다. 또 몇몇은 시험을 치를 때 부정행위를 부끄럽지 않게 한다는 이야기를 듣습니다(이들이 나중에 목사가 되어 죄와 회개와 은혜와 공의에 관해서 설교할 수 있을지 모르겠습니다. 설교한다면 그것을 교회가 어떻게 받아들여야 할지요). 그들은 부끄럽지 않게 그런 행동들을 하고, 우리는 그런 이야기를 듣고서도 이제는 분노하거나 속상해하거나 충격받지 않습니다. 네, 너무 자주 들어왔습니다. 그냥 이제는 그러려니 합니다. 그러나 만약 우리가 더 이상 "그래, 뭐, 신학교도 다 그렇지. 사람 사는 곳은 어디나 똑같아"라고 말하면서 다만 우리 교회에는 좋은 사람이 오기를 바란다면 그것이 복권 추첨을 기대하는 것과 무엇이 다른가요? 답답하고 마음이 상하는 이런 상황과 수준에서 멈춘다면, 아무것도 하지 않는다면 우리는 세상과 무엇이 다른 걸까요? 아니, 세상도 가만히 있지는 않습니다. 개혁하려고 노력합니다.

가만히 있으면, 우리 한국 교회의 모습을 그냥 있는 그대로 받아들인다면 우리는 신앙에 대해 말할 수 있는 게 많이 없을 것입니다. 특히 회개와 성화에 대해서는 할 말이 전혀 없을 것입니다. 우리도 아무것도 하지 않기에 다른 사람에게 기대할 수도 없고, 다른 사람에게 권면할 수도 없으며, 결국 우리 자신의 수준도 굉장히 낮아질 것입니다.

우리는 이런 이야기를 나누며 비판하기를 좋아합니다. 이야깃거리로 삼기를 좋아합니다. 우리는 사람들을 만나서 우리 자신의 영혼의 건강과 경건을 위한 대화를 하기보다는 이런 문젯거리들을 소재 삼은 대화를 너무 많이 즐깁니다.

어떻게 보면 정말 사람 사는 곳이 다 거기서 거기라는 생각이 듭니다. 하지만 이런 이야기들은 단지 하나의, 일부의 이야기가 아니라 교회 전체의 모습이 어떠한지를 보여주는 통탄할 만한 예입니다. 우리는 이런 이야기를 듣고 눈물을 흘린 적 있습니까? 골방에서 또 공적으로 기도하고 있나요? 교회 차원에서 건의한 적이 있습니까? 동료 성도들과 진지하게 대화하면서 바른 목사가 세워지고, 건강한 목사가 바르게 청빙 되는 일에 관심을 크게 두고, 기도한 적이 있습니까?

우리는 잘못됐다는 것을 알지만 그게 그렇게 큰일인가 싶고, 그렇게 큰일이라고 생각은 하지만 그렇게 이야기만 할 뿐 기도도 하지 않고, 교회에, 노회에, 총회에 건의하지도 않습니다. 우리 교회들에서 목회자 후보생을 모집하는 과정에서도 성경이 말하는 기준으로 선정하는 것이 아니라, 우리랑 잘 지내고 우리가 잘 아는 사람, 우리가 볼 때 큰 문제 없는 사람, 열심 있는 사람, 친절한 사람을 목회자 후보생으로 뽑고 있지 않습니까?

하나님께서 명령하신 기준

여러분께서도 잘 아시다시피, 하나님께서 우리를 구원하시고 자라게 하시기 위해, 우리가 계속해서 하나님을 예배하고 사랑하는 삶을 살도록 하시기 위해 우리에게 베푸신 기관이 교회입니다. 하나님께서는 교회에 직분자를 두셔서 교회가 질서 있게 운영되도록, 하나님 말씀 위에 세워지도록 뜻하셨습니다. 직분자들이 그 직무를 말씀에 따라 잘 감당하면 교회는 하나님의 영광을 드높이면서 세상의 빛과 소금이 될 것입니다.

하나님께서는 직분과 직무에 관해 성경 여러 곳에서 매우 분명하고 풍성하게 하나님의 뜻을 알려주셨습니다. 애초에 사람들이 교회를 잘 운영하고 성도들을 잘 돌보기 위해 고민에 고민을 거듭하다가 만든 제도와 질서가 아니라, 하나님께서, 인간을 잘 아시는 하나님께서 인간이 얼마나 교만하고 게으른지, 얼마나 죄에 치우쳐있는지 잘 아시는 하나님께서 그런 우리를 염두에 두고 만드신 제도와 질서입니다.

그렇기 때문에 우리는 하나님의 말씀에 무엇을 더하거나 무엇을 덜할 필요가 없습니다. 아니, 그래서는 안 됩니다. 우리의 지혜가 아무리 탁월해도 하나님의 지혜로우심과 비교할 수 있겠습니까? 태양과 반딧불의 비유조차 그 간극을 충분히 표현하지 못합니다!

게다가 우리의 불완전함에 더하여, 우리의 교만과 게으름에 더하여, 우리의 이기적임에 더하여, 우리의 편견과 불공정함 등을 생각하면, 아무리 생각해도 지극히 지혜로우시고, 지극히 선하시고, 지극히 진실하시고, 지극히 공의로우신 하나님의 뜻에 순종하는 것이 유일하게 좋습니다.

직분자 선출에 관한 하나님의 뜻은 다음과 같은 말씀만 봐도 명백합니다.

미쁘다 이 말이여, 곧 사람이 감독의 직분을 얻으려 함은 선한 일을 사모하는 것이라 함이로다 그러므로 감독은 책망할 것이 없으며 한 아내의 남편이 되며 절제하며 신중하며 단정하며 나그네를 대접하며 가르치기를 잘하며 술을 즐기지 아니하며 구타하지 아니하며 오직 관용하며 다투지 아니하며 돈을 사랑하지 아니하며 자기 집을 잘 다스려 자녀들로 모든 공손함으로 복종하게 하는 자라야 할지며 (사람이 자기 집을 다스릴 줄 알지 못하면 어찌 하나님의 교회를 돌보리요) 새로 입교한 자도 말지니 교만하여져서 마귀를 정죄하는 그 정죄에 빠질까 함이요 또한 외인에게서도 선한 증거를 얻은 자라야 할지니 비방과 마귀의 올무에 빠질까 염려하라 이와 같이 집사들도 정중하고 일구이언을 하지 아니하고 술에 인박히지 아니하고 더러운 이를 탐하지 아니하고 깨끗한 양심에 믿음의 비밀을 가진 자라야 할지니 이에 이 사람들을 먼저 시험하여 보고 그 후에 책망할 것이 없으면 집사의 직분을 맡게 할 것이요 여자들도 이와 같이 정숙하고 모함하지 아니하며 절제하며 모든 일에 충성된 자라야 할지니라 집사들은 한 아내의 남편이 되어 자녀와 자기 집을 잘 다스리는 자일지니 집사의 직분을 잘한 자들은 아름다운 지위와 그리스도 예수 안에 있는 믿음에 큰 담력을 얻느니라

– 딤전 3:1–13

내가 너를 그레데에 남겨 둔 이유는 남은 일을 정리하고 내가 명한 대로 각 성에 장로들을 세우게 하려 함이니 책망할 것이 없고 한 아내의 남편이며 방탕하다는 비난을 받거나 불순종하는 일이 없는 믿는 자녀를 둔

자라야 할지라 감독은 하나님의 청지기로서 책망할 것이 없고 제 고집대로 하지 아니하며 급히 분내지 아니하며 술을 즐기지 아니하며 구타하지 아니하며 더러운 이득을 탐하지 아니하며 오직 나그네를 대접하며 선행을 좋아하며 신중하며 의로우며 거룩하며 절제하며 미쁜 말씀의 가르침을 그대로 지켜야 하리니 이는 능히 바른 교훈으로 권면하고 거슬러 말하는 자들을 책망하게 하려 함이라

– 딛 1:5–9

주의 종은 마땅히 다투지 아니하고 모든 사람에 대하여 온유하며 가르치기를 잘하며 참으며 거역하는 자를 온유함으로 훈계할지니 혹 하나님이 그들에게 회개함을 주사 진리를 알게 하실까 하며 그들로 깨어 마귀의 올무에서 벗어나 하나님께 사로잡힌 바 되어 그 뜻을 따르게 하실까 함이라

– 딤후 2:24–26

여기에 이의가 있을 수 있습니까? 이견이 가능한가요? 몇 가지만 함께 나눠 봅시다.

목사를 포함한 장로와 집사는 책망할 것이 없어야 합니다. 여러 가지를 말할 수 있지만 무엇보다 인격으로나 신학지식으로나 책망할 것이 없어야 합니다. 하지만 우리는 이러한 명령에 주의하고 있나요? 왜 책망할 것이 없어야 한다고 말씀하십니까? 책망할 것이 있을 때 그 직분자가 교회를 거스르는 자가 되기 때문입니다. 사람들이 하나님을 아는 데 도움이

되는 것이 아니라 하나님을 떠나는 데 보탬이 될 수 있기 때문입니다.

직분자는 자기 집을 잘 돌보는 사람이어야 하고, 교회가 이를 확인할 수 있어야 합니다. 왜 그렇습니까? 하나님께서는 자기 집을 잘 돌보고 다스리지 못하는 사람이 어떻게 교회를 돌볼 수 있냐고 말씀하십니다. 그런데 우리는 이 말씀에 주의합니까? 왜 그렇게 많은 직분자 가정이 파괴됩니까? 직분자들은 그토록 교회를 위해 열심히 일하는데, 왜 그 배우자들과 자녀들은 그 직분자를 향해 진저리를 칩니까? 우리는 직분자를 선출할 때 후보자가 가정을 잘 돌보고 다스리는지 확인하는 과정을 거칩니까? 그 배우자와 자녀에게 확인합니까? 배우자와 자녀들이 정직하게 이 과정에 참여한다면, 이 과정만 거쳐도 교회는 분명 달라질 것입니다.

외인에게도 선한 증거를 얻은 자여야 합니다. 왜 그렇습니까? 사람이 자기 자신을 속이기는 쉽습니다. 우리는 때때로 가족을 속이기도 합니다. 물론 우리 이웃을 향해서도 거짓된 가면을 쓰고 행할 때도 있습니다. 그러나 이웃을 꾸준히 속이는 것은 쉬운 일이 아닙니다. 더 나아가 이웃들이 우리를 보고 하나님이 참으로 살아 계시고, 이 신앙이 참되다고 말할 정도로 우리 삶이 건강하다면 외인들의 증언은 어떤 사람이 훌륭한 자격을 갖추고 있음을 힘 있게 보여주는 증거가 될 것입니다. 교회에서는 여러 친절을 베풀고, 도덕적으로 높은 수준에 이른 것처럼 행동하지만, 교회를 나서자마자 무단횡단하고, 과속하고, 발걸음이 달라지며, 쓰는 언어가 달라지는 많은 사람 때문에 오늘날 교회가 세상에서 어떤 평가를 받고 있는지 함께 돌아봅시다. 외인에게 선한 증거를 얻는 일은 결코 쉬운 일이 아닙니다. 소극적인 선을 행하는 것으로는 증거를 얻기가 쉽지 않습니다. 꾸준히 신실하게, 적극적으로 선을 행할 때에야 우리 이웃들이 비로소 우리의 신앙을 알게 됩니다. 이 자격은 매우 중요한 자격입니다.

"온유하며, 급히 분내지 않고, 잘 참으며, 더러운 이를 탐하지 아니하며, 신중하며, 의로우며, 거룩하며, 절제하며." 여기서 언급된 성품과 성향은 모두 교회를 잘 섬기기 위해, 영혼을 잘 돌보기 위해, 함부로 정죄하거나 비난하지 않고, 그 영혼을 끝까지 포기하지 않고 우리 주님의 본을 따라 영혼들을 사랑하고 섬기기 위해 필요한 것들입니다. 우리는 이러한 덕목을 타협하지 않고 있습니까? 세상에 이에 해당하는 사람들이 과연 얼마나 될까요? 하지만 이는 하나님의 명령입니다. 찾기 어렵다면, 오히려 그래서도 이를 위해 더 아파하고 기도해야 하지 않겠습니까? 이 성품과 성향의 반대를 생각해 보십시오. 또는 기준에 못 미치는 성품과 성향을 생각해 보십시오. 그런 사람들이 교회의 직분자로 세워지면 교회가 어떻게 될까요? 우리는 어떻게 되었는지 이미 너무나 많이 봐왔습니다.

무엇보다 직분자는 "미쁜 말씀의 가르침을 그대로 지켜야" 하는 사람입니다. 왜 그렇습니까? 직분자가 지키지도 않는 말씀을 누가 무겁게 보겠습니까? 누가 사랑하겠습니까? 누가 순종하겠습니까? 사람의 눈으로 보기에는 더 큰 계명이 있고, 더 작은 계명이 있을지 모릅니다. 우리 눈에는, 큰 계명은 어떻게든 지켜야 하고, 작은 계명은 사람과 교회와 상황에 따라 가능하면 지키면 좋은 것 정도일지 모르겠습니다. 그러나 적어도 직분자는 크기를 구분하지 않고 모든 계명을 사랑해야 합니다. "이는 능히 바른 교훈으로 권면하고 거슬러 말하는 자들을 책망하게" 해 잃어버리는 자 없이 교회를 건강하게 세우기 위함입니다.

직분자는 또한 "믿음의 비밀"을 가진 자여야 합니다. 실제로 그는 그리스도를 개인적으로 알아야 합니다. 그리스도께서 자신의 주와 구주가 되신다는 체험과 지식과 확신이 있어야 합니다. 그리스도만을 머리로 삼고, 그리스도께서 걸으신 길을 걷고, 하나님의 영광을 궁극적인 목적으로 삼고 살아야 합니다. 그렇지 않은 사람이 어떻게 교회를 하나님의 뜻대로 섬기겠습니까? 그렇지 않은 사람이 어떻게 다른 사람들의 영혼을 돌볼 수 있겠습니까?

하나님께서는 여러 자격에 관해 말씀하신 후, 이 사람들을 먼저 시험하여 보고 책망할 것이 없으면 직분을 맡기라고 명령하십니다. 조언하거나 부탁하시는 것이 아닙니다. 성경 어느 말씀도 우리에게 부탁하거나 조언하지 않습니다. 모두가 명령임을 잊지 맙시다. 왜 먼저 시험하라고 말씀하십니까? 우리는 이미 나눴습니다. 그런데 오늘날 우리는 정말 그렇게 하고 있습니까?

짧게 살펴본 말씀에서 우리가 혹시 이해 못 하는 것이 있습니까? 그래서 순종하지 못하는 것이 있습니까? 아니면 영원한 진리의 말씀이 아니라서 당시에는 납득할 만한 말씀이었지만, 오늘날과 같이 복잡한 현대사회에서는 모자라는 말씀입니까? 우리는 이 모든 말씀을 정말 주의해서 순종합니까? 우리의 직분자들을 이 기준들에 비추어 보고 선출합니까?

만약 교사 지망생이, 곧 교대생이나 사범대생이 성범죄를 저질렀다면 우리는 국가와 교육기관이 어떻게 그 문제를 처리하기를 원할까요? 어떻게 해야 한다고 생각할까요? 그런 사람은 교육자의 자격이 없으니 교사가 되지 못하게 조처되기를 바랄 것입니다. 만약 이미 임용된 교사가 아동성범죄를 저질렀다면, 우리는 그 사람이 교육자의 길에서 영원히 떠나든지, 적어도, 최소한, 그 사람이 충분히 반성하고 뉘우치고, 충분히 검증된 이후에나 다시 교단에 서기를 바랄 것입니다.

교사에 대한 우리의 인식이 이렇습니다. 그렇다면 한 사람의 영혼과 신앙을 담임하는 목사와 장로와 집사에 대한 우리의 기준은 더욱 높아야 하지 않을까요? 어떤 사람은 목사와 교사는 다르다고 말할지도 모르겠습니다. 그렇게 생각하는 순간, 우리는 우리가 얼마나 교만한지를 드러내는 것입니다.

교회 현실은 어떻습니까? 많은 교회에서 목사와 장로와 집사에게 큰 기대를 걸지 않습니다. 그들이 어떤 죄를 지을 때 너무 쉽게 넘어갑니다. 우리는 성폭행한 목사가 계속해서 우리와 우리 자녀들의 영혼을 돌보는 데도 아무렇지도 않습니다. 교만한 사람이 겸손을 말하는데도 아무런 불편함이 없는 듯합니다. 용서를 쉽게 말합니다. 교회 전체를 위해서, 복음을 위해서라는 말이 늘 따라붙습니다. 하나님께서 가장 자비로운 분이신데, 이상하게도 하나님보다 더 자비로운 사람들이 많습니다. 우리 이야기입니다.

하나님께서는 이런 문제들에 대해 이미 답을, 그것도 충분히 주셨습니다. 우리가 이웃을 사랑해야 하느냐고 질문하지 않는 것은, 질문할 필요가 없는 것은, 그런 기도에 따로 답을 주시지 않는 것은, 하나님께서 이미 답을 주셨기 때문입니다. 이미 하신 말씀에 불순종하면서, 자꾸 우리 생각을 넣으려 하고, 우리 생각이 하나님 말씀보다 더 우위에 있길 바라면 안 됩니다.

우리의 현실 – 직분 감사헌금

직분자의 직무가 주로 우리 영혼, 곧 구원과 거룩한 삶에 관한 일이기 때문에 하나님께서도 직분자의 자격에 관해 말씀하실 때 영혼에 필요한, 구원과 거룩한 삶에 합당한 내용들을 명령하셨습니다.

하지만 오늘 우리 개혁주의 교회들을 봅시다.

많은 개혁주의 교회가 세례를 베풀 때, 성도를 교회의 정회원으로 받을 때 삼위 하나님에 대한 신앙고백과 함께 주일성수와 십일조 생활을 가장 강조합니다.

이는 직분자 선출을 위한 후보 등록 요건과도 큰 차이가 없습니다. 주일성수하고 십일조 생활을 잘하는지와 함께 그 후보자가 주로 어느 부서에서 얼마 동안 봉사했으며, 무슨 일을 했는지가 중요한 자격으로 여겨집니다. 네, 어느 정도는 필요한 부분입니다. 하지만, 우리가 앞서 살펴봤던 하나님의 말씀은, 정말 중요한 그 기준들과 자격 요건들은 대개 형식적으로만 언급될 뿐입니다. 실제로 많은 교회에서 직분자 선출은 인기 투표입니다. 큰 교회일수록 그럴 수밖에 없는 것이 가깝게 교제하거나 한 부서 안에서 함께 봉사했던 사람이 아니라면 그 많은 후보자를 알 길이 없기 때문입니다. 따라서 많은 사람에게 얼굴을 알린, 또는 많은 사람이 생각할 때 중요한 일이라고 생각되는 일에 오래 봉사해 온 사람이 보통은 선출됩니다.

하지만 우리가 그렇게 중요하게 여기는 주일성수와 십일조 생활은 자격 요건으로서 하나님의 말씀에는 없습니다. 왜일까요? 나름 의미 있지만 결정적인 요건이 아니기 때문이 아닐까요? 슬프게도 가정을 잘 돌보는지, 외인에게서도 선한 자라는 증거를 받고 있는지, 믿음의 비밀을 가진 자인지, 목사로 장로로 집사로 섬기는 데 필요한 거룩한 성품과 성향을 소유하고 있는지를 살피는 일은 너무나도 피상적으로 다뤄지고 있습니다.

언젠가 한 목회자 후보생과 나눴던 대화가 기억납니다. 그 교회는 당시 개척한 지 10년이 넘었고, 이제는 장로와 집사를 정식으로 선출해서 조직교회를 구성해야 하지 않느냐는 이야기가 2년 넘게 오가고 있었습니다.

그 후보생은 그 교회를 무척 자랑스럽게 생각하고 있었는데, 이는 그 교회가 개혁주의를 힘 있게 표방하는 선도적인 교회였고, 특별히 문서선교에 열심을 내고 있었기 때문입니다. 후보생은 교회가 곧 장로와 집사를 선출해 더 온전한 교회가 된다는 것에 크게 흥분했고, 많은 기대를 걸고 있었습니다. 그러면서 이 좋은 교회에 장로와 집사로 선출된다는 것이 얼마나 영광스럽고 자랑스러운 일인가를 이야기했습니다. 이어 그렇기 때문에 장로와 집사로 선출되면 기꺼이 누구라도 감사헌금을, 집사는 1,000만 원, 장로는 2,000~3,000만 원 정도는 하는 것이 마땅하다고 말했습니다. 마음이 있으면 즐거이 할 수 있다고 했습니다. 저만이 아니라 몇몇 사람도 함께 대화하고 있었는데, 고개를 끄덕이는 사람도 있었고, 저와 같이 놀라는 사람도 있었습니다. 우리는 모두 이렇게 좋은 교회에 장로와 집사로 선출되어 교회를 섬기게 된다면 정말 감사하고 기쁜 일일 것이라는 데는 동의했습니다. 그러나 제가 왜 감사헌금을 해야 하는지, 그리고 왜 그렇게 많이 해야 하는지 모르겠다고 하자, 이번에는 그 후보생이 놀라면서, 어떻게 그렇게 생각하고 말할 수 있느냐며, 하나님께서 이 영광스러운 섬김의 자리를 주셨는데 감사하지 않느냐고 물었습니다. 감사하면 교회를 위해 그 정도의 헌금을 할 수 있는 거 아니냐고 말했습니다. 그래서 제가 그러면 그런 영광스러운 자리와 직분으로 부르심을 받는 목회자 후보생은 500만 원, 강도사는 1,000만 원, 목사는 5,000만 원을 감사헌금으로 드리는 것에 대해서는 어떻게 생각하느냐고 물었습니다. 역시 마음이 있으면 즐거이 할 수 있는 거 아니냐고 했지요. 그랬더니 그 후보생의 얼굴이 벌게졌습니다. 곧 경우가 다르다고, 말씀의 사역자들에게 그런 돈이 어디 있느냐며 반박했습니다. 그래서 저도 성도 대부분은 부자가 아니며, 성도들도 그런 돈은 없다고 말했습니다. 단지 마음의 문제가 아니라고 하면서요.

제가 알기로 이 이야기가 거의 모든 교회의 현실입니다. 개혁주의 교회든 아니든 말입니다. 심지어, 실제로 어떤 교회들은 감사헌금을 할 돈이 없으면 직분자 후보에 올랐더라도 투표를 앞두고 명단에서 제외되기도 합니다.

이런 이야기들도 심심치 않게 들립니다. 담임목사가, 봉사를 열심히 하는 사람 중에서, 자신에게 충성스럽고 돈이 어느 정도 있는 사람을 장로 후보자로 올린 후 앞번호에 배치합니다. 그리고 선거 때마다 자신과 당회가 얼마나 고심해서 후보자를 선정했겠냐며 앞쪽에 있는 사람들은 특히 더 신경 써서 선정한 사람들이니까 뽑으라고까지 말합니다.

이런 이야기들은 우리가 직분과 직무를 어떻게 생각하고 있는지를 단적으로 보여줍니다.

담임목사 – 부목사

담임이라는 말은 어떤 공동체나 어떤 직무를 책임지고 맡는다는 뜻입니다. 담임목사는 한 개체교회(보통 지역 교회, 개교회, 지교회로 부르기도 합니다)의 목회와 행정 전반을 책임지고 담당하는 사역자입니다. 그렇지 않은 경우가 아주 예외적으로 있기는 하나 보통 한 명의 목사가 한 개체교회를 담당하는 것이 우리 경험상으로도 자연스럽습니다. 그러나 교회의 크기나 상황에 따라 여러 목사가 한 교회 안에 있게 되기도 합니다. 그럴 때 교회는 질서를 어떻게 잡고 유지해야 할까요? 앞에서 직분의 고유성과 동등성을 다루며 어느 정도 함께 나눈 얘기이니, 또 뒤에서 나눌 이야기도 있으니 여기서는 되도록 반복되는 말은 하지 않겠습니다.

다만, 담임목사가 아닌 목사를 어떻게 칭하고, 어떻게 대할 것인지에 따라 교회 모습이 다양할 수 있으며, 교회의 건강이 좌우된다는 것을 다시 한번 확인하고자 합니다.

많은 교회에서 담임목사가 아닌 목사를 부목사라고 부릅니다. 부(副)라는 단어가 가리키듯 부목사는 담임목사를 보좌하는 목사, 질서나 권위 등에서 담임목사 다음의 목사를 의미합니다. 게다가 당회의 결의로 청빙한다는 원칙과는 달리 보통은 담임목사가 부르거나 데려오게 되고, 임기도 실제로 담임목사의 손에 달려 있기에 부목사는 직분의 동등성과는 거리가 먼 위치에 있게 됩니다. 그런 구조는 부목사가 목회 사역에 전적으로 힘쓰는 것이 아니라 담임목사의 비전과 교회의 전통을 따라, 목회보다는 여러 다양한 프로그램을 치르는 전문 사역자로 전락하게 합니다. 성도들은 목사가 어떤 사람인가에 대한 이해를 오해들로 채우게 되고, 성도들이 생각하는 부목사의 가치와 부목사에 대한 성도들의 존중은 아무래도 담임목사와 비하면 떨어질 수밖에 없게 됩니다. 이런 일들은 목사의 아내인 사모들 사이에서도 비슷하게 나타납니다. I시의 J교회 같은 경우는 담임목사의 아내가 왕사모로, 다른 부목사들의 아내들을 부립니다. 실제 군대와 같은 군기가 있으며, 왕사모가 부르면 언제든 집합해야 하고, 시키는 일이 최우선 순위가 되어야 합니다. 그러나 왕사모든 다른 사모들이든 모두 성도들 앞에서는 아무런 문제가 없는 듯, 사람 좋은 얼굴만 보여줍니다.

어떤 교회는 담임목사가 자신은 말씀과 기도에만 전념하겠다고 하면서 성도들을 심방하고 상담하는 일을 모두 부목사들에게 맡겼습니다. 청장년부를 담당하는 부목사는 자신에게 맡겨진 일에 충성을 다했습니다. 아무리 멀리 있는 성도라도 시간을 내어 찾아가 이야기를 듣고 목양했습니다. 야근과 잔업 등으로 시간이 없는 직장인들은 점심시간에 찾아가 짧은 시간이라도 함께 밥을 먹으면서 마음을 나누고 위로의 말씀으로 권면하기도 했습니다. 교회에 처음 등록할 때 외에는 담임목사를 만나기가 거의 불가능한 성도들은, 처음에는 담임목사의 심방을 받기가 쉽지 않은 것 때문에 불평하거나 매우 아쉬워했지만, 청장년부 담당 부목사의 헌신적인 목양과 섬김 때문에 교회 생활을 아주 만족스럽게 했습니다. 하지만 이 부목사는 곧 교회에서 쫓겨났는데, 성도들에게 담임목사보다 더 인기가 많은 이 부목사님을 담임목사 아내가 질투했기 때문입니다. 말씀의 봉사자를, 아무런 권한도 직분도 없는 사람이 담임목사의 아내라는 이유로, 부목사는 일반적으로 담임목사의 뜻에 따라 계속해서 사역을 이어나가느냐 아니면 언제라도 다른 교회로 떠나가느냐가 결정되는 사람이기에 고용인 대하듯 다른 것입니다.

이런 우리 교회의 모습이 숭고한 뜻을 세웠던 많은 젊은 목사의 지기를 꺾고, 병든 교회를 만듭니다. 신실한 부목사들의 가치를 조금이라도 알아보는 사람들은 함께 나가서, 함께 옮겨서 함께 바른 교회를 이루어나가기 위해 노력하기도 합니다. 하지만 많은 경우, 담임목사는 다시 다른 부목사를 뽑고, 교회 성도들은 새로 오는 부목사에게 큰 기대를 하지 않거나, 함께 있는 동안은 잘 지내보자는 마음 정도로만 그들을 대하게 됩니다.

생각할수록 답답하고 속이 상합니다. 주위를 둘러보면 갑갑하고 울컥합니다. 우리가 호칭 자체와 호칭과 관련된 문제들을 해결하고자 한다면, 또, 정말 그러고 싶지 않지만 백번 천번 양보해서 성경적 원리가 아니라 부족한 교단 헌법과 내규라도 온전히 따르고자 노력한다면 우리 개혁주의 교회는 분명 지금과는 달라질 것입니다.

참된 미덕의 본질

조나단 에드워즈 목사님은 『참된 미덕의 본질』(The Nature of True Virtue)에서 매우 중요하고 흥미로운 주제를 다룹니다. 참된 미덕의 본질이 무엇인가 하는 것이죠. 에드워즈 당시 교회는 계몽주의 등의 공격을 크게 받았습니다. 이전에는 미덕이나 선을 생각할 때 언제나 하나님과 연관 지어 생각했습니다. 하나님을 믿지 않는 사람이라고 하더라도 말입니다. 하지만 계몽주의가 등장하면서 사람들은 미덕을 하나님과 분리하기 시작했습니다. 하나님 없이도 미덕이나 선을 생각할 수 있다고 믿었습니다.

그렇지 않아도 계몽주의가 교회 안에 부정적인 영향을 끼치고 있었는데, 교회 내에서도 미덕에 대한 입장이 서로 달랐습니다. 사람들은 자기가 이해한 크기의 미덕을 기준으로 삼았습니다. 절대적인 미덕은 사람들에게 잊혔습니다.

미덕이나 선은 기독교에서만이 아니라 세상에서도 가장 높은 수준의 윤리입니다. 미덕이라는 말이 쉽게 와닿는 말은 아닌데요, virtue는 선, 미덕, 도덕, 덕목, 장점, 선행, 도덕적 가치 등으로 번역됩니다. 간단하게 말하면 참된 미덕의 본질은 하나님 사랑과 이웃 사랑입니다. 기독교적 미덕의 정점은, 기독교 미덕의 원리는 모두 사랑이기 때문입니다.

성경은 사랑이 하나님의 성품이라고 증언합니다. 그래서 하나님의 형상을 따라 지음 받은 사람에게도 사랑이 있습니다. 비록 죄로 말미암아 온전한 사랑의 속성이 깨졌으나, 그리스도로 말미암아 구원받은 그리스도인들은 하나님께서 원래 사람 안에 두신 사랑의 본질을 다시 깨닫고 경험합니다. 그것은 하나님께서 사랑을 먼저 보이셨고, 이 세상 어떤 것과도 비교할 수 없는 신적 사랑을 우리 안에 두셨기 때문입니다.

하나님께서는 우리가 받은 사랑이 하나님과 이웃을 향해야 하는데, 마음과 목숨과 뜻을 다하는 사랑이어야 한다고 말씀하십니다. 이 말씀은 단지 사랑의 정도만이 아니라 사랑의 범위나 크기 또한 담고 있습니다. 유대인과 이방인을 구별하지 않으시는 하나님처럼, 우리의 사랑 또한 이웃에 대한 차별이나 예외가 없어야 하는 것입니다.

사람을 지으신 하나님의 사랑만이 사람에게 참된 사랑을 알게 하고, 사람이 참되고 신실하게 사랑할 수 있게 합니다. 거듭나지 않은 모든 사람은 죄로 말미암아 온전한 사랑을 할 수 없기 때문입니다. 그래서 세상에서 말하는 사랑에 한계가 자명한 것은 그것들이 아무리 아름답고 선해 보여도 하나님과 큰 관계가 없기 때문입니다. 물론 불신자들도 사랑을 합니다. 참된 사랑은 아니지만, 그 안에 부분적인 선이나 아름다움이 존재합니다. 하나님께서 사람과 만물을 지으셨기 때문입니다. 그러한 부분적인 선과 미덕들은 이 세상을 보존하고 가꾸는 데 유익합니다. 그러나 하나님께서 기뻐하시는 참된 사랑, 참된 아름다움은 아닙니다.

저는 우리의 이야기를 하기 위해 에드워즈의 책을 매우 간단히 줄였습니다. 에드워즈의 책에는 매우 많은 보석이 들어 있으니 여러분께서 꼭 한 번 직접 캐보셨으면 좋겠습니다. 아무튼 제가 여러분께서 이해할 수 있으실 만큼 정리했는지 모르겠습니다. 혹 조금 어려웠거나, 조금 미진하다고 느끼셨다면 이후의 이야기를 통해 보충하실 수 있으실 겁니다.

하나님께 합당하지 않은 사랑은 가장 큰 사적 이익

결론적으로 하나님께 합당하지 않은 사랑, 하나님의 뜻에 일치하지 않는 사랑은 참된 사랑이 아닙니다. 참된 미덕이 아닙니다. 그것은 사적이고 이기적이며 자기중심적인 사랑일 뿐입니다. 이것이 에드워즈의 주장입니다.

예를 들어보겠습니다. 직장에서는 갑질하는 상사, 또는 주로 사적(개인적) 이익을 추구하는 사람이 있다고 합시다. 하지만 그 사람이 자녀들에게는 잘 놀아주는 최고의 아빠, 아내에게는 헌신하는 든든한 남편이라고 합시다. 우리는 그런 사람을 좋은 사람이라고 말하지 않습니다. 그 사람의 사랑의 크기는 가족입니다. 가족을 넘어가게 되면 그 사람은 악한 사람이 됩니다. 가족에게 아무리 좋은 사람이어도 그는 선한 사람이 아닙니다. 그의 사랑은 자신과 가족의 이익만을 추구하는 자기중심적인, 이기적인 사랑입니다.

가족을 무척이나 사랑할 뿐만 아니라, 자기가 속한 회사를 위해 열심히 일하며, 동료들도 따뜻하게 품는 사람이 있습니다. 어느 날 중요한 계약을 체결하기 위해 다른 회사와 함께 프레젠테이션을 함께 하게 됐습니다. 발표 준비를 최종적으로 점검한 후 잠시 쉬고 있는데, 다른 회사에서 발표를 준비하던 사람이 실수로 발표 파일을 삭제하고 말았습니다. 그 발표자의 얼굴은 사색이 되었습니다. 그 회사 사람들은 발을 동동 구르며 어찌할 줄을 몰라 했습니다. 그 파일이 없으면 발표할 수 없고, 그러면 그 회사는 계약 체결 과정에 참여할 수 없게 됩니다. 발표 준비를 점검한 이 사람은 컴퓨터 활용 능력이 제법 뛰어나 삭제된 파일도 어느 정도 복원할 수 있는 기술을 소유하고 있었습니다. 이 사람이 나서서 도와주면 시간이 조금 걸리기는 하겠지만 그 회사의 어려움을 어느 정도 해결할 수 있을 것입니다.

하지만 이 사람은 나서지 않았습니다. 자기 회사가 이 계약을 체결하게 되면 큰 이익을 얻게 됩니다. 어려웠던 회사 사정이 어느 정도 나아지게 됩니다. 정리해고를 걱정하는 동료들이 더는 걱정을 안 해도 됩니다.

자신도 만년 대리에서 과장으로 승급할 좋은 기회입니다.

이 사람이 도움을 베풀지 않은 것을 나쁘다고 판단할 수 있을까요? 이 사람은 다른 사람들이 처한 어려움에 원인을 제공하지 않았습니다. 일부러 나쁜 짓을 해서 상대 회사의 자료를 삭제하거나, 발표자가 어떤 어려움에 빠지도록 한 것도 아닙니다. 삭제된 파일을 완전히 복원시킬 수 있을지 없을지도 사실 불분명합니다. 반면 이 사람의 성공적인 발표는 가정과 회사에 많은 기쁨과 유익을 가져다줄 것입니다.

그런데 여기서 누가복음 10장의 '자비를 베푼 사마리아 사람' 이야기가 생각나는 것은 왜일까요?

에드워즈는 로마 병사 이야기를 꺼냅니다.

로마 병사는 제국의 창과 방패입니다. 로마 제국의 영광과 유익을 위해 여러 지역을 정벌합니다. 또 제국을 위협하는 힘과 세력에서부터 로마 시민을 보호하고 지킵니다. 로마 병사가 용기를 발휘할수록 로마 제국은 번영을 누립니다. 로마 병사가 맡은 바 임무에 최선을 다할 때 로마 제국은 평안을 맛봅니다. 제국의 땅은 점점 더 넓어집니다. 로마 시민들은 온갖 진귀한 물건들로 자신들의 삶을 윤택하게 하고, 제국 전역에서 들어온 다양한 먹거리들로 자신들의 배를 채웁니다.

하지만 로마 제국 밖에 있는 사람들에게 로마 병사는 재물과 피에 굶주린 살인자요 강탈자입니다. 로마 병사가 제국을 위해 더 열심히 땀 흘릴수록, 제국 밖에 있는 사람들은 그만큼 피를 흘립니다. 로마 병사가 더 많은 재물을 취할수록, 제국 밖에 있는 사람들은 더 많이 빼앗깁니다.

로마 병사는 로마 제국 입장에서는 충성스러운 군인입니다. 그러나 그가 로마 제국의 영광을 위하여 하는 모든 일은 로마 제국에게는 이로우나 로마 제국 바깥에 있는 사람들에게는 해악이 됩니다. 로마 제국 사람들이 아무리 많아도, 아무리 많은 사람이 로마 병사의 수고와 섬김과 헌신으로 유익을 누려도, 로마 바깥에 있는 사람들에게 로마 병사는 악인일 뿐입니다.

우리는 저 옛날 고구려 시대의 정복 군주 광개토태왕을 그리워하고 그를 숭앙합니다. 만주벌판을 달렸던 고구려 기병을 상상하며 오늘날 작은 영토 안에 갇혀 있는 우리 신세를 한탄합니다. 언젠가 다시 한번 광개토태왕의 위엄과 고구려의 기상을 널리 알릴 수 있기를 소망합니다. 고구려의 말발굽 아래 쓰러져 갔던 많은 민족의 고통은 전혀 생각하지 않습니다.

반면, 우리는 중국, 일본, 몽골과 유럽 여러 나라의 정복 군주들 때문에 수많은 세월 동안 말로 다 할 수 없는 온갖 고통을 당했습니다. 슬프게도 지금도 고통 가운데 있는 사람들이 있습니다. 우리는 그들을 향해 이를 갈며, 다시는 이러한 범죄들이 일어나서는 안 된다고 말합니다. 그런데 저들은 저들 나름대로 국가에 대한 충성과 가족에 대한 사랑에서 그 모든 일을 다 했습니다. 그들은 자신들과 자신의 나라를 부강하게 해준 왕들, 그리고 명성이 높은 사람들을 사랑하고 그리워하고 높입니다. 하지만 그 왕들과 그 명성 높은 사람들은 우리에게 고통을 준 사람들입니다.

우리가 어떤 상황과 위치에 있는지에 따라 우리 입장과 판단이 이렇게 다릅니다. 아, 우리는 모두 너무 이기적이고 이중적입니다.

악당들에게도 사랑과 우정이, 헌신이 있습니다. 사랑과 선이라는 말 자체가 어디서나 좋은 의미는 아닌 것입니다. 악당까지는 아니더라도, 우리 사회 모든 조직과 구성원은 나름의 사랑과 충성과 호의를 자기 자신과 자기가 속한 조직과 공동체에 바칩니다. 그러나 그 모든 일은 범위나 정도만 다를 뿐이지 모두 사적이고 이기적인 이익 추구일 뿐입니다.

심지어 사랑과 호의를 바치는 대상이 온 인류라 하더라도, 거기에 하나님께서 포함되시지 않는다면 그것은 참된 사랑도, 참된 호의도, 참된 미덕도 아닙니다. 우리는 하나님을 믿지는 않지만 온 인류를 향한 사랑을 표현하는 사람들을 종종 봅니다. 하지만 그가 이 세상에서 아무리 가장 큰 사랑을 보인다 할지라도 하나님께는 지극히 사적인 사랑일 뿐입니다. 우리 눈에 아무리 아름답게 보여도, 우리에게 아무리 감동적이어도 그렇습니다.

이렇듯 사적이고 자기중심적인 사랑에서 나오는 행위들은 사적이고 자기중심적입니다. 어떤 면에서는 그것들을 미덕이라고 부를 만한 모습이 보이지만, 참된 미덕이라고 말할 수는 없습니다.

지금까지의 내용을 이렇게 정리해 보겠습니다. 하나님께서 받을 만하신 사랑은, 하나님께서 기뻐하시는 사랑은, 마음과 목숨과 뜻을 다해 하나님을 사랑하고, 동시에 마음과 목숨과 뜻을 다해 우리의 모든(어떤 예외도 없이) 이웃을 어떠한 상황에서도, 어떠한 예외 없이 사랑하는 것입니다. 그러한 사랑에서 나오는 행위만이, 덕만이, 가치만이 참되다고 말할 수 있습니다. 그렇지 않은 사랑은 그 자체로 참된 미덕이라고 말할 수 없습니다.

참된 사랑이 아닙니다. 전혀 가치가 없는 것은 아니지만, 하나님께서 기뻐하시는 바가 되지는 못합니다.

여러분, 우리가 늘 이야기하듯이, 하나님의 영광이 우리의 가장 큰 목적입니다. 그렇다면, 전혀 가치가 없는 것은 아니지만, 아예 의미가 없는 것은 아니지만 그래도 나름, 되도록 많은 사람의 유익을 포함하는 정도로 우리의 목표를 잡아야 할까요? 아니면, 온전히 하나님을 사랑하고, 동시에 우리 이웃들의 행복과 번영과 유익을 위해 적극적으로 그들을 섬기고 사랑하는 것으로 우리의 목표를 잡아야 할까요?

하나님과 하나님께서 사랑하시는 모든 사람을 전제해야 함

지금까지의 이야기를 교회로 가져와 보겠습니다.

우리가 하는 일들이 단지 개교회나, 노회나, 우리 교파를 위해서 행해진다면, 그것을 참된 미덕, 참된 선이라고 말할 수 있을까요? 하나님께서 그 일들을 기뻐하신다고 말할 수 있을까요? 그 일들로 하나님께 영광을 돌린다고 말할 수 있을까요? 말해도 될까요?

물론 우리는 '우리 교회, 우리 노회만을 위해 이 일을 해야지' 하면서 일을 계획하거나 실행하지는 않습니다. 모든 그리스도인은 보편 교회를 위해 늘 기도합니다. 모든 교회는 성경적인 하나님 나라를 추구하며 복음을 전하고 제자를 양육합니다. 모든 일이 다 하나님 나라와 피 흘려 사신 교회를 염두에 두고 있습니다.

하지만, 앞서 살펴봤듯이 우리의 의도가 아무리 선해도 어떤 일이 삼위 하나님과 온 세상 모든 그리스도인은 물론이요, 우리 모든 이웃을 위한 선이 되지 않는다면, 그 일은 하나님께서 외면하시는 일은 아닐 수 있으나, 최고의 하나님께 올려드려야 할 가장 영광스러운 일, 하나님께서 기뻐하실 만한 일은 아닐 수 있습니다.

어떤 교회는 담임 목사님 인격이 매우 훌륭해서 담임 목사와 함께 사역할 목사를 교회 회중이 청빙하지 않고, 담임 목사가 따로 알아보고 면접 본 후 임명하는 방식으로 운영합니다. 비록 부목사라는 호칭을 사용하지만, 담임 목사는 부목사들을 함부로 대하지 않고, 개인 비서처럼 부리지도 않습니다. 부목사들이 교회 질서와 방향 안에서 마음껏 사역할 수 있도록 최대한 예우해 줍니다. 그런 모습 때문에 교회 성도 누구도 이에 대해 문제의식을 갖지 않습니다. 오히려 목사님들이 서로 존중하고 각자의 일을 나눠서 교회를 잘 이끌어 주셔서 감사하고 행복해합니다.

하지만, 이 좋으신 담임 목사님이 은퇴하시면 어떻게 될까요? 지금과 똑같을 수 있을까요? 부목사님 중 한 분이 담임목사님으로 청빙 받으실 수 있습니다. 이런 경우 이전 담임목사님이 하셨던 대로 교회를 운영하고, 담임목사님이 보여주신 모범으로 다른 사역자들을 대할 가능성이 큽니다. 그러나 그렇지 않을 수도 있습니다. 실제 주위를 둘러보면 계속 좋은 모습을 보이는 교회는 많지 않은 듯합니다.

우리는 아직 중요한 이야기를 하지 않았습니다. 물론 목회자들끼리, 성도들끼리, 또 목회자와 성도가 서로 존중하고 즐겁게 교제하는 일은 중요합니다. 슬프게도 그렇지 않은 교회들이, 삭막한 교회들이 개혁주의 안에 많습니다. 저는 그런 교회들은 말씀을 바르게 선포하지 않는 교회만큼 나쁘다고 생각합니다. 하지만 교회는 무엇보다 말씀이 바로 서야 합니다. 주님께서 명령하신 성례가 바르게 충분히 시행되어야 합니다. 교회의 순결과 건강을 위해 권징이 적절히 집행되어야 합니다. 게다가 단순히 말씀만으로는 안 됩니다. 말씀은 전하지만 복음을 전하지 않는 교회들이 많기 때문입니다. 그래서 신학이 중요합니다. 또 교회는 하나님께서 제정하신 기관이자 공동체이므로 하나님께서 뜻하시는 대로 조직되고 운영되어야 합니다. 사람의 취향대로 조직되거나 운영되어서는 안 됩니다.

우리 개혁주의는 이것을 매우 중요하게 여기고 강조합니다. 하지만 정말 그런가요?

만약 이 교회가 영향력 있는 교회라고 합시다. 그래서 노회에서, 주변 교회들에서 다들 이 교회처럼 조직하고 운영하고 싶어 합니다. 교회가 아무 문제 없이, 오히려 잘 운영되기 때문입니다. 더 인간적이고, 더 실속 있어 보입니다. 그러나 우리 생각과는 달리 하나님께서 성경과 교회사를 통해서 교회 정치에 관한 원칙들을 주신 이유를 생각해 봅시다. 앞에서도 잠깐 이야기했지만 실제로 많은 교회가 다음 세대까지 그 좋은 분위기와 조직을 유지하지 못합니다. 오히려 담임 목사 은퇴 후에는 여러 갈등이 일어나고 어려움이 뒤따릅니다.

무엇보다 중요한 것은, 하나님의 영광입니다. 어떤 방법이 우리에게 자연스럽고, 우리에게 편하고, 우리를 기쁘게 한다고 해서 선한 것은 아닙니다. 개혁주의는 하나님의 말씀에 온전히 순종하는 것으로 하나님께 영광을 돌립니다. 이는 하나님의 지혜가 가장 높고 가장 좋다는 것을 승인하는 것이기 때문입니다. 하나님의 방법이, 하나님의 가르침이 비교할 수 없을 만큼 완전하고 아름답고 탁월하다는 것을 자랑하는 것이 하나님께 영광을 돌리는 것입니다.

"성경에서 크게 벗어나지는 않지만 우리에게 여러 유익을 주면서도 하나님을 섬기는 지식과 방법"과 "성경에 일치하면서, 우리에게 여러 유익을 주는 하나님을 섬기는 지식과 방법"이 있다면 개혁주의는 주저 없이 언제나 후자를 선택합니다. 기쁨으로 선택합니다. 하나님의 영광에 더욱 목말라하고, 조금이라도 하나님의 영광에 부합되는 것을 찾고 구하는 것이 개혁주의의 성향입니다. 개혁주의의 본성입니다.

우리는 참된 미덕, 참된 사랑에 관해 이야기하고 있습니다. 우리 교회만, 몇몇 교회만 괜찮고 좋은 것은 참된 미덕이 아닙니다. 하나님께는 영광을 돌리고 지구상에 있는 모든 교회에도 좋은 것이어야 참된 미덕이요, 참된 사랑입니다.

우리 교회, 우리 노회, 우리 지역, 우리 교단만 성경을 따르는 것이 아니라, 다른 교회 다른 교단도 성경을 따르도록 권면하고 교제하는 것이 참된 미덕입니다.

우리 교회에서는 선이고 좋은 것이지만, 다른 교회에는 덕이 되지 않고 위험 요소가 된다면, 다른 교회를 위해서 그것을 내려놓는 것이 참된 사랑입니다.

하나님과 하나님께서 사랑하시는 모든 사람을 염두에 두고 주님의 말씀을 따라서만 복음을 전하고, 성례를 시행하고, 교회 조직을 구성하고, 세례를 베풀고, 권징을 시행하는 것만이 참된 미덕이요 참된 사랑입니다.

저는 이 참된 미덕, 참된 사랑의 본질과 정신과 태도야말로 우리가 지금까지 다룬, 특히 개혁주의의 진짜 문제들을 해결해 줄 수 있다고 믿습니다.

> 그런즉 너희가 먹든지 마시든지 무엇을 하든지 다 하나님의 영광을 위
> 하여 하라 유대인에게나 헬라인에게나 하나님의 교회에나 거치는 자가
> 되지 말고 나와 같이 모든 일에 모든 사람을 기쁘게 하여 자신의 유익을
> 구하지 아니하고 많은 사람의 유익을 구하여 그들로 구원을 받게 하라
> – 고전 10:31–33

모든 그리스도인이 추구해야 할 궁극적인 가치

참된 미덕의 본질, 곧 하나님과 이웃을 향한 참된 사랑은 그리스도인이 추구해야 할 궁극적인 가치입니다. 참된 미덕의 본질 안에서만 사랑과 공의가 동시에 빛나기 때문에도 그렇습니다. 하나님과 모든 이웃을 향한 사랑이기 때문에 그 사랑은 공의로운 사랑입니다. 그러한 사랑이 아니라면 공의가 들어설 자리가 없습니다. 사적인 사랑은, 사랑은 있지만 제한적인, 이기적인 사랑이기 때문에 공의롭지 못합니다. 그래서 우리가 포함된 공동체에서는 빛날 수 있어도 우리 밖을 넘어가면, 그 사랑이 오히려 상대방에게는 불의가 되는 것입니다.

하나님의 사랑, 선하심, 공의로우심을 찬양하고 높이며 추구하는 참된 성도라면, 누구나 목표를 일반 미덕, 어느 정도의 미덕, 되도록 많은 사람을 이롭게 하고 섬기고 사랑하는 미덕이 아니라, 참된 미덕, 곧 마음을 다해 하나님을 사랑하고, 하나님께서 사랑하시는 것을 사랑하고, 하나님께서 기뻐하시는 것을 기뻐하고, 하나님의 영광만을 추구하는 미덕을 추구

하고자 할 것입니다. 그것이 구원받는 신앙의 성향입니다.

천천히 깊이 생각해 봅시다. 하나님께서 공의로우시지 않다면 우리는 이기적인 사랑만 알게 될 것이고, 그것은 결코 사랑이라고 불릴 수 없을 것입니다. 공의가 없다면, 사랑도 없습니다.

하나님의 선하심과 공의로우심을 찬양하고 싶지 않으십니까? 하나님의 공의로우심을 생각하면 얼마나 감사하고 행복한지요. 공의로우신 하나님을 생각하면 할수록, 하나님을 향한 사랑이 더욱 커져만 갑니다.

그래서 이런 질문을 우리 자신에게 해보면 좋겠습니다. "우리 안에 있는 미덕은 참된 미덕인가?", "우리는 참된 사랑을 추구하고 있는가?"

그러면 우리 마음속에서는 이런 질문도 생길 수 있습니다. "항상 하나님의 기대에 부응해야 하는가? 항상 훨씬 더 큰 공동체를 생각하고 행동해야 하는가? 항상 이웃을 생각해야 하는가?"

여기에 더하여 "항상 그렇게 하지 않는다고 믿음이 없다고 할 수 있는가? 항상 그러한 마음으로 행하지 않는다면, 행한 일들을 믿음의 열매가 아니라고 말해야 하는가? 그런 마음을 항상 가지고 있지 않다고 구원받지 않았다고 말할 수 있는가?" 하고 물으신다면, 일단은 그건 아니라고 대답하겠습니다. 저는 신학자가 아닙니다. 이런 문제에 대해 제가 신학적으로 정확하고 깊이, 단언해서 말씀드릴 수 있는 부분은 많지 않습니다.

다만, 저도 여러분도 모두 알고 동의하는 것에 대해서는 함께 나눌 수 있습니다. 항상 하나님의 기대에 부응해야 하느냐, 항상 훨씬 더 큰 공동체를 생각하고 행동해야 하느냐, 항상 이웃을 생각해야 하느냐는 질문 자체가 부끄럽지 않은가요? 네, 물론 우리는 항상 그럴 수 없습니다. 현실적으로요. 그렇다고 "현실적으로 항상 할 수 없으니까 그렇게 하지 말자"라고 말할 이유가 될 수는 없습니다. 항상 마음을 다해 하나님을 사랑해야 하지만 현실적으로 그렇게 하지 못한다고 해서, 항상 마음을 다해 사랑할 필요는 없다거나, 마음을 다해 사랑하지 않아도 된다고 말해서는 안 되는 것과 같은 이유입니다.

우리가 때에 따라 넘어지기 때문에, 연약하기 때문에, 때로는 죄 가운데 있기 때문에 마음을 다해 하나님을 사랑하고, 하나님의 기대에 부응하고, 모든 그리스도인과 온 인류를 마음에 두는 일을 항상 행할 수는 없을지라도, 우리의 마음은 그렇게 원하고 행하기를 원하고 원해야 하지 않겠습니까? 하나님의 말씀이 그렇게 하라고 명령하고, 하나님의 성령께서 그렇게 하고 싶어 하는 마음을 주시지 않나요? 우리 주위에 있는 참으로 경건하고 거룩한 사람들의 모습을 보고, 신앙 전기를 보면 그것이 맞지 않습니까? 하나님을 사랑할수록, 그리스도를 닮을수록 그러고 싶어 하지 않나요? 그리스도처럼 하나님의 기준과 하나님의 크기를 생각하고, 작은 공동체의 유익이 아니라 하나님과 하나님께서 사랑하시는 모든 것을 사랑하는 것이, 그러한 사랑을 꿈꾸는 것이 참 신자의 참 태도가 아닐까요?

마음은 원하지만 매번 그러지 못하는 것과, 아예 마음을 갖지 않는 것은 전혀 다릅니다. 더 나아가 아예 마음 다해 사랑하기를 원하는 마음을 오래도록 갖지 않고, 마음 다해 사랑하기를 원하는 것에 대한 거룩한 부담을 오래도록 갖지 않는다면, 참 신앙은 반드시 열매를 맺게 되어 있다는 성경의 가르침을 생각할 때 그 신앙이 구원받은 신앙인지를 매우 주의 깊게 점검해야 할 것입니다.

신앙의 목표를 구원받는 것으로만 둔다고 해도(사실, 정말로 구원받은 사람, 은혜가 무엇인지 아는 사람은 그러기가 대단히 어려울 것입니다), 하나님의 영광에는 관심이 크게 없다고 해도, 또는 자신이 생각하는 정도의 영광의 크기에만 관심을 둔다고 해도 그 사람이 구원받지 못했다고 말하기는 어려울 수 있습니다. 그렇지만 그 사람이 참된 신앙에 합당한 태도를 지녔다고 말하기는 더욱 어려울 것입니다.

그리스도께서 성부 하나님께 순종하시고 하나님의 영광만을 추구하셨던 것처럼 그리스도로 말미암아 구원받은 모든 사람은, 그래서 그리스도를 닮고자 하는 모든 사람은 그리스도와 같은 소원을 품고, 그리스도의 장성한 분량에 이르기를 열망하고, 그리스도와 함께 그리스도께서 걸으신 길을 걷게 되어 있습니다.

앞의 여러 질문을 하는 우리 자신도 사실은 우리 마음이 실제로 어떤 것인지 잘 알고 있지 않습니까? "우리 안에 있는 미덕은 참된 미덕인가?", "우리는 참된 사랑을 추구하고 있는가?" 구원받았느냐 아니냐가 참된 성도들에게 얼마나 중요할까요? 네, 물론 중요합니다. 하지만, 자신은 생명책에서 지워져도 괜찮으니 온 이스라엘 백성을 구원해달라고 간구했던 모세와 역시 이스라엘 백성이 구원받을 수만 있다면 자신은 그리스도에게서 끊어져도 좋다고 한 바울의 마음을 생각해 봅시다. 그들의 공통점이 무엇입니까? 하나님의 영광을 그 누구보다 가까이 보고 누렸다는 것입니다. 그들만 그러지 않았습니다. 하나님의 영광을 가까이 많이 본 사람들은 모두 자신의 즐거움과 행복과 취향과 유익과 기쁨과 만족이 아니라 하나님과 하나님께서 사랑하시는 사람들을 목적으로 살았습니다. '하나님께 영광을!' 이것이 구원받은 성도에게는 가장, 제일 중요합니다.

사랑한다는 것은 계명을 지키는 것

그런데 여러분, 여러분께서도 잘 아시는 것처럼, 성경은 우리가 하나님을 사랑한다는 것이 무엇인지를 다음과 같이 말합니다.

> 나의 계명을 지키는 자라야 나를 사랑하는 자니 나를 사랑하는 자는 내 아버지께 사랑을 받을 것이요 나도 그를 사랑하여 그에게 나를 나타내리라
>
> – 요 14:21

> 우리가 그의 계명을 지키면 이로써 우리가 그를 아는 줄로 알 것이요 그를 아노라 하고 그의 계명을 지키지 아니하는 자는 거짓말하는 자요 진리가 그 속에 있지 아니하되 누구든지 그의 말씀을 지키는 자는 하나님의 사랑이 참으로 그 속에서 온전하게 되었나니 이로써 우리가 그의 안에 있는 줄을 아노라 그의 안에 산다고 하는 자는 그가 행하시는 대로 자기도 행할지니라
>
> – 요일 2:3–6

> 그의 계명을 지키는 자는 주 안에 거하고 주는 그의 안에 거하시나니 우리에게 주신 성령으로 말미암아 그가 우리 안에 거하시는 줄을 우리가

아느니라

– 요일 3:24

하나님을 사랑하는 것은 이것이니 우리가 그의 계명들을 지키는 것이라
그의 계명들은 무거운 것이 아니로다

– 요일 5:3

"하나님을 사랑한다." 우리는 이 말을 정말 추상적으로 생각하고 사용
합니다. 주일에 예배하고, 매일 말씀을 읽고, 기도하고, 자주 하나님을 생
각하고, 예수님을 주와 구주로 영접하기 전에 사랑하던 죄들을 덜 사랑하
거나, 몇몇 죄에서는 멀리 떠나는 것 정도로 생각할 때가 많습니다.

하지만, 성경은 매우 분명하게 말합니다. 하나님을 사랑한다는 것은
그분의 말씀을 지키는 것입니다. 하나님께서는 우리가 말씀을 지킬 때에
야 하나님의 사랑이 참으로 우리 속에서 온전하게 된다고 말씀하십니다.
또 그로써 우리가 하나님 안에 있는 줄을 알게 되는데, 하나님 안에 산다
고 하는 자는 하나님께서 행하시는 대로, 하나님께서 원하시는 대로, 하나
님께서 기뻐하시는 대로, 하나님께서 성경에 말씀해오신 대로 행한다고도
말씀하십니다.

이런 말씀들은 우리가 하나님의 말씀을 아는 데 게으르거나, 하나님
말씀을 지키는 일에 게으르거나, 순종하는 데 해이한 것이 얼마나 큰 악인
지도 전제하고 있습니다.

더 나아가 우리가 앞에서도 마태복음 23장 등을 통해 확인한 것처럼,

하나님께서는 우리가 모든 말씀에 주의하고, 모든 말씀에 순종해야 한다고 말씀하십니다. 이것은 행하고 저것은 무시하거나 미루거나 하는 것이 아니라, 이것도 저것도 모두 다 행해야 한다고 말씀하십니다.

모세가 우리에게 모델이 되어 줍니다. 여러분은 모세가 하나님과 그분의 계명을 얼마나 사랑했는지 잘 아십니다.

"모세와 아론이 여호와께서 자기들에게 명령하신 대로 행하였더라"(출 7:6).

"모세가 그같이 행하되 곧 여호와께서 자기에게 명령하신 대로 다 행하였더라"(출 40:16).

"모세가 곧 그같이 하되 여호와께서 자기에게 명령하신 대로 하였더라"(민 17:11).

"모세와 제사장 엘르아살이 여호와께서 모세에게 명령하신 대로 하니라"(민 31:31).

모세는 "명령하신 대로" "다" 행했습니다.

모세뿐인가요? 여호수아와 사사들과 왕들과 제사장들과 선지자들을 비롯해 하나님을 사랑하는 모든 사람은 그들에게 명령하신 하나님의 말씀을 목숨보다 더 귀하게 여겼습니다. 어느 한 말씀도 가볍게 여기지 않았습니다. 우리는 이들의 이야기를 많이 압니다.

여리고 성은 6일째에도 아무 일도 일어나지 않았습니다. 어떤 전조도 없었습니다. 일곱째 날 여섯 번째 돌기까지도 어떤 일도 일어나지 않았습니다. 그러나 하나님께서 말씀하신 대로 일곱째 날 일곱 번째를 돌고 나서 제사장들이 나팔을 불고 백성이 크게 소리 질러 외치니 성벽이 무너졌습니다. 이들이 엿새 동안만 여리고 성을 돌았다면 어땠을까요? 그것을 불순종이라고 말할 수 있을까요? 네, 불순종입니다. 그런데 왜 우리는 우리의 행동들을 불순종이라고 하지 않을까요? 이스라엘 백성이 일곱째 날 여섯 번까지만 돌았다고 합시다. 아무 일도 일어나지 않습니다. 그때 나팔을 불고 소리 질렀다면 어떤 일이 생겼을까요? 그 일을 불순종이라고 말할 수 있을까요? 네 불순종입니다. 하나님께서 명령하신 것과 다릅니다. 단 한 바퀴만 남겨 놓은 상황이지만, 지금까지 계속해서 순종해왔지만, 말씀하신 대로 한 바퀴를 더 돌아서 일곱 번을 채우지 않는다면, 지금까지의 순종은 불순종일 뿐입니다. 하나님께서는 온전한 순종만을 순종이라고 여기시며, 우리가 온전하게 순종할 때만 하나님께서 일하신다는 것을 성경 곳곳에서 수없이 가르쳐주셨습니다.

열왕기하 5장에는 아람 왕의 군대 장관 나아만의 이야기가 등장합니다. 큰 용사였던 나아만은 나병환자였습니다. 이스라엘 출신 여종의 말을 듣고 나병을 치료하고 싶었던 그는 여차여차해서 엘리사의 집 문 앞에까지 이릅니다. 하지만 나아만은 엘리사가 하나님 여호와의 이름을 부르고 그의 손을 자신의 환부 위에 안수하여 나병을 치료받으리라고 기대했던 것과는 달리, 단지 요단강에 일곱 번 몸을 씻으면 나으리라는 말만 그것도 엘리사의 사자를 통해 들었습니다.

나아만은 처음에 화를 냈습니다. 하지만 그 종들이 간곡히 설득하자 아마도 밑져야 본전이라는 마음으로, 또는 하는 수 없이 요단강에 가서 몸

을 씻습니다. 한 번, 두 번, 세 번. 그렇게 씻는 횟수가 늘어갈수록 나아만
은 어떤 생각을 했을까요? 다섯 번, 여섯 번째에 이르러서는 자기가 속고
있는 것은 아닐까? 자기가 어떤 미치광이의 이야기를 듣고 바보 같은 짓
을 저지른 것은 아닐까 하고 생각했을지도 모릅니다. 어쩌면 정말 간절한
마음으로 일곱 번 몸을 깨끗이 씻었을 수도 있습니다. 나아만의 속마음이
야 어쨌든 나아만이 일곱 번 몸을 담그니 그의 살이 어린 아이의 살 같이
회복되어 깨끗해졌습니다!

하나님의 일하심은 온전한 순종 가운데서만 나타납니다. 하나님의 말
씀은 온전한 순종 가운데서만 그 권능을 나타냅니다. 성경을 보십시오. 예
외가 있습니까? 없습니다. 하나님께서는 하나님의 말씀을 반드시 지키시
고 이루십니다.

무엇보다, 순종과 관련해서 누구도 우리 주 예수님과 비교할 수는 없
습니다.

> "그러나 이렇게 된 것은 다 선지자들의 글을 이루려 함이니라 하시더라
> 이에 제자들이 다 예수를 버리고 도망하니라"(마 26:56).
> "예수께서 신 포도주를 받으신 후에 이르시되 다 이루었다 하시고 머리
> 를 숙이니 영혼이 떠나가시니라"(요 19:30).
> "사람의 모양으로 나타나사 자기를 낮추시고 죽기까지 복종하셨으니 곧
> 십자가에 죽으심이라"(빌 2:8).

우리 주님께서 "이렇게" 비천한 형편 가운데서 사람으로 태어나시고,

율법 아래에 나시고, 이 세상에서 여러 비참을 겪으시고, 하나님의 진노와 십자가에서 저주 받은 죽음을 받으시고, 무덤에 묻히시고, 얼마 동안 죽음의 권세 아래 머무신 것은 "다" "선지자들의 글", 곧 하나님의 말씀을 "이루려" 하심입니다.

우리 주 예수 그리스도께서는 하나님의 말씀에 "죽기까지 복종하셨"습니다. 하나님의 모든 말씀이 참되고 진실하고 능력 있고 영원하기 때문입니다. 우리 주님께서는 이를 "진실로 너희에게 이르노니 천지가 없어지기 전에는 율법의 일점일획도 결코 없어지지 아니하고 다 이루리라"(마 5:18)라고 표현하셨습니다.

예수님께서는 더하지도 않으시고 제하지도 않으시고(계 22:18-19) 하나님의 모든 말씀에 온전히 순종하시면서 우리의 본이 되셨습니다. 예수님의 제자인 모든 그리스도인은 그리스도를 따라, 예수님을 본받아 더하지도 제하지도 않고 하나님의 말씀에 순종해야 합니다.

그것이 예수님처럼 하나님을 사랑하는 길입니다.

게다가 하나님의 계명들은 결코 무거운 것이 아닙니다!

하나님께서는 "하나님을 사랑하는 것은 이것이니 우리가 그의 계명들을 지키는 것이라 그의 계명들은 무거운 것이 아니로다"(요일 5:3)라고 말씀하십니다. 우리는 사랑하는 사람을 위해서 하는 일들을 수고로운 일이라고 생각하지 않습니다. 그 일들을 버겁고, 번거롭고, 힘들고, 어려운 일이라고 생각하지 않습니다. 오히려 사랑하는 사람을 위해, 사랑하는 배우자와 자녀들과 부모님과 친구들과 은인을 위해 무엇을 할 수 있다는 것 자체가 우리에게 굉장히 큰 기쁨이자 즐거움입니다.

하물며 하나님께는 어떠하겠습니까! 하나님의 말씀에 순종한다는 것은 우리가 하나님께 대한 사랑을 표현하는 최고의 방법이자, 마음의 태도입니다. 우리가 하나님의 말씀에 순종할 수 있다는 것 자체가 우리에게 이루 다 말할 수 없는 기쁨이자 즐거움이 아닌가요?

정말 하나님을 사랑하고 있는지 우리 영혼을 살펴봅시다. 하나님을 있는 그대로, 하나님의 말씀을 있는 그대로 받고, 있는 그대로 사랑하고, 하나님의 말씀에 있는 그대로 순종하고 있는지 점검합시다.

우리가 하나님의 말씀을 무겁게 여기지 않는다면, 우리가 하나님의 모든 말씀에 주의를 기울이지 않는다면, 하나님의 말씀에 순종할 때 부담이 있다면, 하나님 말씀에 순종하는 일이 어렵게 생각된다면, 하나님의 말씀에 실제로 순종하고 있지 않다면, 우리가 정말 하나님을 사랑한다고 말할 수 있을까요?

하나님의 말씀을 온전히 진실하게 사랑함으로 하나님을 사랑한다고 말할 수 있기를 간절히 바라고 원합니다.

우리는 지금까지 참된 미덕의 본질과 관련된 이야기들을 나눴습니다.

다시 힘주어 말씀드리지만, 이 참된 미덕의 본질이야말로 우리가 회개하고 순종해야 할 목적이자 내용입니다.

우리가 지금까지 살펴봤던 모든 문제를 참된 미덕의 본질 아래서 다루게 된다면 어떤 일이 일어날까요? 어떤 일이 벌어질까요? 지금까지는 우리가 좋아하는 것만을 사랑하고, 우리가 좋아하는 일에만 순종했는데, 이제는 어떻게 행하게 될까요? 권징은 어떨까요? 성례 시행은 어떨까요?

저는 꿈꾸고 소망합니다. 하나님의 은혜와 자비를 구합니다. 그리고 저 자신에게, 여러분에게 호소합니다. 마음과 목숨과 뜻을 다해 우리 주 하나님과 우리 이웃을 사랑하기를. 우리의 마음과 행동의 원칙에 늘 하나님과 온 세계가 있기를.

하나님께서 주신 권징의 원리

계속해서 호소하겠습니다.

> 너는 마음을 다하여 여호와를 신뢰하고 네 명철을 의지하지 말라 너는
> 범사에 그를 인정하라 그리하면 네 길을 지도하시리라
> - 잠 3:5-6

우리는 1장에서 치리가 말씀에 따라 그리고 적절하게 사랑으로 시행되는 경우와 그렇지 않은 사례를 살펴봤습니다. 권징 시행에 관해서도 우리는 회개하고 하나님의 말씀에 순종해야 합니다. 우리 소견에 옳은 대로가 아니라 하나님 말씀에 충실하게 순종해야 합니다. 우리의 명철을 의지하지 말고, 여호와 하나님만을 신뢰해야 합니다. 범사에 하나님만을 인정해야 합니다. 그러면 하나님께서 우리의 길을 기쁘게 지도하실 것입니다.

네 형제가 죄를 범하거든 가서 너와 그 사람과만 상대하여 권고하라 만일 들으면 네가 네 형제를 얻은 것이요 만일 듣지 않거든 한두 사람을 데리고 가서 두세 증인의 입으로 말마다 확증하게 하라 만일 그들의 말도 듣지 않거든 교회에 말하고 교회의 말도 듣지 않거든 이방인과 세리와 같이 여기라

– 마 18:15–17

이 마태복음 18장 말씀은 '권징의 대원리'입니다. 이는 조언이나 충고, 권면 따위가 아닙니다. 하나님께서는 여기서 우리 안에서 죄가 발견될 때, 누군가가 죄를 범했을 때 그 사람과 죄를 우리가 어떻게 대해야 하는지에 대한 가르침을 주셨습니다. 하나님의 가르침은 단순히 지식이 아니라 반드시 따르고 순종해야 하는 명령입니다.

이 말씀에 이론의 여지가 있나요? 사람의 생각이 끼어들 자리가 있나요? 복잡하고 이해 못할 내용이 있나요? 없습니다. 오히려 단순합니다. 네, 정말 단순합니다. 간단합니다.

1. 이 말씀은 거듭나지 않은 사람을 향한 말씀이 아닙니다. 우리 형제, 곧 그리스도인, 세례를 받은 성도 중 누군가가 죄를 범했을 때를 전제합니다. 우리 중 그 사람의 죄를 처음 알게 된 사람이 그 사람과 만나 권고합니다. 그가 고의로 죄지은 것인지, 부지중에 죄지은 것인지를 조심스럽게 묻고, 왜, 어떤 일로 그 죄를 지었는지, 함께 기도하고 도와줄 것은 없는지를 나눕니다. 하나님께서 죄를 얼마나 미워하시는지, 그러나 죄를 자복하고 용서를 구하는 죄인을 얼마나 기뻐하시는지, 죄를 죽이고 죄를 이기기 위

해서 어떻게 하나님만을 전적으로 의지하고, 말씀을 붙들어야 하는지 등의 내용으로 권면합니다.

2. 듣지 않으면 한두 사람을 데리고 가서 두세 증인의 입으로 말마다 확증하게 합니다. "만일 들으면 네 형제를 얻은 것이요." 형제를 얻는 것이 우리 목적이기 때문에 믿음에 본이 되고, 성경을 잘 알아 복음과 은혜와 죄에 대해 적절한 권고를 줄 수 있는 사람과 함께 찾아갑니다. 지은 죄에 대해 경고합니다. 죄를 미워하고, 이겨낼 수 있도록 돕겠다고, 옆에서 함께 하겠다고, 지은 죄에 대한 대가를 함께 감당하겠다고 격려하고 위로합니다.

3. 그럼에도 듣지 않으면 교회, 곧 목사와 장로에게 말합니다. 목사님과 장로님들이 일정 기간, 여러 번 만나서 책망도 하고 위로도 합니다. 하나님의 말씀의 무거움을 알려주고, 복음에, 말씀에 순종하도록, 죄와 싸우되 피 흘리기까지 대항하도록 권면합니다.

4. 끝까지 듣지 않으면, 그 사람을 출교하여 교회 공동체 밖에 두되(어떤 교회는 실제로 교회 밖으로 쫓아내며, 어떤 교회는 교회 회원권을 박탈하여 성찬을 받지 못하게 합니다), 언제든지 참되게 회개하면 그리스도의 지체와 교회의 회원으로 다시 받아들입니다.

83문답

문. 천국의 열쇠란 무엇입니까?

답. 거룩한 복음을 설교하는 것과 교회가 권징을 시행하는 것입니다. 천국은 이 두 가지를 통해 믿는 사람에게는 열리고, 믿지 않는 사람에게는 닫힙니다.

85문답

문. 교회가 권징을 시행할 때 천국은 어떻게 열리고 닫힙니까?

답. 그리스도의 명령에 따라 열리고 닫힙니다. 그리스도인이라 불릴지라도 교리와 생활에서 그리스도인답지 않게 행하며, 형제들의 계속되는 권면에도 불구하고 자신의 잘못과 사악한 행위에서 돌이키지 않는다면 그들은 교회, 곧 교회가 이 일을 위해 임명한 직분자들에게 보고되어야 합니다. 그들이 교회의 권고를 듣고도 돌이키지 않으면 그들을 성례에 참여하지 못하게 하여 교회 공동체 밖에 두어야 합니다. 이런 사람들은 하나님께서도 친히 그리스도의 나라에서 쫓아내십니다. 그러나 그들이 참된 회개를 약속하고 증명해 보이면 그들을 그리스도의 지체와 교회의 회원으로 다시 받아들입니다.

– 하이델베르크 교리문답 83, 85문답

"만일 들으면 네 형제를 얻은 것이요."

권징의 목적은 내쫓는 게 아니라 형제를 다시 얻는 것입니다. 그래서 하나님의 이 말씀은 무섭기만 한 것이 아니라 위로가 됩니다. 소망을 줍니다. 우리는 단순히 벌을 주고, 미워하고, 내쫓기 위해서가 아니라 형제를 얻기 위해 권징을 시행합니다. 시행해야 합니다.

하지만, 이런 권징 시행이 우리 교회에서 온전히 시행된 적이 있습니까? 성도들은 교회를 옮겨 버리고, 목사들은 권징을 받은 적이 없습니다.

실제 출교까지는 차치하더라도, 우리의 악한 마음은 한두 번 말해보고 그래도 말 안 들으면 대화 자체를 말고, 교제를 끊겠다는 마음을 지닐 때가 많습니다. 왜일까요? 귀찮고 힘들기 때문입니다. 사랑하지 않기 때문입니다. 하나님을 사랑하지 않거나, 교회를 사랑하지 않거나, 그 형제를 사랑하지 않거나, 아니면, 모두 다이거나.

> 형제들아 사람이 만일 무슨 범죄한 일이 드러나거든 신령한 너희는 온유한 심령으로 그러한 자를 바로잡고 너 자신을 살펴보아 너도 시험을 받을까 두려워하라 너희가 짐을 서로 지라 그리하여 그리스도의 법을 성취하라
>
> – 갈 6:1-2

우리 형제를 얻는 방법입니다. 우리 형제를 얻기 위한 길입니다. 출교의 목적도 신앙의 무거움을 깨닫게 하기 위한 것입니다.

하지만 우리는 이런 경우 얼마나 악합니까? 우리는, 우리는 그런 죄를 절대 가까이한 적도 없는 것처럼, 지금 우리는 그 죄와 전혀 관계가 없는 것처럼 상대방을 쏘아보고 날카롭게 비판하지 않습니까?

온유한 마음이 아니라 사나운 마음으로, 바로 잡으려는 마음이 아니라 비난하려는 마음으로 형제 앞에 서 있지 않습니까?

온유한 마음으로 가서 말해야 합니다. 설득하고, 그를 위해 기도하고, 돕고, 함께 있어 주고, 바른 복음을 계속해서 전해서 그 형제가 듣고, 그

말씀에, 우리의 함께 함에, 하나님의 인도하심과 깨닫게 하심에 반응하게 해야 합니다. "만일 들으면 네가 네 형제를 얻은 것이요" 네, 이를 위해서 입니다.

하지만 안 합니다. 왜요? 안 하는 게 편하니까요. 정죄하기가 쉬우니까요. 우리도 전에는 그 죄를 지었었는데, 지금도 짓고 있는데, 우리 중 누구라도 죄를 짓고 그러한 권면을 받게 될 수 있는데, 지금 당장 내 일이 아니니까, 내가 아끼고 좋아하는 사람이 아니니까, 나랑 별로 맞지 않고, 내가 그렇게 좋아하는 사람이 아니니까, 관심이 없으니까, 가만히 있습니다. 하지만 이런 우리가 권면을 받아야 할 당사자로 이런 처우를 당한다면 교회와 형제들에게 사랑이 없다고 욕하지 않겠습니까?

우리 주님은 우리에게 이렇게 말씀하십니다. "너 자신을 살펴보아 너도 시험을 받을까 두려워하라." 권징을 온전히 시행하는 것은 죄지은 사람만을 위한 일이 아닙니다. 우리 자신, 우리 교회를 위한 일이기도 합니다. 하나님께서는 죄지은 사람이 권징의 원리에 따라 자신을 살펴보고 회개하고 돌아오길 원하십니다. 동시에 그같이, 우리 또한 우리 자신을 살펴보고 그런 시험에 빠지지 않기를 원하십니다. 그러면서 말씀하십니다. "너희가 짐을 서로 지라 그리하여 그리스도의 법을 성취하라." 네, 그러기 위해서 우리는 서로의 짐을 져야 합니다. 말 한두 마디 해보고 그 영혼을 포기하고, 그 형제를 단념하는 것은 그리스도의 정신이 아닙니다. 그리스도께서는 우리를 그렇게 대하지 않으십니다. 우리는 서로를 일으켜줘야 합니다. 서로 도와야 합니다. 내버려 두면 안 됩니다. 그러면 넘어지고, 넘어졌을 때 일어날 수 없습니다. 따뜻하지 않습니다. 반드시 패합니다. 그러나 함께하면, 서로를 돕고 섬기면, 서로의 짐을 지고 서로 헌신하면, 서로를 붙들고 놓지 않으면 맞설 수 있습니다. 하나님께서는 후에 우리에게 좋은 상을 베푸실 것입니다.

두 사람이 한 사람보다 나음은 그들이 수고함으로 좋은 상을 얻을 것임이라 혹시 그들이 넘어지면 하나가 그 동무를 붙들어 일으키려니와 홀로 있어 넘어지고 붙들어 일으킬 자가 없는 자에게는 화가 있으리라 또 두 사람이 함께 누우면 따뜻하거니와 한 사람이면 어찌 따뜻하랴 한 사람이면 패하겠거니와 두 사람이면 맞설 수 있나니 세 겹 줄은 쉽게 끊어지지 아니하느니라
– 전 4:9–12

우리는 그렇게 함으로 그리스도의 법을 성취할 수 있습니다.

권징 – 하나님께서 우리를 사랑하신다는 증거

권징은 하나님께서 우리를 사랑하신다는 증거입니다. 우리가 하나님의 자녀라는 증거입니다. 하나님께서 우리를 계속해서 의의 길로 인도하시고, 악에 물들지 않도록, 죄를 사랑하지 않도록 보호하신다는 증거입니다.

너희가 죄와 싸우되 아직 피 흘리기까지는 대항하지 아니하고 또 아들

들에게 권하는 것 같이 너희에게 권면하신 말씀도 잊었도다 일렀으되 내 아들아 주의 징계하심을 경히 여기지 말며 그에게 꾸지람을 받을 때에 낙심하지 말라 주께서 그 사랑하시는 자를 징계하시고 그가 받아들이시는 아들마다 채찍질하심이라 하였으니 너희가 참음은 징계를 받기 위함이라 하나님이 아들과 같이 너희를 대우하시나니 어찌 아버지가 징계하지 않는 아들이 있으리요 징계는 다 받는 것이거늘 너희에게 없으면 사생자요 친아들이 아니니라 또 우리 육신의 아버지가 우리를 징계하여도 공경하였거든 하물며 모든 영의 아버지께 더욱 복종하며 살려 하지 않겠느냐 그들은 잠시 자기의 뜻대로 우리를 징계하였거니와 오직 하나님은 우리의 유익을 위하여 그의 거룩하심에 참여하게 하시느니라 무릇 징계가 당시에는 즐거워 보이지 않고 슬퍼 보이나 후에 그로 말미암아 연단 받은 자들은 의와 평강의 열매를 맺느니라 그러므로 피곤한 손과 연약한 무릎을 일으켜 세우고 너희 발을 위하여 곧은 길을 만들어 저는 다리로 하여금 어그러지지 않고 고침을 받게 하라

– 히 12:3–13

채찍과 꾸지람이 지혜를 주거늘 임의로 행하게 버려둔 자식은 어미를 욕되게 하느니라

– 잠 29:15

대저 명령은 등불이요 법은 빛이요 훈계의 책망은 곧 생명의 길이라

– 잠 6:23

훈계를 지키는 자는 생명 길로 행하여도 징계를 버리는 자는 그릇 가느
니라

– 잠 10:17

이 말씀들은 일차적으로 하나님의 말씀 그 자체로, 곧 설교를 듣고, 말
씀을 묵상하는 일 등으로 책망을 받고 돌이키라는 말씀입니다. 그러나 이
말씀들은 더 나아가서, 교회에서 시행하는 권징 또한 하나님의 말씀을 가
지고 하는 일이기에, 곧 하나님의 말씀으로 권면하고 경고하는 일이기에
권징의 효과와 결과가 무엇인지도 말해줍니다.

다음의 말씀들도 권징의 효과와 결과를 간접적으로 보여줍니다.

면책은 숨은 사랑보다 나으니라 친구의 아픈 책망은 충직으로 말미암는
것이나 원수의 잦은 입맞춤은 거짓에서 난 것이니라

– 잠 27:5–6

기름과 향이 사람의 마음을 즐겁게 하나니 친구의 충성된 권고가 이와
같이 아름다우니라

– 잠 27:9

더욱이 권징이 공적으로 시행되어야 하는 이유는 다른 지체들도 죄와
형벌과 심판에 관해 보고 들으므로 두려워하게 하기 위함입니다.

범죄한 자들을 모든 사람 앞에서 꾸짖어 나머지 사람들로 두려워하게
하라

– 딤전 5:20

이렇게 권징이 하나님의 자녀라면 누구나 의와 거룩함을 위해서, 생명
을 위해서 당연히 받아야 하는 일인데, 오늘날 교회에서 거의 사라진 것이
너무나 안타깝습니다. 이러한 말씀들에 따르면, 오늘날 우리 그리스도인
들이, 또 교회가 생명력 없는 신앙생활을 하고, 신앙과 삶에서 덕이 안 되
는 모습을 보이는 이유가 바로 권징이 없어서일 것입니다.

그래서 우리는 우리 자신과 교회를 위해서 권징이 바르고 적절히 시행
되기를 바라야겠습니다. 또한 권징을 시행하는 직분자들에게 순종하고 복
종함으로 권징이 선하며 많은 유익이 있음을 증언해야겠습니다.

너희를 인도하는 자들에게 순종하고 복종하라 그들은 너희 영혼을 위하
여 경성하기를 자신들이 청산할 자인 것 같이 하느니라 그들로 하여금
즐거움으로 이것을 하게 하고 근심으로 하게 하지 말라 그렇지 않으면
너희에게 유익이 없느니라

– 히 13:17

권징이 하나님께서 우리를 사랑하신다는 증거이기에, 권징의 핵심은
벌주는 것 자체가 아니라 회개입니다. 그런데 많은 교회에서 회개하도록
돕고 섬기고 보호하기보다는, 벌 자체에 너무 많은 강조점을 두다 보니 교

회 입장에서도, 성도 입장에서도 권징을 꺼리게 되는 것은 아닌지 모르겠습니다.

부모가 사랑을 표현하고 보여주는 데 인색하다면, 아이에게 충분히 알고 느낄 수 있도록 사랑을 전하지 않는다면, 부모가 아이 잘 되라는 의미에서 하는 책망과 내리는 벌이 아이에게 어떻게 느껴질까요?

평상시에 충분히 사랑을 받는 자녀들은 잘못에 대해 엄하게 책망을 받고 벌 받을 때 그 책망과 벌을 받게 한 죄가 정말 악하고 나쁘다고 생각하게 됩니다. 자기들을 그렇게 사랑하는 아빠와 엄마가 화를 내는 모습을 보며 더 슬퍼합니다. 또 책망과 벌 후에는 여전히 변함없이 자신들을 향한 사랑을 보이는 부모 덕분에 그러한 죄와 잘못을 마음에 두지 않으려 합니다.

교회도 다르지 않습니다. 권징을 시행하는 직분자들이나, 그것을 옆에서 지켜보는 지체들 모두 충분한 사랑이 전제되어야 할 것입니다. 그래야 권징이 권징다울 수 있을 것입니다.

권징이 하나님께서 우리를 사랑하신다는 증거라는 말은, 우리가 권징을 거부할 때 하나님의 사랑을 거부한다는 것을 보여주는 방증이 됩니다. 다음의 말씀들을 함께 보겠습니다.

너희 어리석은 자들은 어리석음을 좋아하며 거만한 자들은 거만을 기뻐하며 미련한 자들은 지식을 미워하니 어느 때까지 하겠느냐 나의 책망을 듣고 돌이키라 보라 내가 나의 영을 너희에게 부어 주며 내 말을 너희에게 보이리라 내가 불렀으나 너희가 듣기 싫어하였고 내가 손을 폈으나 돌아보는 자가 없었고 도리어 나의 모든 교훈을 멸시하며 나의 책망을 받지 아니하였은즉 너희가 재앙을 만날 때에 내가 웃을 것이며 너희에게 두려움이 임할 때에 내가 비웃으리라 너희의 두려움이 광풍 같이 임하겠고 너희의 재앙이 폭풍 같이 이르겠고 너희에게 근심과 슬픔이 임하리니 그 때에 너희가 나를 부르리라 그래도 내가 대답하지 아니하겠고 부지런히 나를 찾으리라 그래도 나를 만나지 못하리니 대저 너희가 지식을 미워하며 여호와 경외하기를 즐거워하지 아니하며 나의 교훈을 받지 아니하고 나의 모든 책망을 업신여겼음이니라 그러므로 자기 행위의 열매를 먹으며 자기 꾀에 배부르리라 어리석은 자의 퇴보는 자기를 죽이며 미련한 자의 안일은 자기를 멸망시키려니와 오직 내 말을 듣는 자는 평안히 살며 재앙의 두려움이 없이 안전하리라

– 잠 1:22–33

악인은 자기의 악에 걸리며 그 죄의 줄에 매이나니 그는 훈계를 받지 아니함으로 말미암아 죽겠고 심히 미련함으로 말미암아 혼미하게 되느니라

– 잠 5:22–23

훈계를 지키는 자는 생명 길로 행하여도 징계를 버리는 자는 그릇 가느니라

– 잠 10:17

도를 배반하는 자는 엄한 징계를 받을 것이요 견책을 싫어하는 자는 죽

을 것이니라

- 잠 15:10

훈계 받기를 싫어하는 자는 자기의 영혼을 경히 여김이라 견책을 달게

받는 자는 지식을 얻느니라

- 잠 15:32

그래서 권징은 교회의 표지이고, 은혜의 수단입니다. 반드시 시행되어

야 합니다. 바르고 적절하게, 사랑으로 시행되어야 합니다.

권징 – 죄에 '비례한' 형벌이 '속히' 실행되게

악한 일에 관한 징벌이 속히 실행되지 아니하므로 인생들이 악을 행하

는 데에 마음이 담대하도다

- 전 8:11

그리스도의 교회는 권징이 말씀, 성례와 함께 교회의 표지라고 말합니

다. 개혁주의 교회는 이를 더욱 강조합니다. 권징은 앞에서 살펴본 것처럼

형제를 얻기 위해서 하는 것입니다. 그러나 중요한 또 한 가지 목적이 있

으니, 죄를 끊고, 교회를 순수하게 지키는 것입니다(고전 5:1-5, 13; 계 2:14-

15, 20).

그러나 오늘날 성도들은 권징의 그러한 목적이 제대로 실현된다고 생각하지 않습니다. 죄에 대한 형벌이 제대로 실행되지 않거나, 더디게 시행되기 때문입니다. 실행하더라도 더디게 실행되는 것 자체가 사람들이 악을 행하는 데 담대하게 해줍니다. 따라서 권징이 온전하게 시행되려면, 죄에 '비례한' 형벌이 '속히' 실행되어야 합니다.

하지만 교회나 사회에서나 죄인이 죄에 대한 대가를 합당하게, 속히 받는 일은 찾기가 어려워 보입니다.

사회는 어떤가요? 연일 뉴스에서는 각종 범죄 소식을 전합니다. 그중에는 어떻게 이런 일들이 우리 사회에서 일어날 수 있을까 하는 끔찍하고 무서운 내용들이 있습니다. 그와 함께 왜 피해자가 아니라 가해자, 범죄자의 인권이 더 존중될까, 왜 피해자들은 그 상상할 수 없는 고통을 혼자서 다 감내해야 하고, 범죄자들은 피해자들이 받은 고통에 비하면 너무도 작은 대가를 치를까 하는 분노와 절망의 목소리들도 함께 들립니다.

교회는 어떤가요? 교회도 크게 다르지 않습니다. 헌금 착복, 교회 부당 세습, 목사의 성폭행 문제 등이 자주 오르내립니다. 그러나 이런 소식이 줄어드는 게 아니라 계속되고, 이전보다 더 많이 들리는 듯합니다. 이전보다 이런 일이 더 많이 일어나서일까요? 아니면 이전에도 많았는데 그때는 언론에 많이 드러나지 않다가, 최근에서야 언론에 많이 드러나서일까요? 무엇이든 추악한 우리의 모습입니다.

교회는 복음을 선포하는 곳입니다. 목사는 복음을 선포하는 사람입니다. 복음은 죄와 은혜를 말합니다. 죄인은 자기의 죄를 고백하고 그리스도만을 의지할 때 은혜를 받습니다. 은혜를 받은 사람만이 자기의 죄를 고백하고 죄의 지배에서 떠나 은혜의 지배 아래로 들어갑니다. 죄가 무엇인지 알지 못하면 은혜도 알 수 없기에, 목사는 죄를 분명하게 가르치고, 회개를 강조하며, 은혜를 갈망하게 합니다. 그런데 이렇게 해야 하는 교회가 죄를 죄로 다루지 않습니다. 그래서 은혜가 설 자리가 없습니다. 교회가 죄를 죄로 다루지 않기에 회개가 없습니다. 회개하라고 말도 못 합니다. 말해도 아무런 힘이 없습니다. 많은 교회가 죄와 회개와 은혜가 없는 거짓 복음을 전합니다. 교회인가요?

우리는 어떤 중학교에서 여학생이 교사나 또래 남학생에게 성추행이나 성폭행 당했다는 기사를 접합니다. 피가 끓어오릅니다. 우리를 더 분노하게 하는 것은 책임을 떠넘기기에 급급한 담임교사의 태도와 학교의 부실한 대응입니다. 그들은 말합니다. 이미 일어난 일, 바꿀 수 없는 일이고, 학교의 명예와 모든 학생을 위해 합의하고, 조용히 넘어가자고.

우리 사회는, 우두머리의 명예와 조직 그 자체의 명예를 위해 피해자들이 합당한 조치를 받지 못합니다. 많은 경우, 이후에 이런 일이 다시는 발생하지 않도록 하는 조처도 없습니다. 그래서 또 피해가 발생하고, 그때도 학교의 명예를 위해, 어떤 조직의 수장을 위해, 이미 일어난 일, 바꿀 수도 없는 일, 그냥 조용히 어느 정도의 합의금만을 받고 넘어가도록 강요받습니다. 문제는 전혀 해결되지 않고, 계속 일어나게 되고, 피해자도 계속 생기게 되는 악순환이 끊어지지 않습니다.

교회는 어떤가요? 똑같습니다. 발생한 문제는 담임목사의 명예, 내가 사랑하는 은사님의 명예, 우리 학교, 우리 교단, 우리 교회의 명예를 위해!

덮이고, 상처받은 피해자는 교회를 옮기도록 강요받습니다.

저는 궁금합니다. 어떤 명예인가요? 그것이 명예인가요?

교회의 명예는 담임목사에게 있지 않습니다. 교회 자체가 소유할 수도 없습니다. 하나님의 말씀이 온전히 선포되고, 그 선포된 말씀에 순종하는 것이 교회의 명예입니다. 순종하지 않아 죄가 드러났을 때 회개하는 것이 바로 명예입니다. 권징을 시행하되 제대로, 죄에 비례하여, 속히 시행하는 것이 하나님께 영광을 돌리는 일이고, 교회를 지키는 일이고, 복음의 명예를 보호하는 일입니다.

우리는 우리가 그토록 강조하는, 하나님의 영광을 추구하고 있습니까?

우리 교회의 영광보다, 우리 조직, 내가 속해 있는 기관, 우리 노회, 우리 담임목사님이 아닌 하나님의 영광을 추구하고 있습니까?

1, 2장에서 살펴본 일들에 대해 교회가 바르게, 속히 권징을 시행했다면 어떤 일들이 일어났을까요? 오늘날 개혁주의 교회에서 권징만 제대로 시행했더라면…, 벌 받아야 할 자가 벌을 받고, 벌 받은 사람에게 기회를 주고, 그가 그 죄에서 멀리 떨어지도록 돕고, 죄의 대가가 무엇인지 모든 성도가 보고 자신을 살피는 일이 교회에서 자연스럽고 당연하고 신속히 행해진다면 교회가 어떤 모습을 하게 될까요? 가나안 성도들이 생길까요? 사회가 교회를 지탄할까요?

권징을 강하게 주장하고 가르치지만 실제 권징을 행하지 않거나 합당하지 않게 행하는 우리의 모습이 흡사 누워서 침 뱉는 것과 같은 모습은 아닐지 걱정입니다.

왜 교회는 교회의 잘못을 시인하지 않습니까? 왜 그렇게 꼭꼭 숨기려 하나요? 왜 담임목사가 그렇게 추악한 일들을 했음에도 보호되어야 합니까? 혹 그 보호가 합당하다면 피해자는 그 이상으로 보호받아야 하는 거 아닌가요? 교회를 떠나야 한다면 성추행을 저지른 담임목사가 떠나야 합니까, 피해자가 떠나야 합니까?

왜 나이 젊은 목사가 나이 많은 목사의 죄와 잘못에 대해서 말하면 버릇없고 질서를 어지럽히는 것이 되나요? 베드로와 바울은 그러지 않았습니다. 갈라디아서에서 바울은 기둥 같은 베드로의 위선을 만인이 보는 앞에서 책망했습니다. 베드로는 즉시 회개했고, 이는 모든 교회 모든 그리스도인에게 알려져 교훈이 되었습니다.

왜 우리 교회에서는 이런 아름다운 일이, 오로지 하나님의 말씀만이 우뚝 서는 일이, 지은 죄를 아뢰고 즉시 회개하고 돌아서는 은혜의 일이 적나요? 왜 찾기가 힘들까요?

이렇게 권징을 받지 않는 목사들 때문에 오늘날 많은 성도가 권징 시행과 관련하여 부당함을 느끼고 호소합니다. 성도의 문제를 권징할 때는 신속하고 공적으로 다루는데, 목사의 문제는 권징 자체가 거의 없고, 한다고 해도 신속하지도 않고 사적으로 다룬다고 느낍니다. 성도들은 여기서 큰 배신감을 느낍니다. 심지어 어떤 사람들은 귀족과 평민에게 적용하는 법이 다른 것인가 하며 울분을 표하기도 합니다.

목사 본인은 제대로 회개하지 않으면서 권징을 시행하려 한다면 어떤 성도가 그 권징을 하나님의 뜻으로 받아들일 수 있을까요? 복음과 은혜에 관해서 많이 말하지만 입이 거칠고, 회개하라고 말하지만, 정작 자신의 죄는 가볍게 여기는 목사가 권징을 시행하려 한다면 어떤 성도가 그 권징을 하나님의 인도하심으로 받아들일 수 있을까요?

게다가 목회자나 노회에서 어떤 문제가 생겼을 때 성도들이 제일 많이 듣는 말은 "기다리자."와 "기도하자."입니다. 언제까지 기다려야 할까요? 언제까지 기도만 해야 할까요? 아니, 그 기도의 응답은 무엇인가요? 성도들의 문제는 왜 기다리거나 기도하는 것 같지 않고 신속하게 처리될까요? 성도들은 권징 시행과 관련된 이런 차이와 차별에, 권징에 대한 무응답에 크게 실망하고 있습니다.

권징을 시행하지 않는 이유

오늘날 우리 교회들이 권징을 시행하지 않는 이유가 여럿 있습니다.

앞에서 살펴본 것처럼 형제를 사랑하지 않기 때문입니다.

우리는 형제를 얻으려고 하지 않습니다. 그냥 포기합니다. 우리 판단에 그들은 이미 심판받았습니다! 그들을 위해 아무리 노력해봐도 안 될 게 뻔합니다. 그런데 우리가 '아무리'라는 단어를 사용해도 될까요? 그 단어를 사용해도 될 만큼 우리가 노력했는지 심히 의문입니다.

"매를 아끼는 자는 그의 자식을 미워함이라 자식을 사랑하는 자는 근실히 징계하느니라"(잠 13:24). 우리는 온유함으로 형제를 바로잡으려 하지 않습니다. 그냥 미워합니다. 하지만 하나님께서는 우리가 정말로 형제를 사랑한다면 근실히 권면하고 권징하는 것이 맞다고 말씀하십니다.

네, 맞습니다. 우리 모두 죄인입니다. 누가 누구에게 돌을 들어 던질 수 있을까요? 그러나 교회의 순전함을 위해 이는 하나님께서 명령하신 계명입니다. 우리 자신에게 자격이 있어서 권징하는 것도 아니고, 더군다나 권징은 돌을 들어 던지는 일도 아닙니다. 권징은 하나님께서 주신 권위로 하나님의 교회의 질서를 바로잡고, 형제를 사랑으로 섬기는 순종입니다. "우리 모두가 죄인이다."라는 말은 우리가 하나님 앞에서 겸손하고, 다른 사람 앞에서도 겸손해야 함을 깨닫게 해주는 말입니다. 그러니 이 말이 우리의 무지와 불순종과 사랑 없음에 대한 변명이나 핑계가 되지 않도록, 더 나아가 우리 자신의 죄를 덮으려는 또 다른 죄가 되지 않도록 항상 경계해야 합니다.

탐욕이 우리를 어리석게 했기 때문입니다.

"탐욕이 지혜자를 우매하게 하고 뇌물이 사람의 명철을 망하게 하느니라"(전 7:7). 자리에, 권력에 우리의 마음이 있을 때, 우리 무리가, 내 사람이 다른 가치보다 우선될 때 권징은 시행되지 않습니다. 나와 가깝지 않은 사람의 죄는 무겁지만, 같은 죄라도 나와 가까운 사람의 죄는 실수 정도가 됩니다. 누군가가, 어떤 교회가 내 주머니를 챙겨줄 때, 내 권위와 자리를 존속하게 해줄 때 우리는 눈을 감고 귀를 닫습니다. 우리 손에 쥔 돈과, 우리 마음에 쥔 탐욕이 우리를 지배합니다. 그렇게 우리의 탐욕과 무지와 하나님 두려워하지 않는 마음은 죄의 열매를 맺습니다. 하지만 다음 경고의 말씀들을 보십시오. "사람의 낯을 보아주는 것이 좋지 못하고 한 조각 떡으로 말미암아 사람이 범법하는 것도 그러하니라"(잠 28:21). "악인을 의롭다 하고 의인을 악하다 하는 이 두 사람은 다 여호와께 미움을 받느니라"(잠 17:15). "의인을 벌하는 것과 귀인을 정직하다고 때리는 것은 선하지 못하니라"(잠 17:26). "악인을 두둔하는 것과 재판할 때에 의인을 억울하게 하는 것이 선하지 아니하니라"(잠 18:5). "너희는 재판할 때에 불의를 행하지 말며 가난한 자의 편을 들지 말며 세력 있는 자라고 두둔하지 말고 공의로 사람을 재판할지며"(레 19:15). "한결같지 않은 저울추와 한결같지 않은 되는 다 여호와께서 미워하시느니라"(잠 20:10). "이것도 지혜로운 자들의 말씀이라 재판할 때에 낯을 보아주는 것이 옳지 못하니라"(잠 24:23).

처음에는 순수한 의도로 시작했을지 모릅니다. 내 친구니까. 내가 잘 아니까. 그런 사소한 이유였는지 모릅니다. 그러나 온 세계의 심판자이신 하나님 앞에서 우리는 정말 한 점의 부끄러움도 없을까요? 우리 마음속 탐심을 하나님께서는 아십니다. 하나님보다 모교회를, 그 교회의 담임목사를, 힘과 돈이 있는 목사와 성도를 더 두려워하는 일이 제발 사라졌으면 좋겠습니다.

말씀과 은혜의 힘을 믿지 않기 때문입니다.

우리의 경험으로는 형제를 다시 얻은 경우가 많지 않습니다. 많은 경우 형제는 형제대로 잃고, 우리의 마음이 크게 상하고, 교회가 이 일에 소비하는 에너지가 너무나 커서 많은 사람이 지치게 됩니다.

하지만 한 사람의 영혼이 정말 천하보다 귀하다면 실패의 사례가 많다고 해서, 힘들다고 해서 포기할 수는 없습니다.

하나님께서는 권징을 은혜의 수단으로 허락하셨습니다. 교회의 표지로 주셨습니다. 즉, 하나님께서는 이 수단을 기뻐하십니다. 이 은혜의 수단을 기쁘게 사용하셔서 당신의 자녀를 되찾으시고, 일으키시고, 앞으로 나아가게 하십니다. 이런 일들이 성경에 많습니다.

다윗이 밧세바를 범했을 때 하나님께서는 나단 선지자를 보내셔서 다윗을 책망하셨습니다. 그 책망을 듣고 다윗은 자기 죄를 비로소 깨닫게 되었으며 크게 슬퍼하고 회개했습니다.

하나님의 자녀라면, 그리스도의 신부라면 반드시 권징에 응하게 되어 있습니다. 잠시 잠깐은 마음이 어렵고, 감정을 제어하지 못할 수도 있습니다. 그러나 계속해서 하나님의 말씀이 공적으로 사적으로 선포되고, 그를 위해 교회가 함께 기도하고, 그를 위해 교회가 함께 책임질 때, 그 영혼은 하나님의 말씀의 빛에 자기 영혼의 어둠을 가져가 그 어둠이 사라지게 합니다.

네, 맞습니다. 사실은 말씀과 은혜의 힘을 믿고, 또 믿고 싶지만 마음이 너무 지쳐서일 수도 있습니다. 그럴 때 다음의 말씀은 우리에게 큰 위로가 됩니다. "우리가 선을 행하되 낙심하지 말지니 포기하지 아니하면 때가 이르매 거두리라"(갈 6:9).

권징은 반드시 바르게 충분히 시행되어야 합니다.

"이러한 일은 우리의 본보기가 되어 우리로 하여금 그들이 악을 즐겨 한 것 같이 즐겨 하는 자가 되지 않게 하려 함이니"(고전 10:6). "그들에게 일어난 이런 일은 본보기가 되고 또한 말세를 만난 우리를 깨우치기 위하여 기록되었느니라"(고전 10:11).

죄에서 떠나고, 우리 자신과 우리 다음 세대에게 경고하고 악을 멀리하게 하도록, 권징은 반드시 바르게 충분히 시행되어야 합니다.

개혁주의가 권징을 은혜의 수단이라고 말하면서도 정작 이 은혜의 수단을 사용하지 않기 때문에 교회 안에 은혜가 거하지 않습니다. 은혜가 드러나지 않습니다.

권징이 사라진 이유 – 교회를 쉽게 옮기는 성도들

오늘날 권징이 가벼워지고, 권징이 교회에서 사라진 여러 이유 중 하나는 앞에서 살펴본 것처럼 권징을 제대로 받지 않는 목사들과 권징을 제대로 시행하지 않는 노회 때문입니다. 그러나 성도들에게도 책임이 있습니다.

물론 성도들이 교회에서 목사들에게 권징이 시행되지 않는 것을 보고, 목사들이 권징을 제대로 시행하지 않는 것을 보고 권징을 가볍게 여기거나 무시하게 된 면도 분명 있습니다. 그러나 그것만은 아닙니다.

오늘날 많은 사람은 권징 이야기가 나오기도 전에, 목사와 불편한 관계가 되면, 몇몇 동료 성도와 거북한 관계가 되면 그냥 교회를 옮깁니다. 너무 쉽게 옮깁니다.

권징 가운데서도 크게 다르지 않습니다. 자신의 죄를 처음으로 알게 된 동료가 와서 권면하면 그를 비난합니다. 너만 깨끗하냐는 식으로 형제를 대합니다. 한두 사람이 더 와서 복음에 따라 권면해도 귀담아듣지 않습니다. 장로들에게 보고되는 순간부터 당회와의 싸움을 마다하지 않다가 여러 사람과 불편해지면 교회를 욕하고 자신을 좀 더 잘 받아주는, 자신의 취향에 더 합당한 교회로 가버립니다.

현대사회의 특성상 성도가 교회를 옮길 때 아무 말도 하지 않고 옮기면 어디로 가는지도 알 수 없는 데다가, 혹 아는 교회로 간다고 해도 권징을 제대로 시행하지 않는 교회로 가버리면 마땅히 대응할 방법이 없습니다. 한 교파 안에 너무나도 많은 교단이 존재하는 것도 이유일 것입니다. 성도들도 이를 알기에 교회를 옮기는 데 부담을 훨씬 덜 느낍니다.

훨씬 더 다양한 이유가 존재합니다. 하지만 이유야 어찌 됐든, 권징을 무겁게 여기지 않고, 하나님께서 교회를 직분자들의 직무를 통해서 다스리신다는 원리를 받아들이지 않고, 하나님의 말씀에서 벗어나, 자기 옳은 대로, 자기가 원하는 대로만 신앙생활 하려는 성도들 때문에 권징을 말씀을 따라 제대로 시행하려는 목사님들과 교회 입장에서는 애로사항이 많습니다.

그래서 저는 동료 성도님들과 함께 묻고 함께 답하고 싶습니다. 우리는 권징을 받을 준비가 되어 있습니까? 우리야말로 권징을 받지 않는 목사들과, 권징을 제대로 시행하지 않는 노회를 욕하기 전에, 우리는, 그러면 우리는 권징을 기꺼이, 하나님의 뜻대로, 뜻 가운데서 온전히 받을 준비가, 각오가 되어 있습니까?

서로 먼저 순종하면 그다음 우리도 순종하겠다고 하면 안 됩니다. 누구도 순종하지 않을 것입니다. 우리는 목사든 성도든 각자의 자리에서 권징을 하나님의 통치 수단으로 받아들이고, 권징을 통해 하나님께서 교회를 세우시고 이뤄가신다고 믿고 확신하는 가운데, 권징을 기쁘게 받고, 권징을 겸손히 권해야 하겠습니다. 서로의 짐을 지고, 그리스도의 법을 성취해야겠습니다.

책 앞부분에서 살펴본, 혼전 성관계와 이혼 문제로 치리를 행하고 받은 D교회와 F교회 이야기를 기억하실 것입니다. 그 부부와 E형제는 이전 그 어디에서도 제대로 된 치리 아래 있지 않았지만 D교회와 F교회에서 바른 치리 아래 있기를 소망했고, 권징을 기쁘게 받았습니다. 신앙을 무겁고 중요하게 여기는 사람은, 말씀을 사랑하는 사람은, 하나님을 경외하는 사람은 교회의 치리와 권징을 결코 가볍게 여기지 않습니다. 자기 자신을 위해서도, 자기 자녀들을 위해서도, 교회를 위해서도, 무엇보다 하나님을 위해서도 그렇습니다.

개혁 – 하나님 기뻐하시는 길

개혁주의는 어두운 우상 숭배와 헛된 미신이 중세 교회를 사로잡았던 그때, 성경과 초대교회를 교리와 실천 모두에서 온전히 회복한 신앙이자 신앙의 태도입니다. 개혁주의는 제네바를 시작으로 지금까지 여러 곳에서 찬란한 빛과 맛 내는 소금으로 삼위 하나님의 영광을 가장 드러내고 높였습니다. 그래서 우리는 이 개혁주의를 사랑합니다. 성경이 말하는 바로 그 진리, 성경이 말하는 그 거룩한 삶, 성경이 말하는 바로 그 은혜, 성경이 말하는 바로 그 영광을 개혁주의는 말하고 가르쳐주고 보여주기 때문입니다.

그런데 "개혁주의는 항상 개혁되어야 한다"라는 말이 있습니다. 이 말은 성경이 말하는 바로 그 진리, 성경이 말하는 그 거룩한 삶, 성경이 말하는 바로 그 은혜, 성경이 말하는 바로 그 영광을 추구하는 태도에 우리를 항상 맞춰야 한다는 뜻입니다. 왜냐하면 우리의 마음은 매일 청소해도 끊임없이 쌓이는 먼지와 같기 때문입니다. 항상 주의 말씀에 주의하지 않으면 곁길로 빠져나가고 싶어 하는 게 우리의 마음이기 때문입니다. 옳은 것, 바른 것, 아름다운 것, 참된 것이 눈앞에 있어도 그것보다 헛되고 거짓된 것을 사랑하고픈 것이 우리 마음이기 때문입니다.

정말 그렇지 않습니까? 하나님께서는 이스라엘 백성에게 끊임없이 말씀하셨습니다. 분명히 충분히 말씀하셨습니다. 그러나 그 명백한 말씀에 이스라엘 백성은 불순종했습니다. 말씀하시고, 여러 기적으로 증명하시고, 눈부신 영광을 보여주셨지만, 이스라엘 백성의 마음은 수시로 굽었습니다. 우리도 마찬가지 아닌가요?

우리 눈에 하나님의 율법이, 계명이 너무나도 명백히 보입니다. 그러나 우리는 대형교회라는 이유로, 개척교회라는 이유로, 질서라는 이유로, 우리 자신을 위한다는 이유로 그렇게 온갖 변명과 합리화로 하나님의 말씀을 우리의 생각 아래에, 우리의 환경 아래에 두는 죄를 범합니다.

우리는 항상 개혁되어야 합니다. 지금 이 순간에도 개혁되어야 합니다. 회개하는 순간에도 회개해야 하고, 회개 직후에도 회개해야 하는 것처럼, 개혁도 그렇습니다.

개혁주의는 분명히 성경이 말하는 바로 그 교리와 그 신앙인데 역사적으로 여러 공격을 받아왔습니다. 개혁주의가 성경의 교리기 때문에 받은 공격이 가장 많습니다. 인간 본성은 하나님의 말씀을 싫어하고 거부하기 때문입니다. 어둠은 빛을 싫어하기 때문입니다. 그러나 그보다 더 많은 공격은 개혁주의가 아니라 개혁주의자들 때문에 발생했습니다. 사람들은 개혁주의를 생각만큼 싫어하지 않습니다. 누군가의 말처럼 사람들이 개혁주의를 싫어하거나 좋아하지 않는 것은 개혁주의를 충분히 알지 못해서 그렇습니다. 오히려 개혁주의를 정말로 알게 된다면 사람들은 우리처럼 개혁주의를 사랑하게 될 것입니다. 네, 그렇습니다. 사람들은 개혁주의 신학 때문에 떠나지 않습니다. 우리 때문에 떠납니다. 그런데 우리는 우리 때문에 떠나는 사람들을 보고 왜 당신들은 이 은혜의 교리를 버리냐고 비난합니다. 정작 우리는 그 은혜에 합당하지 못하게 살면서 말입니다.

저는 소망합니다. 여러분께 호소합니다. 우리가 지금까지 살펴본 내용들에 대해 회개하고 온전히 순종한다면 교회는 분명 달라질 것입니다. 떠나간 형제들도 교회로 돌아올 것입니다. 개혁주의에 대한 인식이 크게 달라질 것입니다.

물론 이 책에서 언급한 내용들은 대부분 너무 단순한 것 같기도 합니다. 복잡하게 얽혀있는 많은 문제를 너무 간단하게 다루었는지도 모릅니다. 하지만 때로는 단순한 순종이 모든 문제를 쉽게 풀어가도록 해주기도 합니다. 저는 그렇게 믿습니다.

요시야 왕은 잃어버린 하나님의 율법책들을 발견한 후에 크게 웁니다. 그리고 주저 없이 하나님의 모든 율법에, 온전히 순종합니다. "요시야와 같이 마음을 다하며 뜻을 다하며 힘을 다하여 모세의 모든 율법을 따라 여호와께로 돌이킨 왕은 요시야 전에도 없었고 후에도 그와 같은 자가 없었더라"(왕하 23:25). 우리 시대 교회들이 이렇게 고백할 수 있다면, 하나님께 이런 판단을 받을 수 있다면 정말 행복할 것입니다.

타락한 이스라엘이, 그래서 하나님의 은혜를 경험하지 못한 이스라엘이 다시 하나님의 영광을 크게 맛보고, 하나님의 은혜 가운데 거하게 된 계기는 언제나 개혁이었습니다. 회개와 순종이었습니다.

종교개혁도 마찬가지입니다. 타락한 교회가, 그래서 하나님의 은혜를 경험하지 못하는 교회가 다시 하나님의 영광을 크게 맛보고, 하나님의 은혜 가운데 거하게 된 것은 개혁이었습니다. 회개였습니다. 바른 교리를 회복하고, 회복한 교리에 온전히 순종함으로 교회는 참된 부흥을 경험했습니다.

하나님의 은혜를 크게 경험한 이들 개혁의 특징은 하나님의 모든 말씀에 매우 주의하며 순종했다는 것입니다. 어느 정도의 순종, 부담되지 않을 정도의 순종이 아니라 온전한 순종을요. 다른 모든 부흥과 개혁도 마찬가지입니다. 복음을 이것저것 빼서 전하지 않았습니다. 성경이 말하는 그대로 죄를 말하고, 율법을 말하고, 그리스도를 전했을 때, 그렇게 복음을 온전히 전했을 때, 사람의 생각대로가 아니라 하나님의 말씀 그대로 전했을 때 교회는 부흥했습니다.

네덜란드에서도 그런 일들이 많이 일어났습니다. 특히 '분리'와 '애통' 운동이 그랬습니다. 신실한 그리스도인들은 교회가 자기 소견에 옳은 대로 복음을 전하고, 교회를 조직하고, 교회를 운영하는 것을 말씀과 믿음을 따라 거부했습니다. 종교개혁자들이 그랬던 것처럼, 그리고 그래서 당했던 것처럼, 헨드릭 드 콕 목사와 같은 사람들도 노회와 총회에서 쫓겨나고, 벌금을 물고, 많은 사람에게 모욕을 받았습니다. 하나님께서 세우신 교회를 파괴하고 교회를 어지럽힌다는 말을 듣고, 감히 일개 목사가, 감히 일반 성도가 교회에 도전한다는 비난도 받았습니다. 끝까지 남아 그 교회 전체를 말씀으로 바로잡고 싶었고, 형제들과 함께 교회를 지키고 싶었지만 결국 그들은 쫓겨났습니다. 배신당했습니다. 분리와 애통 운동은 그렇게 시작됐습니다. 그리고 교회사는 바로 그 소수였던 사람들이, 말씀에 따라 목사와 장로와 집사의 직분을 회복하고, 그 직분자들이 직무를 말씀과 합리적인 이성에 따라 행할 수 있도록 교회 정치를 확립하고 바른 복음을 전하고, 어느 하나도 예수 그리스도의 말씀에서 벗어나는 것이 없도록 모든 면에서 온전히 진실하게 순종하고자 했던 사람들이 그때부터 지금까지 참된 교회를 이루어 왔음을, 지금도 이루어가고 있음을 증언합니다. 개혁을 반대하고, 너희가 뭘 아느냐고, 교회를 너희만 사랑하느냐고, 너희만 하나님의 영광을 구하느냐고 비난했던 그 다수의 교회는 지금 거의 교회의 모습을 잃었습니다.

우리도 그랬으면 좋겠습니다. 아니 그래야 합니다. 우리 한국 교회도 우리 선조들을 따라, 하나님의 온전한 영광을 위해 회개하고 순종했으면 좋겠습니다. 지금까지의 불순종, 지금까지 우리 취향대로 해온 순종에 대해 회개하길 원합니다. 그리고 하나님의 모든 말씀에 온전하고 진실한 순종을 다하길 원합니다. 그런 교회, 그런 신앙을 꿈꿉니다. 우리 자녀들에게 보여주고 싶습니다. 그렇게 하나님께 예배하고 영광 돌리고 싶습니다.

하나님의 생각만이 가치 있다고, 하나님의 말씀만이 진리라고, 언제나 어디서나 그렇다고⋯. 정말 너무나도 바라고 원하고 소망합니다.

이제 더는 우리는 고치지 않으면서 "너희는 고쳐라"라고 말하지 맙시다. 더는 사람을 잃지 맙시다. 우리도 모든 말씀에 순종하지 않으면서 다른 사람들, 다른 교회들에는 순종을 이야기하는 일이 없도록 합시다. 우리가 교회를 바르게 세우지 않으면서 하나님의 은혜를 구하고, 복을 구하고, 영광을 말해서는 안 되니까요.

어떤 자동차 회사가 자기네 자동차가 안전하고 편하다고 광고하는데, 실제 그 회사 사람들은 다른 회사 자동차를 많이 탄다면 우리는 그 광고를 어떻게 생각할까요? 우리 회사 라면이 가장 맛있다고 광고하지만, 직원 대부분이 다른 회사 라면을 더 많이 찾는다면 우리는 그 라면을, 그 광고를, 아니 그 회사를 어떻게 생각할까요?

하물며 우리가 어떻게든 전하고자 하는 것은 참된 신앙입니다. 개혁 신앙입니다. 정말 찬란하게 빛나는 교리와 신앙입니다. 지극히 아름답고, 더없이 부요한 신앙입니다. 그 가치에 합당하게, 그 영광의 무거움에 일치하게 전할 수 있어야겠습니다.

사실 오늘날 개혁주의는 어떤 상황에서는 부흥을 맞고 있는 듯 보이기도 합니다. 개혁주의를 잘 모르거나 좋아하지 않거나 싫어한 사람 중에서, 개혁주의 교리의 아름다움과 하나님의 지극히 놀라운 은혜를 본 사람들, 개혁주의 신앙에 전적으로 헌신하는 자들을 본 사람들은 개혁주의가 보여주는 하나님을 향한 뜨거운 사랑과 경건 때문에 "이게 진짜다!" 하며 개혁주의를 받아들입니다. 그들은 "개혁주의는 정말 영광스럽고 따뜻하며 사랑스럽다! 은혜의 교리 그 자체다!"라고 말합니다. 미국과 영국을 비롯한 세계 곳곳에서 많은 콘퍼런스가 열립니다. 개혁주의 교회로 사람들이 모입니다. 개혁주의 교리와 신앙에 관한 많은 책이 재발견되거나 새롭게 출간되고 있습니다. 우리 한국에서도 많은 교회가 개혁주의 부흥 운동을 펼치고 있습니다. 뜻을 세운 개혁주의 전문 출판사가 최근에 많이 생겼습니다. 많은 세미나와 책과 콘퍼런스가 그 어느 때보다 많아졌습니다. 특히 수년 전에는 신앙고백과 교리문답의 가치가 재발견되면서 커다랗고 무시할 수 없는, 놀랄 만한 분위기와 흐름을 만들기도 했습니다.

그러나, 그럼에도 불구하고 오늘날 개혁주의는 여전히 위기 가운데 있습니다. 신앙고백과 교리문답의 재발견은 여전히 곳곳에서 활발하게 그 불길을 이어가고자 하나 불길이 많이 약해졌습니다. 신앙고백과 교리문답을 받쳐주는, 그리고 그와 함께 가는 교회 정치가 별로 힘을 쓰지 못하기 때문입니다.

이러한 사실은 우리에게 빛을 던져 줍니다.

우리가 교리와 신앙, 신학과 삶, 말씀과 교회 정치 모두에서 온전히 순종한다면, 이 모두를 참으로 사랑한다면, 하나님께서 사랑하시는 것처럼 사랑한다면, 그리스도께서 순종하신 것처럼 순종한다면 우리 가족들과 한 교회 안의 지체들과 모든 이웃은 개혁주의가 참되고 살아 있다는 것을 보고 듣고 알게 될 것입니다. 개혁주의로 올 것입니다. 개혁주의 안에 거할 것입니다. 그들도 왜 우리가 이렇게까지 강조하고, 기회가 될 때마다 설득하려 하고, 여러 면에서 권고하는지 충분히 이해하게 될 것입니다. 그리고 그들도 우리처럼 그들의 가족과 지체들과 이웃들에게 똑같이 행동할 것입니다. 개혁주의를 공부할 것입니다. 이 영광스러운 교리를 공부할 때마다 예배할 것입니다. 겸손해질 것입니다. 이 은혜의 교리들로 말미암아 정말 그럴 것입니다. 우리 삶에서, 하나님의 것이 아닌 것은 단 하나도 없도록 마음과 목숨과 뜻을 다할 것입니다.

> 우리가 선을 행하되 낙심하지 말지니 포기하지 아니하면 때가 이르매 거두리라
> ─ 갈 6:9

> 너희 안에서 착한 일을 시작하신 이가 그리스도 예수의 날까지 이루실 줄을 우리는 확신하노라
> ─ 빌 1:6

순종하는 교회들

고신교단의 이성호 목사는 현재 고려신학대학원에서 역사신학을 가르칩니다. 고려신학대학원에서 목회자 후보생 과정(M.Div.)을 마친 후 미국에서 신학을 더 깊이 공부했습니다. 유학을 마치고 돌아올 때쯤, 바른 말씀이 선포되고 교회가 하나님의 말씀에 따라 운영되는 교회를 사모하는 몇 가정이 이성호 목사를 청빙했습니다.

이성호 목사는 고민 끝에 청빙한 가정들과 함께 의왕교회를 개척합니다. 이 교회는 '고신총회 3천 교회 확장 운동'의 15호 교회로 설립됐습니다. 이후 이성호 목사는 10여 년간을 전임목사로 담임하며 섬겼습니다. 그 중간에 의왕교회는 교회를 수원으로 옮기면서 이름을 광교장로교회로 바꾸었습니다.

이성호 목사는 다른 많은 개척교회와는 달리 말씀과 성례와 권징에 주로 힘을 썼습니다. 오늘날 유행하는 다른 프로그램들은 부수적인 것으로 보았습니다. 주님의 교회는 말씀으로 세워지고 성례와 권징으로 튼튼히 이루어져 간다고 믿었습니다. 그래서 말씀과 교리를 분명히 선포하고 가르치는 데 주력했으며, 매주 성찬을 시행함으로 주님의 몸 된 교회에 확신과 위로를 전했습니다. 이성호 목사는 특히 말씀과 성찬에 교회의 생명과 존속과 성장이 달려 있다고 확신했습니다. 그렇게 교회를 지도하고 목양한 내용들은 『성찬, 천국 잔치 맛보기』와 『비법은 없다』라는 책에서 더 자세하게 살펴볼 수 있습니다. 이성호 목사는 이 책들을 교회 대부분을 구성하고 있는 작은 교회들을 위해, 그리고 바르고 건강한 교회를 이루어가기 위해 노력하는 교회와 성도들을 위해 썼습니다.

이성호 목사는 본질적인 일에 관해서는 성도들을 잘 가르치고 설득하면서 반드시 시행했습니다. 교리 공부와 성찬 시행 등이 그랬습니다. 그러나 그 외 비본질적인 일들에서는 성도들에게 짐을 지우지 않았습니다. 비본질적인 일들에는 성도들이 자율적으로 스스로 참여하기를 바랐습니다. 그래서 성도들이 교회의 여러 필요를 살피고 건의하는 것을 크게 반겼습니다. 이런 성도들의 건의에 대한 이성호 목사의 대답은 대개 "그렇게 합시다.", "그렇게 하세요"였습니다.

성도들은 매주 말씀을 듣고 성찬에 참여하고 교리를 공부하면서 튼튼히 성장했습니다. 개혁주의 교리만이 아니라 개혁주의 교회가 무엇인지도 배웠습니다. 즉 교회 정치를 어떻게 해야 하는지, 하나님께 합당한 예배가 무엇이고, 우리는 어떻게 예배해야 하는지 등도 매우 주의 깊게 배웠습니다.

시간이 지나면서 교회는 외부에 바르고 건강한 교회, 개혁주의 원리가 잘 실현되는 교회로 소개되었습니다. 그러면서 사람들이 조금씩 모이기 시작했습니다.

설립 9주년이 되던 2017년, 이성호 목사와 광교장로교회는 30대 초반의 정중현 목사를 담임목사로 청빙합니다. 청빙하기 전 이성호 목사는 광교장로교회 성도들에게 정중현 목사를 소개하며, 젊은 담임목사를 세우는 의미도 설명했습니다. 자신이 돕고, 성도들이 함께 마음을 모으면 하나님을 경외하고 신실한, 다만 경험이 부족한 젊은 목사가 신실하면서도 경험 많은, 경건한 목사로 성숙해질 것이며, 성도들도 그와 함께 자랄 것이라고 말했습니다.

정중현 목사는 광교장로교회의 청빙을 받는 과정에서 자신의 신앙과 삶에 관한 편지를 A4 10장에 가깝게 써서 광교장로교회 성도들 앞으로 보냈습니다. 성도들 모두가 그 편지를 읽고 하나님의 인도하심을 확신하고 기쁘게 정중현 목사를 광교장로교회의 담임목사로 청빙했습니다.

정중현 목사가 담임이 되면서 교회는 여러 면에서 변화하기 시작했습니다. 청빙 직후 이성호 목사와 정중현 목사가 교대로 설교하기 시작했고, 몇 개월 후에는 정중현 목사가 거의 대다수의 설교를 책임지게 되었습니다.

2018년, 교회는 아이들을 합쳐 120명 남짓의 성도들이 등록한 규모가 되었습니다. 그리고 그해 여름은 정중현 목사가 광교장로교회의 담임목사가 된 지 1년이 지난 때였습니다. 교회 설립 때부터 이성호 목사에게서 바른 말씀을 들어오고, 교회와 예배와 개혁신앙에 관해 세심하게 교육을 받아왔기 때문에, 또 바르고 건강한 교회, 참된 개혁교회를 찾아온 사람들이 많았기 때문에 하나님을 아는 지식에서 탁월한, 신앙과 삶에서 본이 되고 열의가 있는 성숙한 성도들이 교회를 잘 섬기고 있습니다. 광교장로교회는 그런 모든 상황과 배경에서 정중현 목사가 부임한 지 1년이 되던 그때, 장로를 선출했습니다.

정중현 목사와 이성호 목사는 몇 주에 걸쳐 직분과 교회 정치에 관해 특강을 열었습니다. 교회가 매우 중요한 전환점을 맞게 된다는 것도 강조했습니다. 미조직교회에서 조직교회로, 곧 헌법상 완전한 교회로 나아가는 중요한 단계에 서게 되었기 때문입니다.

인기 많은 사람, 봉사 많이 하는 사람, 나이 많은 사람, 돈 많은 사람이 아니라 하나님을 경외하는 신실한, 그러면서 이 직무를 잘 감당할 사람이 장로로 선출되어야 합니다. 그래서 온 성도는 충분한 교육을 받으면서 동시에 하나님께서 기뻐하시는 사람을, 그리고 장로의 직무를 잘 감당할 사람을 세워주시기를 힘 모아 기도했습니다. 당회는 이에 대해 매우 주의 깊게 안내하고 성도들을 지도했습니다.

장로 선출을 두 달 정도 앞둔 때에 정중현 목사는 장로 선출의 후보자가 될 수 있는 외적인 기준을 만족하는 성도들에게 서신을 보냈습니다. 서신을 통해 내적인 소명(자격)과 은사(직무)를 점검하고 기도하는 가운데 응답하도록 요청했습니다.

이와 관련된 안내문과 서신의 주요 내용은 다음과 같습니다.

******

서신의 주요 내용을 공개합니다. 그 이유는 후보 선정 과정을 투명하게 하기 위함입니다. 당회가 구성되지 않은 상태에서 장로 후보를 목사 임의의 기준으로 선정 및 배제할 수 없습니다. 따라서 후보를 세우는 기준과 과정을 공적으로 알려드리는 것입니다.

서신은 총 세 가지를 확인하는 내용입니다. 헌법상의 장로의 자격과 장로의 직무, 그리고 우리 교회에서 장로가 되면 해야 할 조금 더 구체적인 직무입니다. 사실 이 모든 것을 완벽하게 만족시키는 분들만 후보에 오를 수 있다면, 아무도 후보가 될 수 없을 것입니다. 부족함이 있더라도 그 사실을 알고 하나님의 은혜를 의지하는 겸손한 분이면 누구나 후보가 될 수 있습니다.

다만 본인만 알고 있는 명백한 결격 사유가 있거나 장로의 직무에 대한 은사가 전혀 없거나, 직무를 수행하지 못할 만한 현저한 사유가 있다면, 7월 31일까지 후보 사퇴 사유서를 내고 사퇴할 수 있게 하였습니다. 물론 사퇴 사유가 합당한지 살필 것입니다. 추후 후보 사퇴 사유에 대하여 공개 요청이 있다면, 공개하기 민감한 부분을 제외하고 일부 공개할 수 있음을 알려드렸습니다.

아래의 내용을 읽고, 함께 기도해 주십시오.
서신을 받은 성도들이 하나님 앞에서 바르게 응답할 수 있도록, 이 모든 과정을 통해 모든 성도가 장로의 직분, 그 선한 일을 사모할 수 있도록, 마지막으로 이 모든 과정에서 하나님께서 영광 받으시도록, 함께 기도합시다.

❖❖❖❖❖

1. 먼저 장로로 선출될 수 있는 외적인 자격을 갖춘 것에 대해 기뻐하십시오.
직분에 대한 부담이 크다는 것을 부인할 수 없지만, 이 직분은 성도라면 마땅히 기뻐하고 사모해야 할 선한 일입니다. "미쁘다 이 말이여, 사람이 감독의 직분을 얻으려 하면 선한 일을 사모한다 함이로다"(딤전 3:1).

2. 헌법 교회 정치 제 65조에 따르면, 장로의 자격은 다음과 같습니다.

1) 40세 이상 65세 이하의 남자 세례교인으로 무흠하게 7년을 경과한 자 - 여기서 무흠 7년이란 공적인 책망, 즉 정직(맡은 직분을 6개월 이상 2년

이내 정직시키는 것으로 직원의 신분은 보유하나 직무에 종사하지 못하는 시벌) 이상의 책벌(면직, 수찬 정지, 출교)을 받을 만한 일이 없는 사람이어야 합니다.

2) 신앙과 행위가 복음적이고 본이 되는 자

3) 상당한 식견과 통솔력이 있는 자

4) 자기 집을 잘 다스리는 자

5) 성품이 원만하며 덕망이 있는 자(딤전 3:1-7)

미쁘다 이 말이여, 사람이 감독의 직분을 얻으려 하면 선한 일을 사모한다 함이로다 그러므로 감독은 책망할 것이 없으며 한 아내의 남편이 되며 절제하며 근신하며 아담하며 나그네를 대접하며 가르치기를 잘하며 술을 즐기지 아니하며 구타하지 아니하며 오직 관용하며 다투지 아니하며 돈을 사랑치 아니하며 자기 집을 잘 다스려 자녀들로 모든 단정함으로 복종케 하는 자라야 할지며 (사람이 자기 집을 다스릴 줄 알지 못하면 어찌 하나님의 교회를 돌아보리요) 새로 입교한 자도 말지니 교만하여져서 마귀를 정죄하는 그 정죄에 빠질까 함이요 또한 외인에게서도 선한 증거를 얻은 자라야 할지니 비방과 마귀의 올무에 빠질까 염려하라

6) 본 교회에 등록한 후 3년 이상 경과된 자

3. 헌법 교회 정치 제 66조에 따르면 장로의 직무는 다음과 같습니다.

1) 목사와 협력하여 행정(치리)과 권징을 관리하는 일

2) 교회의 영적 상태를 살피는 일

3) 교인을 심방, 위로, 교훈하는 일

4) 교인을 권면하는 일

5) 교인들이 설교대로 신앙생활을 하는 여부를 살피는 일

6) 언약의 자녀들을 양육하는 일

7) 교인을 위해 기도하고 전도하는 일

8) 목회에 필요한 제반 사항을 목사에게 상의하고 돕는 일

4. 우리 교회에서 설립 정신에 따라 장로에게 요구하는 구체적인 직무는 다음과 같습니다.

이에 대하여 본인의 동의도 있어야 할 뿐 아니라 가족(특히 부인)의 협조가 필요합니다.

1) 1달에 1번 심방하는 일

2) 새신자가 등록하기 전 집으로 초대하여 식사 대접하는 일 (1년 최대 2회, 부인 동의 필요)

3) 예배를 주관하는 일

  성찬 집례에 협력하며, 예배 15분 전 당회원과 함께 모여 기도하는 일

4) 당회에 참석하는 일(월 1회, 가족의 협조 필요)

  당회에서 장로가 할 일

  – 세례, 입교, 회원가입 관리

  – 심방 보고(3개월마다 심방 계획 잡고 심방 보고)

  – 당회 서기는 회록 정리, 회집 통보

5) 장로 둘 중 1명 노회 참석(봄, 가을로 연 2회 월, 화요일에 열립니다.)

장로의 자격은 '소명'과 관련된 것이고 직무는 '은사'와 관련된 것입니다. 직무와 관련하여 자신의 은사를 잘 살펴보시는 가운데 '자기의 기쁘신 뜻을 위하여 소원을 두고 행하게 하시는 분'(빌립보서 2:13)께 기도하며 부르심(소명)에 합당한 판단을 내리게 되시기 바랍니다.

❖❖❖❖❖

* 장로 후보는 공동의회 2주 전 공개하겠습니다. 그때까지 사적인 대화에서 장로 후보를 추측하거나 언급하는 일이 없도록 합시다.

******

서신을 받은 성도들은 아내와 자녀들에게 묻습니다. 확인합니다. 자신을 잘 아는 사람들, 직장 동료들에게 자신이 어떠한 사람인지 확인합니다. 무엇보다 하나님 앞에 무릎 꿇고 기도합니다. 자신의 영혼을 정직하게 돌아봅니다. 자신의 삶을 돌아봅니다. 자신의 신앙을 돌아봅니다.

얼마의 기간이 지난 후에 서신을 받은 성도들이 정중현 목사에게 답장을 보냈습니다. 어떤 사람은 건강의 이유로, 어떤 사람은 장로 직무를 감당하기에는 시간을 도저히 낼 수 없다는 이유로 답장했습니다.

정중현 목사와 이성호 목사는 답신들을 충분히 검토했습니다. 그리고 최종적으로 두 명의 성도가 장로 후보에 올랐습니다.

이후 다시 교회는 장로 선출과 두 명의 후보자를 위해 기도했습니다.

몇 주 후 공동의회를 열어 장로를 선출하는 투표를 진행했습니다. 교회 규모에 따라 광교장로교회는 두 명의 장로까지 선출할 수 있었는데, 하나님께서는 두 후보자 모두 장로로 세우시기를 기뻐하셨습니다. 그렇게 해서 광교장로교회에 김무겸 장로와 권혁수 장로가 세워지게 됩니다. 성도들도 모두 기뻐하고 감사했습니다.

광교장로교회는 이 모든 과정에 하나님의 말씀만이 원리가 되도록 주의를 기울였습니다. 예를 들어 호칭과 명칭이 얼마나 중요한가요? 정중현 목사는 선출 투표 직후에 안내문을 올렸습니다. 흔히 선출 직후부터 공식적으로 '피택장로'라는 말을 사용하지만 이는 맞지 않는 표현이기 때문에 사용하지 않겠다고, 공적으로 장로로 임직하는 그날 그 시간까지는 성도님으로 호칭하면 된다고 말입니다. 호칭에 주의하는 태도는 2020년 1월 심성현 목사가 청빙될 때도 변함이 없었습니다. 비록 고신교단 헌법과 행정상으로는 심성현 목사는 '부목사'이지만, 광교장로교회에서는 부목사라는 호칭을 사용하지 않고 '목사'라고 호칭하기로 했습니다. 담임목사와는 담임한다는 것 외에는 큰 차이가 없었고, 당회의 공식 당회원이 되었습니다. 담임목사 유고 시 담임목사를 대신해 당회장의 역할을 일시적으로 맡을 수 있는 목사입니다.

두 명의 장로가 선출되고, 그들이 공적으로 임직 된 이후에 교회는 공동의회를 열어 정중현 목사를 전임목사에서 위임목사로 받기로 했습니다.

장로가 세워지면서 조직교회가 되었기 때문에 드디어 담임목사를 전임목사에서 위임목사로 받을 수 있게 되었고, 교회가 정중현 담임목사를 위임목사로 받으면서 광교장로교회는 비로소 당회를 공적으로 개회할 수 있는 교회가 되었습니다.

광교장로교회는 이런 일들을 모두 '사정상', '특수한 경우'라는 이유로 대충 하지 않았습니다. 단계들을 뛰어넘거나 간과하지 않았습니다. 이 모든 일에 주의를 더욱 기울인 것은, 이 모든 일이 첫 단추를 꿰는 일이었기 때문입니다.

장로 임직식 때 모든 비용은 교회 이름으로 감당했습니다. 많은 교회에서는 임직식 때 직분자들이 감사헌금을, 그것도 적지 않은 금액을 드린다고 합니다. 심지어 어떤 교회들은 직분자들이 임직할 때마다 교회 인테리어가 바뀌고, 층이 올라간다고도 합니다! 그러나 광교장로교회에서는 오히려 앞으로 두 분이 힘써서 섬겨주실 것에 감사하는 마음과 축하를 담아 두 분 장로님께 작은 선물을 드렸습니다. 모든 성도가 축복했습니다. 이후 두 분은 성도들의 축하에 감사하는 마음으로 떡을 돌렸습니다(많은 교회처럼 광교장로교회도 즐겁고 기쁘고 감사한 일에 성도들이 종종 떡을 돌립니다). 이는 집사 임직식 때도 같았습니다. 교회는 세 분의 집사님께 감사의 마음과 작은 선물들을 드렸고, 세 분 집사님도 이후 성도님들의 축복과 응원에 감사하다며 떡을 돌렸습니다. 말이 나온 김에 이번에는 제가 아닌 다른 분의 시각으로 집사 임직의 과정을 함께 보고자 합니다.

집사를 세우기까지

(이글은 광교장로교회의 담임목사인 정중현 목사님께서 집사 임직 이후에 집사를 세우기까지의 과정을 돌아보며 정리한 글입니다.)

******

"… 대한 예수교 장로회 광교장로교회 집사 된 것을 내가 성부와 성자와 성령의 이름으로 공포하노라!"

2021년 3월 첫 주일, 이 공포로 광교장로교회 역사상 첫 세 명의 집사가 세워졌습니다. 봉헌 시간이 이어졌고, 임직자들이 곧바로 첫 번째 집사 직무를 수행하였습니다. 선출로 시작하여 시취를 거쳐 서약과 안수에 이르기까지, 직원의 소명을 확인하는 과정마다 하나님의 뜻을 확인하며 기뻐했던 모든 성도가 즐거이 헌신하는 감격을 누렸습니다. 저 또한 세 분의 집사님들이 헌금함을 들고 회원들을 향해 걸어 나가는 등을 바라보며, 한 사람 한 사람에게 다가가 봉사하는 손을 바라보며, 교회를 평균케 하시는 그리스도의 복음을 눈으로 보는 듯하여 감사하며 찬송할 수밖에 없었습니다. 이날은 교회가 그리스도의 선물을 받은 날이며, 그 자체로 선물과 같은 날이었습니다. 그러나 이날에 이르기까지 달음질이 없었던 것은 아닙니다. 집사를 세우기까지, 선물을 선물답게 받기 위해 하나님의 뜻을 구하며 당회가 진력했던 모든 과정을 나누고자 합니다.

선출, 직분자와 회중이 함께

집사의 외적 소명을 확인하기 위한 첫 번째 절차는 선출입니다. 지금까지 교회에서 '선출은 결과에 상관없이 하나님의 뜻을 확인하는 기쁜 일'이라고 충분히 강조해 왔지만, 실제로 어떻게 그 기쁨을 실체적으로 구현할 수 있을지에 대한 고민이 컸습니다. 교회에서 가장 많은 갈등과 상처가 직분자 선출 과정에서 생깁니다. 직분자가 과도하게 후보를 추렸다가 역풍(?)을 맞기도 하고, 회중에게 온전히 맡겼다가 인기 투표처럼 변질하기도 합니다. 직분자와 회중이 적절히 개입하여 사람이 아닌 하나님의 뜻을 확인할 수 있는 선출 제도를 구현하는 것이 당회의 숙제였습니다.

당회는 이 숙제를 풀기 위해 성경과 헌법과 개혁교회의 전통을 살피며 직원 선출을 위한 대원칙을 세웠습니다. '회원의 추천, 당회의 검증, 공동의회의 확인'이 그것입니다. 이 원리에 따라 사람이 적극적으로 개입하지만, 사람의 뜻이 이루어지지 않는 절차를 만들어갔습니다. 가장 먼저 한 것은 기도입니다. 교회에 기도주간을 선포하며 모든 선출 과정이 하나님의 뜻을 구하는 방편임을 다시 한번 강조하였습니다. 이어서 전체 강의를 통해 성경에 기록된 집사의 기원과 자격, 관련된 헌법 조항들을 모두 살피며 배우는 시간을 가졌습니다. 이후 헌법에 명시된 집사의 자격 요건(연령, 무흠 여부, 허입 시기 등)을 갖춘 후보 대상자를 공시하고 한 주간 정회원들의 추천을 받았습니다. 이는 2인의 증인을 통해 후보 대상자가 헌법의 자격 조건에 따라 '좋은 명성을 가진 자', 그리고 '행위가 복음적이고 생활에 모범이 되는 자'라는 최소한의 외적 증거를 확보하기 위함이었습니다.

2인 이상의 추천을 받은 후보 대상자에게는 서신을 보냈습니다. 서신은 집사의 자격 가운데 양심상 스스로 살펴야 할 조건에 대한 설명과 함께, 구체적으로 교회가 요구하게 될 직무의 내용을 담고 있었습니다. 기도하며 스스로를 면밀히 살펴서, 밖으로 알려지지 않은 은밀한 자격 미달 조건이 있거나, 직무를 이행할 수 없는 사유(예: 알려지지 않은 지병)가 있다면, 당회에 알리도록 하였습니다. 이 과정에서 많은 분이 사유서를 내고 자진 사퇴를 하였는데, 이때, 당회가 검증에 들어갔습니다. 당회는 적절한 사퇴 사유를 제시하지 않았거나 사퇴하지 않아도 직무를 이행할 수 있는 대안이 있다고 여겨지는 분들의 사퇴를 반려했습니다. 이렇게 후보자가 정해졌고, 집사 선출을 위한 공동의회를 통해 최종적으로 하나님의 뜻을 확인하였습니다. 직분자와 회중과 후보자가 모두 개입되면서도 동시에 아무도 자기 의지를 실현하지 못하였습니다. 그래서 결과에 모두 기뻐하며 감사할 수 있었습니다.

시취, 동역자를 존중하기

선출로 모든 과정이 끝나는 것은 아닙니다. 시취도 엄연한 소명 확인의 과정입니다. 그러나 현실적으로 시취나 서약, 안수는 선출 이후에 따라오는 의례적인 과정이라는 인식이 팽배합니다. 더군다나 집사의 시취는 목사나 장로의 시취와는 달리 개체교회 당회가 주관합니다. 노회가 주관하는 목사와 장로와 달리, 집사의 시취를 당회가 주관한다는 점은 비교적 집사가 덜 중요하다는 인상을 줄 수 있습니다. 시취 과정이 가벼우면 이러한 오해는 더욱 깊어질 것입니다. 집사 직분을 동등한 직분으로 존중하기 위하여 당회는 집사의 시취를 노회에서 시행하는 시취와 동일한 수준으로 진행했습니다. 당회는 신학대학원이 목사 후보생에게 요구하는 규칙적인 기도와 성경 읽기, 교리 공부를 위한 시간을 확보할 것을 요구하면서, 도움받을 수 있는 책과 지침서를 선물하였습니다. 이는 장로 직분자 교육에서도 동일하게 요구하였고 선물했던 내용이었습니다. 직분자 교육 시간에는 '직분자'라는 큰 그림 속에서 집사 직분을 이해하는 방향으로 공부했으며, 동역자가 될 당회원들과 함께 헌법을 익히는 시간을 가졌습니다.

무엇보다 집사 고시 과목과 문제를 목사고시나 장로 고시에 준하도록 구성하였습니다. 성경, 교리, 헌법의 전체적인 맥락과 내용을 충분히 이해하고 암기해야 풀 수 있도록 100% 주관식 문제를 냈습니다. 노회가 주관하는 고시와 같이 엄격하게 출제했으며 과락 제도도 적용했습니다. 집사 후보자들은 진지하게 고시에 임했고, 답안지를 확인한 당회원들을 깜짝 놀라게 했습니다. 면접 고시도 집사 임직 서약의 내용을 확인하는 시간으로 삼아 쉽게 흘려보내지 않았습니다. 이 과정에서 당회는 집사 후보자들이 하나님의 부르심 가운데 잘 준비되었음을 확신할 수 있었고, 함께 동역자로 교회를 세워가기를 강력하게 소망하게 되었습니다. 집사 후보자들 역시 고시를 준비하는 당회의 진지한 태도를 통해 집사 직무의 가치가 다른 직분보다 덜하지 않음을 분명히 확인하였을 것입니다.

서약과 안수, 단정하고 아름다운 예전 속에서
집사 임직식은 집사 직분의 본질이 가장 잘 드러나는 시간이길 바랐습니다. 즉 교회에 집사를 선물하신 그리스도와 그리스도께서 집사에게 맡기신 직무가 가장 잘 드러나야 한다고 생각했습니다. 당회는 이 두 가지가 공예배 가운데 가장 잘 나타난다고 보았습니다. 그래서 당회는 집사 임직식을 공예배 중에 가지기로 정하고, 전체 회원이 모일 수 있도록 공예배 장소와 시간을 옮겼습니다. 코로나 방역 지침에 따라 좌석의 20%만 사용하더라도 모든 회원이 앉기에 충분한 규모의 교회당을 빌린 것입니다. 어떤 회원도 그리스도의 선물을 받는 날에 자리가 없어 오지 못하는 일이 없도록 하였습니다. 갓난아기들부터 백발의 어르신까지 모든 성도님이 오랜만에 한자리에 모였습니다. 집사 직분을 받는 기쁨이 오랜만에 함께 모여 예배하는 기쁨으로 인해 배가 되었다는 것을 예배 전부터 충분히 느낄 수 있었습니다.

저는 단정하고 아름다운 예전은 선포된 말씀이 풍성히 가슴에 새겨지는 수단이 된다는 것을 경험해왔습니다. 이번 임직식에서 이 사실을 다시 한번 확인할 수 있었습니다. 집사를 선물로 받는 날임을 표하는 빈 방석 세 개가 공예배 시작부터 강대상 앞쪽에 놓여 있었습니다. 귀로는 '집사: 균등의 복음을 수행하는 주님의 종'이라는 제목의 설교를 들으며,

눈으로는 임직자들이 안수받을 장소를 바라보도록 한 것입니다. 서약을 마치고 안수를 받기 위해 그 자리에 세 분이 무릎 꿇고 앉았을 때, 온 회중은 귀로 듣던 선물을 눈으로 보게 되었습니다. 이어서 우리 교회의 목사, 장로, 신학 교수로 구성된 임직 위원들이 안수 기도를 마친 후, 잠시 모두 회중을 바라보고 섰습니다. 목사, 교사, 장로, 집사, 즉 그리스도의 종합 선물 세트와 회중이 마주하는 시간이었습니다. 이어진 교제의 악수에서, 임직자는 회중을 향해 계속 서 있고 임직 위원들이 임직자 앞을 지나며 차례로 악수를 청하는 방식을 취했습니다. 회중은 이 모습을 바라보며 목사와 장로와 집사가 동일한 그리스도의 종이며 복음 사역을 수행하는 동역자라는 말씀을 더욱 분명히 확인합니다. 순서상 앞쪽에 있던 봉헌 순서를 임직 공포 뒤로 옮긴 것도, 집사로 임직 된 분들이 그 직무를 바로 시작하게 한 것도, 온 회중이 들은 말씀을 바로 확인하고 되새길 수 있게 하기 위함이었습니다. 봉헌 시간에 많은 분이 감격했던 이유는 이러한 예전적 장치들이 들은 말씀에 대한 울림을 풍성하게 증폭시킨 결과라고 생각합니다.

아름다운 예전을 방해하는 요소를 제거하기 위해 노력한 점도 있습니다. 사진 봉사자들에게 모든 사진은 '회중'이 기억하는 장면만 관조적으로 담아 달라고 요청했습니다. 즉 강대상 주변에 나와서 좋은 사진 찍으려고 돌아다니는 일 없이 모든 사진을 회중석에 앉아서 멀찍이 거리를 두고 촬영해 달라고 부탁한 것입니다. 실제로 나중에 사진을 확인해보니, 회중이 기억하는 장면 그대로가 담겨서 더 좋게 느껴졌습니다. 예배

중에 아무런 방해 없이 집중할 수 있었던 것은 당연한 결과였습니다. 또한 안수를 위한 임직 위원의 위치와 동선, 안수 후의 임직 위원의 대형, 임직자의 안수받는 자세, 악수하는 순서 등 세세한 부분을 미리 정해두니 우왕좌왕하는 일이 없었습니다. 단정하고 아름다운 예전 속에서 직분자를 받을 때, 마치 잘 포장된 선물을 받는 것처럼 기쁨이 커졌습니다.

집사, 마지막에 세운 항존직원

이처럼 큰 기쁨 가운데 세워진 집사 직분은 우리 교회에서 마지막으로 세워진 항존직입니다. 마지막으로 세워진 항존직이 집사라는 것 자체가 갖는 메시지가 있습니다. 집사도 다른 직분과 동등하며 고유하고 귀하다는 메시지입니다. 그 흔하디흔한 집사가 이렇게 귀한 줄을 저조차도 이번에야 제대로 깨닫게 되었습니다. 일반적으로 집사는 장로가 되기 위한 수습 과정이 된 지 오래입니다. 서열화되어버린 교회 직분의 동등성 회복을 위한 개혁적인 제안들이 많습니다. 그러나 직분을 세우는 순서를 통해 집사는 장로가 되기 위한 과정이 아니라는 것을 직접 목격하는 것보다 더 효과적인 개혁의 길은 없지 않을까 생각합니다.

저는 집사가 없던 그 오랜 시절을 지나 드디어 집사 직분을 목격하게 된 우리 언약의 자녀들의 미래가 기대됩니다. 우리 자녀들은 장로 임직식에 가장 먼저 참석했고, 이후 목사 위임식을 경험했습니다. 이처럼 장로교회의 정체성을 분명히 배울 기회가 있었을까 싶습니다. 또한 우리 자녀들은 집사 임직식에서 목사와 장로가 집사를 동역자라 부르며 악수를 청하는 모습을 지켜보았습니다. 저는 이들이 목사와 교사로, 장로와 집사로 섬기게 될 교회의 모습을 하루빨리 보고 싶습니다. 아무런 어색함 없이 세 직분이 한 분 주님을 섬기는, 진정한 동역이 일어나는 개혁된 교회의 모습을 기쁨으로 소망하게 됩니다. 설교자와 임직 위원으로 함께한 본 교회 이성호 교수님은 전도사 시절 고등부 제자였던 임직자의 머리에 손을 얹고 안수하는 기쁨을 누렸습니다. 씨 뿌리는 자의 기쁨뿐 아니라 결실하는 기쁨까지 누리신 것입니다. 이러한 경험이 우리 교회의 일상적인 경험이 되기를 소망하게 됩니다. 직분을 세우는 과정의 내실화를 통하여 직분의 회복이 일어나고, 말씀 사역이 더욱 왕성해지며, 언약의 자녀들이 직분자로 세워지고 주님의 교회가 더욱 든든히 서가는 일들이 모든 교회에 계속되기를 소망합니다.

******

그때의 감동이 되살아나는 듯합니다. 임직 된 세 분 집사님이 봉헌 시간에 첫 섬김을 시작하신 모습은 많은 성도에게 감격이었습니다. 정말 온 성도가 광교장로교회에 속해 있다는 것에, 광교장로교회를 지금까지 인도해 주심에, 광교장로교회에 직분자들을 세워주심에 하나님께 크게 감사했습니다.

사실 제가 신앙생활하고 있는 교회이기 때문에 더 많은 것을 말씀드리고 싶은 마음입니다. 제가 눈으로 보고 실제 경험한 기쁨과 감사의 이야기들이 정말 많기 때문입니다. 하지만, 광교장로교회의 모든 것을 소개하는 자리가 아니기에 이제 몇몇 짤막한 이야기만 조금 더 나누고 정리하려고 합니다.

광교장로교회 주보에는 그리스도께서 그의 몸이자, 신부인 교회에 허락하시고 명령하신 세 직분, 목사와 장로와 집사 모두의 이름이 동등하게 실립니다. 누가 보더라도 세 직분이 존재하고, 동등하다는 것을 알 수 있게 실립니다. 다만 교회 대표자인 정중현 목사님만 그다음 칸에 이름이 한 번 더 표기됩니다. '담임목사 정중현'이라고 말입니다.

목사님들과 장로님들은 심방에 무척 힘을 씁니다. 선포된 말씀을 어떻게 받았는지, 말씀에 순종하는 데 어려움은 없는지, 하나님과 동행하는 거룩한 삶을 어떻게 걷고 있는지, 교회가 도울 것은 없는지, 함께 기뻐하고 함께 울 삶은 없는지 세심히 살피는 심방은 광교장로교회를 더 튼튼히 세워갑니다.

광교장로교회는 코로나19 상황 가운데서도 방문자가 꾸준히 있습니다. 그중 몇 가정, 몇 사람은 교회에 등록했습니다. 정회원으로 등록되는 분들의 등록 이유는 대부분 제가 등록한 이유와 비슷합니다. 바른 말씀 선포, 성경에 따른 교회 정치와 질서, 그리고 하나님의 말씀을 신앙과 삶의 유일한 법칙으로 삼으려는 교회의 태도.

많은 성도가 다시 함께 예배하는 것을 가장 그리워합니다. 그리고 그 못지않게 성찬을 그리워하고 있습니다. 매주 시행했던 성찬이 우리 성도들에게 얼마나 그리스도를 생각하게 하고, 교회의 한 몸 됨을, 내 옆에 있는 지체와의 교제와 하나 됨을 확증시켜주었는지 새삼 놀라면서 말입니다.

방문하고, 또 등록하고 싶지만 멀어서 못 온다는 분들의 이야기도 자주 듣습니다. 이 말은 우리 모든 교회가 말씀에 충실하고, 우리 주님의 명령에 온전히 순종하기만 하면 하나님을 찾는 사람들, 복음을 듣고 싶어 하는 사람들이 반드시 우리 교회들로 오게 된다는 확신을 줍니다.

광교장로교회는 관행을 비판적으로 받아들입니다. 광교장로교회는 교단 헌법을 존중하지만 교단 헌법이 성경 위에 있다고 생각하지 않습니다. 그래서 교단 헌법도 성경에 비추어 보고 판단합니다. 광교장로교회는 정말 모든 일을 철저하게 성경에 맞추려 합니다. 그러나 이는 어떤 사람들의 생각과는 달리 결코 피곤하거나 어려운 일이 아닙니다. 무거운 짐도 아닙니다. "예수께서 이르시되 나의 양식은 나를 보내신 이의 뜻을 행하며 그의 일을 온전히 이루는 이것이니라"(요 4:34). 하나님의 뜻을 따르고 그 뜻에 순종하는 것은, 그분의 일을 온전히 이루는 것은 예수님께 양식이었던 것처럼, 우리에게도 맛난 양식입니다.

이성호 목사님은 종에게는 비전이 없다고 말합니다. 종에게 비전이 어떻게 있을 수 있냐고요. 종은 자기가 좋아하는 것을, 자기 눈에 좋은 것을, 하고 싶은 것을 하는 사람이 아닙니다. 주인이 시키는 대로 행합니다. 다만 주인의 뜻에 따를 뿐입니다. 그래서 광교장로교회는 따로 비전이 없습니다. 특색도 없습니다. 있다면 순종뿐입니다. 광교장로교회는 주인이신 하나님께, 하나님의 말씀에 온전히 순종하고자 합니다. 정말 그뿐입니다.

그래서 저는 저희 교회를 사랑합니다. 저는 저희 교회 직분자들을 존경하고 좋아합니다. 저희 교회 성도님들을 좋아하고 그분들과 기도 안에서 만나는 것이 기쁩니다.

광교장로교회만이 아닙니다. 회개하고 순종하는 교회들이 많습니다. G시의 P교회도 그러한 교회입니다. P교회는 몇 가지 이유로 어려움에 빠진 적이 있었습니다. 그래서 복음을 신실하게 선포하는 목사를 모셔야겠다고 결의한 후 미국에 있던 S목사를 청빙합니다. S목사가 P교회의 담임목사가 된 이후 P교회는 G 지역에서 복음에 충실한 교회로 알려지기 시작했습니다. 말씀을 바르게 선포하는 것만이 아니라 모든 면에서 개혁주의를 온전히 추구하고자 하는 교회로 말입니다. 현재 P교회는 건강한 여러 교회와 마음을 모아 약한 교회를 세우고, G 지역 교회들의 수준을 성경에 일치시키려고 노력해나가고 있습니다.

저는 감사하게도 S목사님과 몇 번 교제할 수 있었습니다. S목사님은 복음의 핵심과 관련된 본질적인 일은 전혀 타협하지 않으시지만, 그렇지 않은 일에서는 사람과 일을 함부로 판단하거나 비난하지 않고, 따뜻하고 온유합니다. 이분과 식사하는 일은 맘 편한 친구와 만나 무슨 이야기든 나누며 마음을 터놓는 것과 같습니다. 이분과 대화를 나누나 보면 시간 가는 줄 모릅니다. 어느덧 가슴이 뛰고 있는 자신을 발견하게 되는데, 대화의 모든 시작과 끝이 하나님과 말씀과 은혜뿐이기 때문입니다.

이런 분들이 많이 계십니다. 순종하는 교회들이 많이 있습니다. 하지만 이런 신실한 목사님들이 더 많이 계시면 좋겠습니다. 초심을 잃지 않는 정도가 아니라 시간이 지날수록 더욱 순전한 마음을 지닌 분들이, 그런 교회가 더 많아지면 좋겠습니다.

4

거듭남과 세례

세례받은 모든 사람이 참된 그리스도인은 아님

장 칼뱅이 사역하던 당시의 제네바교회에는 많은 사람이 출석하며 신앙생활을 하고 있었습니다. 사람들은 말씀을 듣기 위해서, 하나님을 바르게 알고 예배하기 위해서 제네바교회를 찾았습니다. 개신교도라는 이유로 핍박받는 많은 사람이 이곳으로 피하기도 했고, 또 칼뱅과 함께, 칼뱅 아래서 개혁주의를 배우기 위해 온 사람들도 많았습니다.

이전에는 성경을 읽을 수도 없고 소유하고 있지도 않아 성경을 가까이 할 수 없었던 많은 사람이 이제는 성경을 직접 읽을 수 있게 되자 매일 성경을 읽기 시작했습니다. 성경을 공부하기 위해 자주 모였습니다. 하나님의 말씀을 듣고, 소리 내어 찬양하고 기도하며, 성찬에 참여할 수 있는 예배의 자리에 힘써 나아갔습니다. 사람들은 만날 때마다 복음과 신앙에 관해 이야기를 나누었습니다. 제네바시는 하나님의 도성처럼 여겨졌습니다.

이런 제네바교회와 관련하여 매우 흥미로운 이야기가 있습니다. 정확하게 기억나지 않아 여러분이 아시는 것과 다소 차이가 있을 수 있습니다. 누군가가 칼뱅에게 물었습니다.

"목사님께서는 제네바교회 회원 모두가 다 거듭났다고 생각하십니까?"
"아닙니다. 그렇게 생각하지 않습니다."
"그러면 그중 몇 명이나 회심했다고 생각하십니까?"
"소수의 사람만이 거듭났다고 생각합니다."

칼뱅만이 아닙니다. 영미의 청교도들과 대륙의 개혁주의자들의 교회는 종교개혁에 이어 여러 차례 부흥을 경험하고, 크게 성장하는 은혜를 누렸습니다. 그러나 이들의 교회들에는 세례받은 사람의 수가 절반을 넘어가는 일이 많지 않았습니다. 세례받은 사람의 수가 소수일 때도 많았습니다. 게다가 우리 선조들은 세례를 받아 교회 회원으로 있는 모든 사람이 모두 참되게 회심한 것은 아니라며 자주 주의를 주었습니다. 성도들이 자신들의 믿음을 자주 시험해보도록 권했습니다. 찰스 스펄전도, 마틴 로이드 존스도 섬기는 교회에서 큰 부흥을 경험했습니다. 그러나 그들도 이와 같은 입장에 있었습니다. 오늘날에는 폴 워셔 목사님 등이 같은 메시지를 전하고 있습니다.

우리 선조들은 자주 거듭남, 중생, 회심에 관해 설교하고 가르쳤습니다. 예배당에 나와 앉아 있는 사람 중 누구도 비참한 확신, 곧 자신은 실제 그리스도를 영접하지도, 그리스도를 주와 구주로 고백하는 사람도 아닌데 자신을 구원받은 사람으로 여기는 착각이나 오해를 하지 않도록 경계했습니다.

심지어 조나단 에드워즈는 이 문제와 관련해서 교회에서 쫓겨나기도 했습니다. 에드워즈는 그 열매로 안다는 말씀(마태복음 7장)을 따라 거듭난 사람은 반드시 그에 합당한 열매를 맺게 되어 있다고 강조했습니다. 분명한 열매를 증거로 보이는 사람에게 세례를 베풀어야 한다고 주장했습니다. 그래서 당시 부분적으로 타협했던 세례 관행을 성경적으로 개혁하고자 했는데, 이를 못마땅하게 여긴 교회의 반대 세력이 표결을 붙여 에드워즈를 쫓아내 버린 것입니다.

거듭남이 매우 중요하기 때문에, 또 하나님께서 거짓된 중생에 관해 성경 여러 곳에서 경고하셨기 때문에 개혁주의는 거듭남, 또는 중생의 교리를 매우 엄밀하게 다룹니다.

예수님의 제자 가룟 유다는 본색을 드러내기까지 참된 신앙인으로 여겨졌습니다. 그는 다른 제자들과 똑같이 예수님으로부터 보냄을 받아 복음을, 예수 그리스도를 전했습니다. 그러나 그는 그리스도인이 아니었습니다. 그는 그의 스승을 팔았습니다. 그는 그런 그를 구원하실 수 있는 구주를 배신했습니다.

성경은 "주의 이름으로 선지자 노릇 하며 주의 이름으로 귀신을 쫓아내며 주의 이름으로 많은 권능을 행"할지라도 그리스도와 아무런 관계가 없을 수 있다고까지 경고합니다.

나더러 주여 주여 하는 자마다 다 천국에 들어갈 것이 아니요 다만 하늘에 계신 내 아버지의 뜻대로 행하는 자라야 들어가리라 그날에 많은 사람이 나더러 이르되 주여 주여 우리가 주의 이름으로 선지자 노릇 하며 주의 이름으로 귀신을 쫓아내며 주의 이름으로 많은 권능을 행하지 아니하였나이까 하리니 그 때에 내가 그들에게 밝히 말하되 내가 너희를 도무지 알지 못하니 불법을 행하는 자들아 내게서 떠나가라 하리라
— 마 7:21-22

위 말씀을 보면, 그리스도께서 불법을 행하는 자들이라고 지칭하신 자들은 자신들을 그리스도인으로 생각했습니다. 그렇게 믿었습니다. 자신들을 그리스도와 밀접한 관계가 있는 것으로 여겼습니다. 그러나 그들의 그런 '생각'과는 달리 '실제로' 그들은 그리스도와 아무런 관계가 없었습니다.

그래서 우리는 거짓 회심을 경계해야 합니다. 말씀을 많이 알고 교리적으로 정통 신앙을 능력 있게 변호하고 논증한다고 해서 그 사람의 신앙이 참되다고 말할 수 없습니다. 기도를 많이 한다고 해서, 매일 성경을 보통 사람 이상으로 읽고 묵상하고 공부한다고 해서 그 사람의 신앙이 진실되다고 단언할 수 없습니다. 친절하고, 즐겁게 섬긴다고 해서 그 사람의 신앙이 살아 있다고 확언할 수 없습니다. 성경에 따르면 그러한 일들은 그 자체로는 하나님을 정말 사랑하고, 그리스도를 주와 구주로 영접하였다는 증거가 될 수도 있고 아닐 수도 있기 때문입니다. 그리스도께 대한 신앙고백 자체도 그렇습니다. "네가 하나님은 한 분이신 줄을 믿느냐 잘하는도다

귀신들도 믿고 떠느니라"(약 2:19). 예수님께서 하나님의 아들이시라는 사실, 예수님께서 구원자라는 사실, 예수님께서 성육신하시고, 예수님께서 고난받으셨다는 사실, 예수님께서 하나님 보좌 우편에 앉아 계시고, 세상 마지막 날 심판하기 위해 다시 오실 것이라는 사실은 귀신들도 아는 내용입니다. 그러나 그들은 구원과는 아무런 관계가 없습니다.

그러면 무엇이 하나님을 참으로 사랑한다는, 그리스도를 주와 구주로 영접하였다는 분명한 증거라고 할 수 있는가 하는 질문이 생깁니다. 하나님을 참으로 사랑하는 사람, 그리스도를 주와 구주로 고백하는 사람은 하나님께서 구원자라는 사실을, 죄인들을 위한 구주라는 사실을 기뻐하고 감사합니다. 귀신들은 그 사실을 기뻐하지 않습니다. 아니, 그 사실을 끔찍이 싫어합니다. 거듭나지 않은 사람도 이 진리를 기뻐하거나 감사하지 않습니다. 거듭나지 않은 사람은 자기에게 유익을 주는 말씀은 좋아하지만, 그렇지 않은 말씀에는 관심도 두지 않습니다. 겉으로는 기뻐할 수는 있지만, 마음으로는 기뻐하지 않습니다. 하나님을 참으로 사랑하는 사람은 하나님의 말씀에 즐겁게 순종합니다. 귀신들도 말씀은 잘 압니다. 너무 잘 알아서 예수님께서 광야에 계실 때 말씀으로 예수님을 공격하기까지 했습니다. 그러나 그들은 말씀을 사랑하지 않습니다. 즉, 그들은 말씀에 순종하지 않습니다. 그들이 말씀을 싫어하기 때문입니다. 말씀을 아는 데 게으르고, 말씀에 순종하는 데 게으르고, 순종하되 자기 소견에 옳은 대로, 자기 눈에 좋아 보이는 말씀에만 순종한다면, 우리는 우리가 믿음의 초보에 있는 것은 아닌지, 아니면 구원 밖에 있는 것은 아닌지 반드시 점검해야 합니다. 누구나 일정 기간은 믿음의 초보 단계에 있을 수 있습니다. 하지만 참된 신자라면 반드시 성장하게 되어 있습니다. 각자 성장의 시기와 정도가 다를 수 있지만, 그 사람이 성장한다는 것을 알 수 있을 정도로, 그것으로 말미암아 감사할 수 있을 정도로 성장하게 되어 있습니다.

이에 관해 자세히 더 알고 싶은 분들을 위해 여러분이 보실 만한 책 몇 권을 책 끝에 소개하는 것으로 하고 계속 이야기를 진행하겠습니다.

이런 이유들로 어떤 사람의 신앙고백을 판단하는 일이 신중해야 하고, 어떤 사람을 그리스도인으로 받아들일 때 그 사람의 신앙이 참된지 진실한지를 확인하는 과정이 중요한데, 개신교는 수십 년 동안 이 일을 등한시했습니다.

한국은 80년대 전후 부흥 운동이 크게 일어났습니다. 그 부흥 운동의 결과로 많은 사람이 교회로 들어왔고, 많은 경우 그리스도를 영접한다고 말만 하면 세례를 받고 교회 회원이 되었습니다. 물론 그중에서는 정말 그리스도를 주와 구주로 영접한 사람들도 많았습니다. 그러나 이 당시 영접 문화는 많은 거짓 회심자, 곧 유사 그리스도인들을 양산했고, 그중 신앙에 뜨거운 열정을 가진 사람들은 신학교에 가서 목사가 되었습니다.

이후, 자신들이 겪은 부흥 운동과 자신들이 신학교에 진학하고 목사가 되는 과정을 부인할 수 없었고, 4영리와 같은 전도 수단과 그 결과가 너무나 강력했기에 많은 사람이 분별하는 일 없이 그리스도를 영접한다고 말하기만 하면, 영접 기도를 하기만 하면 그 사람을 그리스도인으로 인정하는 신학과 교회 문화가 정착하게 되었습니다.

지금도 수련회에서, 여러 집회에서 믿는다고 결단만 하면 그 사람은 그리스도인이 됩니다. 군대에서도 훈련소에서 결단을 요청하고, 결단에 응한 사람에게는 즉시 세례를 베풀어 그가 그리스도인이 되었다고 선언합니다. 물론 군대에서 세례받은 사람 다수는 단지 훈련이 힘들어서, 성당이나 절보다는 교회가 나은 것 같아서, 특별 간식을 얻어먹으려고 간 것입니다. 그들은 자대 배치 후, 마음이 힘든 이병과 일병 시절 때는 계속 교회에 가기도 합니다. 그러나 상병이 되면서부터 그들은 주일에 내무반에서 쉬는 것을 더 즐거워합니다. 사회에 나와서는 교회에 갈 일이 없습니다. 극소수의 사람은 종교 생활을 시작하기도 합니다. 그들은 자기가 받은 세례를 의미 있게 생각할 수도 있습니다. 그러나 주위를 보십시오. 그렇게 세례받은 사람 중 얼마나 많은 사람이 그리스도를 주와 구주로 고백하며 살아가고 있나요? 혹 극소수의 사람들이라도 그런 열매가 있으니 가치가 있는 것 아닌가 하는 반론이 있을 수 있습니다. 저는 하나님의 말씀에 순종하는 일은 어떻게든 수단과 방법을 가리지 않고 결과를 내기만 하면 된다는 마음으로 해서는 안 된다고 생각합니다. 그렇게라도 열매를 거두는 것이 낫지 않으냐고 말하는 분들에게 되묻고 싶습니다. 오히려 우리가 말씀에 따라 바르게 세례를 베푼다면, 결과가 지금보다 더 낫지 않을까요?

전국구 조직폭력배 한 명이 감옥에 갇혔습니다. 그는 감옥에 있으면서 열심히 종교 생활을 했습니다. 그를 담당하던 목사는 그가 매일 성경을 읽고, 기도하는 모습에 감명을 받았습니다. 그는 자신이 그리스도를 알게 되었으며, 그리스도께서 자신과 같은 구제 불능인 사람들을 위해 이 땅에 오셨다고 말했습니다. 그래서 이제는 그리스도를 위해, 그리스도를 따라 살고 싶다고 말했습니다. 목사는 그가 진심으로 회심했다고 믿었습니다. 구원받았다고 믿었습니다. 얼마 후 그는 모범수로 출소하게 됐습니다. 출소 후 그는 계속해서 종교 생활을 했고, 많은 사람이 그가 진짜로 변했다고 믿었습니다. 그는 결혼까지 했고, 다양한 활동을 했습니다. 그러나 얼마 지나지 않아 사기죄로 다시 감옥에 가게 되었습니다. 이후 그가 사람들 앞에서는 매우 종교적인 척했지만, 자신의 옛 동료들과 함께 있을 때는 전혀 변하지 않은 모습을 보였던 것이 밝혀졌습니다.

네, 매우 특별한 사례일 수도 있습니다. 그러나 저는 이 이야기가 지금까지 우리가 우려한 거짓 회심의 실제를 단적으로 보여준다고 생각합니다.

이런 일들은 구원과 세례를 너무나 값싸고 무가치한 것으로 만들었으며, 오늘날 교회는 그 대가를 치르고 있습니다.

많은 유사 그리스도인들이 하나님을 사랑하지 않고 자기 자신을 사랑합니다. 하나님의 영광을 구하지 않고 자신의 영광을 구합니다. 말씀에 순종하지 않고 세속적 가치에 순종합니다. 하나님의 말씀을 신앙과 삶의 유일한 법칙으로 두지 않고 자기 소견에 옳은 대로 살고 있습니다. 왜냐면 그들은 구원받은 사람이 아니기 때문입니다.

우리는 말합니다. 세례를 함부로 준 적이 한 번도 없다고요. 하지만 그 신앙고백과 신앙고백에 따른 삶을 철저하게 확인하지 않고 베풀었다면, 그렇게 확인하는 일에 게을렀다면 우리는 세례를 온전히 베풀었다고 말하기 어려울 것입니다.

앞에서 살펴본 것처럼 유사 그리스도인 많아지고 그들이 다수를 이루면 이 다수가 교회를 운영하게 됩니다. 교회가 이 다수의 눈치를 봐야 하기 때문입니다. 이들의 필요를 채울 수밖에 없습니다. 그렇게 교회가 성도들의 모임이 아니라 유사 그리스도인의 모임이 되면 쇠퇴하게 됩니다. 부흥이라고 경험한 많은 일이, 하나님의 일하심이라고 생각하고 한 많은 일이 사실은 교회를 교회답지 못하게 하고, 무너뜨리기도 하게 되는 것입니다.

성경은 우리 믿음을 시험해보라고, 확인해보라고, 분별해보라고 명령합니다. 이는 시험해보지 않으면 속기 쉽기 때문입니다. 분별하지 않으면 안 될 정도로, 그 경계를 쉽게 알 수 없을 정도로 가짜가 진짜와 유사하기 때문입니다. 게다가 문제는 많은 교회에서 이를 바르게 충분히 가르치지 않기 때문입니다. 성경 전체에서, 특히 서신서들에서 위조된 믿음과 거짓 구원과 가짜 거듭남에 관해 그토록 주의를 주고, 경계하는데, 정작 우리 교회들에서는 성도들이 이에 대해 주의를 기울이도록 지도하지 않아서 너무 속상합니다.

성경은 거듭난 사람, 곧 예수님을 자신의 주와 구주로 믿고 영접한 사람은 새롭게 태어난 것이라고 말합니다. 죄로 죽어 있었던 존재가 은혜로 새 생명을 얻은 것으로 묘사합니다. 새로운 피조물, 새로 지으심을 받은 자, 하나님의 자녀, 새롭게 됨, 사망에서 생명으로 옮김, 중생의 씻음 등이 모두 거듭남을 가리키는 표현입니다.

그렇기 때문에 이전에는 죄를 사랑하며 살았지만 이제는 의를 사랑하며 살게 됩니다. 더 이상 흠도 책망 받을 것도 없는 완전무결한 존재가 된 것은 아니지만, 하나님께서는 그렇게 살라고 명령하시며 실제로 그럴 수 있는 믿음과 힘을 주십니다. 우리 안에 내주하시는 성령님께서는 하나님의 기쁘신 뜻을 위하여 우리에게 소원을 두고 행하게 하십니다(빌 2:13). 전에는 하나님의 말씀이 우습게 보이고 그렇게 어리석어 보였지만, 이제는 하나님의 말씀만이 신앙과 삶의 유일한 법칙임을 깨닫고 즐거워합니다. 전에는 종교적인 열심으로 행했던 일들을 이제는 믿음으로 합니다. 전에는 자기만족을 위해 살았지만, 이제는 하나님의 영광을 위하여 삽니다. 전에는 누가 시켜야 했으나 이제는 마음이 원해서 합니다.

하나님께서는 거듭남의 교리에 관해 성경 여러 곳에서 분명하게 말씀하십니다. 예수님께서도 말씀하셨고, 사도들도 가르쳤으며, 우리 선조들도 그렇게 선포해왔습니다. 그러나 이 교리에 대한 오해와 논란이 예수님 당시에도, 초대교회 때도 있었기에 예수님과 사도들은 이에 관해 경계할 수 있는 가르침들 또한 베풀었습니다.

여러분께서도 잘 아실 것입니다. 대표적으로 야고보서 말씀들이 그러합니다. 야고보서 말씀은 신앙+행위가 구원이라고 말하지 않습니다. 행위는 구원받는 데 아무런 영향력이 없습니다. 행위로는 구원받을 육체가 없기 때문(롬 3:20)입니다. 야고보서가 역설하는 것은 참된 구원은 반드시 행위로 드러난다는 것입니다. 행함이 없는 믿음은 죽은 것이라는 말씀은 단지 비유나 강조가 아니라 진리입니다. 앞서 살펴본 마태복음 7장도 열매로 그들을 안다고 말합니다. 좋은 나무는 좋은 열매를 맺고, 나쁜 나무는 나쁜 열매를 맺습니다. 거듭난 사람은 선한 열매를, 신앙의 열매를 맺게 되어 있습니다. 행위로 구원받는 것은 아니지만, 행위는 구원받았다는 증거가 된다고 성경은 선언합니다.

열매로 안다는 것은 우리 눈에 보인다는 것입니다. 알 수 있다는 뜻입니다. 그 사람의 말과 삶이 누가 봐도 하나님께 속해 있음을 알 수 있다는 것입니다. 정도의 차이는 있을 것입니다. 하지만, 우리가 천천히 뛰든, 빨리 뛰든 사람들이 우릴 보고 '뛴다'고 말하는 것처럼, 우리가 미약하든, 강건하든 하나님께 속해 있다고 말할 열매가 우리에게 있다는 것입니다.

사랑을 시작하면 누구나 시인이 됩니다. 종일 그 사람을 생각하고, 그와 함께 있고 싶고, 그 사람이 좋아하는 것을 함께 좋아하고 싶어 합니다. 그 사람이 기뻐하는 것을 위해 수고하되 그것을 힘들다고 생각하지 않습니다. 사랑하는 사람에게도 우리의 마음이 이러한데 하물며 하나님께는 어떨까요?

그러나 많은 사람이 의무감으로, 형벌과 지옥이 두려워서 신앙생활이 아닌 종교 생활을 합니다. 그러면서, 우리는 비록 이렇게 연약하지만, 하나님을 믿고 사랑한다고 말합니다. 겨자씨만 한 믿음도 믿음이 아닌가 하고 반박합니다. 네, 맞습니다. 겨자씨만 한 믿음만 있어도 구원을 받습니다. 하지만 그렇게 구원받은 사람은 겨자씨만 한 믿음으로 결코 만족하지 않습니다. 구원받은 사람은 하나님을 향하여 자라갑니다. 겨자씨만 한 믿음도 구원받은 이후에 자라서 나무가 되고 열매를 맺습니다.

행함은 없지만 믿음은 있노라고 말하는 오늘날 우리 교회들에게 도르트 신조가 이렇게 반박합니다.

'다섯째 교리: 성도의 견인' 부분 중 일부입니다.

1항: 중생한 사람도 그들 안에 남아 있는 죄에서 완전히 해방되지 않음

하나님의 목적에 따라 자신의 아들 예수 그리스도와의 교제 가운데로 부르시고 성령님으로 말미암아 중생하게 하신 사람들을 하나님께서는 죄의 지배와 죄의 종노릇에서도 해방하신다. 하지만 그들을 이 세상에서는 육신과 죄의 몸에서 완전히 해방되게 하시지는 않는다.

2항: 연약하여 날마다 죄를 짓지만, 온전함을 푯대 삼는 성도들

그러므로 성도들은 연약하여 날마다 죄를 짓고, 심지어 그들의 최선의 행위에도 흠이 있다. 이런 이유들은 성도들이 하나님 앞에서 그들 자신을 매일 겸손하게 낮추고, 십자가에 못 박히신 그리스도께로 피하며, 탄식으로 우리를 위해 간구하시는 성령님으로 말미암아 또 경건을 거룩하게 행함으로써 육신을 점점 더 죽이고, 마침내 이 사망의 몸에서 완전히 해방되어 천국에서 하나님의 어린 양과 함께 왕 노릇 할 때까지 온전함을 푯대 삼아 힘껏 달려가게 한다.

6항: 하나님께서 택하신 자들을 잃어버린 바 되게 내버려 두지 않으심

자비가 풍성하신 하나님께서는 자신의 불변하는 선택의 작정에 따라, 심지어 그들이 통탄할 만한 죄를 지었을 때도 그들에게서 하나님의 성령을 완전히 거두지 않으신다. 또한 그들이 은혜로 양자 된 것과 의롭다 하심

받은 은혜를 박탈당하거나, 사망에 이르게 하는 죄 또는 성령을 모독하는 죄를 짓거나, 하나님께 완전히 버림받거나, 그들 자신을 영원한 멸망 가운데 스스로 던져 넣을 정도로 타락하도록 내버려 두지 않으신다.

7항: 하나님께서 택하신 자들을 새롭게 하심으로 회개하게 하심

왜냐하면, 먼저, 하나님께서는 성도들이 타락했을 때도 성도들을 중생하게 한 자신의 썩지 아니할 씨가 소멸하거나 제거되지 않도록 성도들 안에 보존하시기 때문이다. 두 번째로, 하나님께서는 자신의 말씀과 성령으로 확실히 그리고 효과적으로 그들을 새롭게 하심으로 그들이 회개하게 하셔서 그들이 지은 죄들을 진심 어린 마음으로 경건하게 슬퍼하게 하시기 때문이다. 또한 믿음과 상한 심령으로 중보자의 피 안에서 죄 용서를 구하고 받게 하시며, 화목하게 하신 하나님의 은혜를 다시 누리게 하시고, 믿음으로 하나님의 자비를 찬송하게 하시며, 그때부터 더욱 두렵고 떨림으로 그들의 구원을 이루어 가게 하시기 때문이다.

12항: 경건을 장려하는 확신

그런데 견인을 확신하는 것은 참 신자를 교만하게 하거나 육적인 자기 과신에 빠지도록 만들지 않는다. 오히려 견인을 확신하는 것은 겸손, 자녀로서 하나님께 갖는 경외, 진실한 경건, 모든 다툼 중에서의 인내, 뜨거운 기도, 고난 가운데서도 진리를 고백함, 하나님 안에서 견고히 누리는 기쁨의 참 근원이 된다. 성경의 증거와 성도들의 예가 증언하는 것처럼, 견인하게 하시는 하나님의 은혜를 묵상하는 것은 성도들로 하여금 진지하게, 그리고 계속해서 하나님께 감사하게 하며 선한 일을 하도록 장려한다.

13항: 이 확신은 신자들을 게으르게 하지 않음

견인을 새롭게 확신하는 것은 넘어졌다 다시 일으킴 받은 사람들을 부도덕하게 하거나 경건에 무관심하도록 만들지 않는다. 오히려 그들이 더욱 마음을 기울여 주님께서 미리 준비하신 주의 도를 주의 깊게 지키게 한다. 그리고 그들은 자신들의 견인을 계속 확신할 수 있도록 주의 도를 따른다. 또한 그들은 하나님의 자애로운 선하심을 오용함으로써 하나님께서 그분의 은혜로우신 얼굴(경건한 사람에게는 하나님의 얼굴을 바라보는 것이 생명보다 더 달콤하며, 하나님께서 자신의 얼굴을 가리시는 것이 죽음보다 더 쓰다)을 자신들에게서 돌리시고, 그 결과 자신들이 더 큰 영혼의 아픔을 겪지 않도록 한다.

15항: 사탄은 증오하고 교회는 사랑하는 견인 교리

하나님께서는 자신의 이름을 영화롭게 하시고 경건한 자들을 위로하시기 위해 참 신자와 성도의 견인, 견인에 대한 확신 교리를 자신의 말씀 안에 매우 풍성하게 계시하셨으며, 신자들의 마음에 새겨 주신다. 이 교리를 육신에 속한 자는 이해하지 못하고, 사탄은 증오하며, 세상은 조롱하고, 무지한 자들과 위선자들은 악용하며, 오류의 영은 공격한다. 반면에 그리스도의 신부는 이 교리를 값을 매길 수 없는 보물로 언제나 소중히 사랑하고 굳세게 옹호해왔다. 그리고 자신을 대적하는 자들이 세운 어떠한 계획도 가치 없게 하시고, 그들의 어떤 힘도 무력하게 만드시는 하나님께서는 그리스도의 신부가 계속해서 그렇게 행하도록 하실 것이다. 이 홀로 하나이신 하나님, 곧 성부, 성자, 성령께 존귀와 영광이 영원무궁하도록 있을지어다. 아멘.

도르트 신조는 우리가 구원받았다고는 하나 "이 세상에서는 육신과 죄의 몸에서 완전히 해방되"지는 않는다고 인정합니다. 성도들도 "연약하여 날마다 죄를 짓고, 심지어 그들의 최선의 행위에도 흠이 있다"고 인정합니다. 하지만! 오히려 바로 그 이유들 때문에 성도들이 "하나님 앞에서 그들 자신을 매일 겸손하게 낮추고, 십자가에 못 박히신 그리스도께로 피하며, 탄식으로 우리를 위해 간구하시는 성령님으로 말미암아 또 경건을 거룩하게 행함으로써 육신을 점점 더 죽이고, 마침내 이 사망의 몸에서 완전히 해방되어 천국에서 하나님의 어린 양과 함께 왕 노릇 할 때까지 온전함을 푯대 삼아 힘껏 달려가게 한다"고 말합니다.

왜냐하면, "자비가 풍성하신 하나님께서는 자신의 불변하는 선택의 작정에 따라, 심지어 그들이 통탄할 만한 죄를 지었을 때도 그들에게서 하나님의 성령을 완전히 거두지 않으"시기 때문입니다. "또한 그들이 은혜로 양자 된 것과 의롭다 하심 받은 은혜를 박탈당하거나, 사망에 이르게 하는 죄 또는 성령을 모독하는 죄를 짓거나, 하나님께 완전히 버림받거나, 그들 자신을 영원한 멸망 가운데 스스로 던져 넣을 정도로 타락하도록 내버려 두지 않으"시기 때문입니다. "하나님께서는 성도들이 타락했을 때도 성도들을 중생하게 한 자신의 썩지 아니할 씨가 소멸하거나 제거되지 않도록 성도들 안에 보존하"십니다. "하나님께서는 자신의 말씀과 성령으로 확실히 그리고 효과적으로 그들을 새롭게 하심으로 그들이 회개하게 하셔서 그들이 지은 죄들을 진심 어린 마음으로 경건하게 슬퍼하게" 하십니다. "또한 믿음과 상한 심령으로 중보자의 피 안에서 죄 용서를 구하고 받게 하시며, 화목하게 하신 하나님의 은혜를 다시 누리게 하시고, 믿음으로 하나님의 자비를 찬송하게 하시며, 그때부터 더욱 두렵고 떨림으로 그들의 구원을 이루어 가게" 하십니다.

하나님의 이러한 은혜의 일하심은 성도들이 "교만하게 되거나 육적인 자기 과신에 빠지도록 만들지" 않습니다. 오히려 "겸손, 자녀로서 하나님께 갖는 경외, 진실한 경건, 모든 다툼 중에서의 인내, 뜨거운 기도, 고난 가운데서도 진리를 고백함, 하나님 안에서 견고히 누리는 기쁨의 참 근원이" 됩니다. "성경의 증거와 성도들의 예가 증언하는 것처럼, 견인하게 하시는 하나님의 은혜를 묵상하는 것은 성도들로 하여금 진지하게, 그리고 계속해서 하나님께 감사하게 하며 선한 일을 하도록 장려"하기 때문입니다.

성도들도 하여금 인내하게 하는 은혜는 "넘어졌다 다시 일으킴 받은 사람들을 부도덕하게 하거나 경건에 무관심하도록 만들지 않"습니다. "오히려 그들이 더욱 마음을 기울여 주님께서 미리 준비하신 주의 도를 주의 깊게 지키게" 합니다. "그리고 그들은 자신들의 견인을 계속 확신할 수 있도록 주의 도를 따"릅니다. "또한 그들은 하나님의 자애로운 선하심을 오용함으로써 하나님께서 그분의 은혜로우신 얼굴(경건한 사람에게는 하나님의 얼굴을 바라보는 것이 생명보다 더 달콤하며, 하나님께서 자신의 얼굴을 가리시는 것이 죽음보다 더 쓰다)을 자신들에게서 돌리시고, 그 결과 자신들이 더 큰 영혼의 아픔을 겪지 않도록" 합니다.

"하나님께서는 자신의 이름을 영화롭게 하시고 경건한 자들을 위로하시기 위해 참 신자와 성도의 견인, 견인에 대한 확신 교리를 자신의 말씀 안에 매우 풍성하게 계시하셨으며, 신자들의 마음에 새겨 주"십니다. 그런데 이 교리를 "육신에 속한 자는 이해하지 못"합니다. 그래서 그들은 믿음이 있지만 연약해서 신앙생활에 게으른 것이라고, 열심이 없는 것이라고 항변합니다. 물론 참 신자 중에서도 믿음이 연약한 단계에 있는 사람들이 분명 있습니다. 믿음이 어느 정도 자란 사람 중에서도 일시적으로 빛의 생활을 하지 못할 때가 있습니다. 그러나 성경과 도르트 신조를 우리가 정직하게 대하면, 자신의 믿음이 연약하다고 생각하는 사람 중 다수가 사실은 믿음이 없다는 것을 알 수 있습니다.

"사탄은 증오하며, 세상은 조롱하고, 무지한 자들과 위선자들은 악용하며, 오류의 영은 공격"하는 이 교리를 "그리스도의 신부는 값을 매길 수 없는 보물로 언제나 소중히 사랑하고 굳세게 옹호해왔"습니다.

하나님의 자녀요 백성이며, 그리스도의 몸이요 신부인 참 성도들은 벌 받을까 봐 두려워서 경건 생활을 하는 것이 아니라 하나님을 사랑하기 때문에 경건 생활을 합니다. 벌 받을까 봐 회개하지 않습니다. 사랑하는 주님을 실망하게 해드린 것이 죄송하고 가슴 아파 회개합니다. 참 성도들은 하나님께서 그들 안에 베푸신 은혜의 원리에 따라 신앙생활을 합니다. 그래서 좋은 열매를 지속해서 맺습니다.

우리 다 같이 도르트 신조의 다음 선언으로 함께 찬양하길 원합니다.

"자신을 대적하는 자들이 세운 어떠한 계획도 가치 없게 하시고, 그들의 어떤 힘도 무력하게 만드시는 하나님께서는 그리스도의 신부가 계속해서 그렇게 행하도록 하실 것이다. 이 홀로 하나이신 하나님, 곧 성부, 성자, 성령께 존귀와 영광이 영원무궁하도록 있을지어다. 아멘."

하나님께서는 이를 위해 우리에게 은혜의 수단을 베푸셨습니다. 계속해서 도르트 신조를 보시겠습니다.

14항: 하나님께서 사용하시는 견인의 수단 (다섯째 교리: 성도의 견인)
하나님께서 복음 선포를 통해 우리 안에서 이 은혜의 일 시작하기를 기뻐하셨던 것처럼, 하나님께서는 또한 복음을 듣고 읽는 것, 복음을 묵상하는 것, 복음으로 권고하는 것, 경고, 약속, 그리고 성례의 시행으로 이 은혜의 일을 지키시고 계속하시며 완성하신다.

셋째/넷째 교리에서도 이렇게 말합니다.

17항: 하나님께서 은혜의 수단을 사용하심
우리를 태어나게 하시고 우리 생명을 유지하시는 하나님의 전능하신 일하심은 수단을 배제하지 않고 오히려 수단을 반드시 사용한다. 하나님께서는 자신의 무한한 지혜와 선하심을 따라 그 수단들을 사용하셔서 자신의 권능을 행하기를 원하신다. 이처럼 앞에서 말한 우리를 중생하게 하시는 하나님의 초자연적인 일하심은 복음의 사용을 배제하거나 무효로 하지 않는다. 하나님께서 자신의 크신 지혜로 복음을 중생의 씨와 우리 영혼의 양식으로 정하셨기 때문이다. 이런 이유로 사도들과 사도들을 이어 가르치는 교사들은 하나님께서 베푸시는 이 은혜에 관해 사람들이 하나님께 영광을 돌리고 그들의 모든 교만을 낮추도록 경건하게 가르쳤다. 그러나 그러면서도 사도들과 교사들은 복음의 거룩한 권고를 따라 말씀과 성례와 권징의 시행 아래서 사람들을 지키는 일에 게으르지 않았다. 그러므로 오늘날에도 교회에서 가르치는 사람이나 가르침을 받는 사람 모두 하나님께서 자신의 선하신 기쁨 안에서 함께 밀접하게 결합하기 원하신 것을 나눔으로써 감히 주제넘게 하나님을 시험해서는 안 된다. 은혜는 권고를 통해 주어지며, 우리가 우리의 의무를 더욱 기쁘고 즐겁게 행할수록 우리 안에서 일하시는 하나님의 은혜의 혜택이 더욱 빛나고, 하나님의 일하심도 더욱더 진전되기 때문이다. 우리에게 은혜의 수단을 주시고, 그 수단을 통해 구원하는 열매와 효과도 주시는 하나님 홀로 영원히 모든 영광을 받으시옵소서. 아멘.

이에 따르면 오늘날 이렇게 많은 유사 그리스도인이 양산되고 많은 가라지가 교회 안에 들어온 것은, 교회가 복음을 듣고 읽는 것과 복음을 묵상하는 것뿐만 아니라 복음으로 권고하고, 경고하고, 성례를 시행하는 일에서도 적절히 충분히 순종했어야 하는데 그러지 않았기 때문입니다. 많은 교회가 "하나님께서 자신의 선하신 기쁨 안에서 함께 밀접하게 결합하기 원하신 것을 나눔으로써 감히 주제넘게 하나님을 시험"하고 있는 것은 아닐까요?

"은혜는 권고를 통해 주어지며, 우리가 우리의 의무를 더욱 기쁘고 즐겁게 행할수록 우리 안에서 일하시는 하나님의 은혜의 혜택이 더욱 빛나고, 하나님의 일하심도 더욱더 진전되"는데 그렇지 않기 때문에, 복음과 관련해서 위로만 하고, 경고는 하지 않기 때문에, 권징을 제대로 시행하지 않기 때문에 오늘날 교회가 이렇게 된 것은 아닐까요?

우리는 하나님께서 우리를 위해 베푸신 은혜의 수단을 열심히 구하고 있습니까? 은혜의 수단을 활용하여 하나님 앞에 나아가기를 힘쓰고 있습니까? 우리는 "은혜의 수단을 주시고, 그 수단을 통해 구원하는 열매와 효과도 주시는 하나님 홀로 영원히 모든 영광을 받으시옵소서. 아멘."하고 외치고 있습니까?

우리 주님의 명령과 도르트 신조의 교훈을 따라 우리 선조들은 선택과 거듭남의 교리를 자주 설교했습니다. 참된 회심과 거짓 회심에 관해, 알곡과 가라지에 관해 자주 가르치고 교훈했습니다. 성도들이 스스로 속지 않게끔 권고하고 경고했습니다.

이번에도 도르트 신조의 내용 일부를 함께 보겠습니다.

16항: 유기 교리에 대한 반응들 (첫째 교리: 하나님의 선택과 유기)

그리스도께 대한 살아 있는 믿음, 확실한 마음의 신뢰, 양심의 평안, 어린 자녀가 부모에게 순종하는 것과 같이 순종하려는 열심, 그리스도로 말미암아 하나님께 영광 돌리는 일을 아직 자신 안에서 활발하게 경험하지 못하는 사람들이 있다. 그런데도 하나님께서 우리 안에 이런 일들을 이루겠다고 약속하시며 이를 위해 주신 수단들을 사용하는 사람들이 있다. 이런 사람들은 유기에 대해 들을 때 불안해하지 말아야 하며, 자신들을 유기된 자로 생각해서도 안 된다. 오히려 그들은 계속해서 하나님께서 주신 수단들을 부지런히 사용하고, 하나님께서 은혜를 더욱 풍성히 베풀어 주시기를 간절히 원하며, 하나님을 경외하면서 하나님께서 은혜 베풀어 주실 때를 겸손하게 기다려야 한다. 하물며 진심으로 하나님께로 돌이키고자 하며 진심으로 하나님만을 기쁘시게 하고 진심으로 사망의 몸에서 건짐 받기를 원하지만, 아직 자신들이 열망하는 만큼 경건함과 신앙에 이르지 못한 사람들에게는 이 유기 교리에 대해 두려워할 이유가 앞의 사람들보다 훨씬 더 적다. 우리 자비로우신 하나님께서는 꺼져 가는 등불을 끄지 아니하고, 상한 갈대를 꺾지 않는다고 약속하셨기 때문이다. 그러나 하나님과 구주 예수 그리스도를 일부러 생각하지 않으며, 세상의 염려와 육신의 정욕 가운데 자신들을 전적으로 내던지는 사람들에게, 그들이 하나님께로 진심으로 돌이키지 않는 한, 이 유기 교리는 마땅히 크게 두려운 것이다.

매번 그런 것은 아니지만 이처럼 설교를 적용하는 과정에서 우리 선조들은 지혜로웠습니다. "이미 회심한 분들에게 말씀드립니다." "아직 회심하지 않은 분들에게 말씀드립니다." "자신을 거듭났다고 생각하나 실은 거듭나지 않은 분들에게 경고합니다." "어린 자녀들에게 권면합니다"와 같이 세세히 구분하여 각자에게 적절한 권고와 위로와 책망과 경고를 전했습니다. 그래서 같은 말씀을 듣더라도 회심한 사람과 회심하지 않은 사람은 설교 적용 부분에서 각각 자기에게 적절한 교훈과 경고를 들을 수 있었고, 그에 반응하도록 도전받았습니다.

항상 이렇게 명시적으로 구분해서 적용한 것은 아닙니다. 그러나 "이는 참된 성도들이라면 누구나 소유하고 있는 영적 본성입니다." "거듭나지 않은 사람을 이것을 알 수가 없습니다"와 같은 말들을 통해 성도들이 내용을 듣고 자신들의 영혼의 상태를 파악하도록 도왔습니다.

그러나 오늘날 이러한 세심한 적용은 찾아보기가 힘듭니다. 예배 가운데 있는 대다수를 모두 거듭난 그리스도인으로 전제하고 설교하기 때문입니다. 그래서 경고의 말씀은 거의 없습니다. 거의 위로와 격려의 메시지만 전해집니다.

네, 저는 지금 개혁주의 교회 이야기를 하고 있습니다.

교회는 진짜 거듭난다는 것이 무엇인지 가르쳐야 했습니다. 거듭난 사람의 삶이 어떠한지에 관해 성경의 가르침을 선포해야 했습니다. 그러나 거듭남에 관한 비성경적인 관점, 인간의 욕심과 타협한 입장, 세속적인 시각으로 복음을 전하다 보니 복음에 충실하지 않은 메시지가 많아졌습니다. 그래서 많은 사람이 실제로 거듭나지 않았음에도 자신들을 그리스도인이라고 믿고 있습니다. 거듭남이 무엇인지도 모르고, 중생한 사람이 갖게 되는 하나님 중심적 삶에 관해 관심도 없음에도 자신들을 그리스도인이라고 믿고 있습니다.

이러한 유사 그리스도인을 만들어 낸 것이 교회인데, 교회는 왜 성도들이 믿음을 따라 살지 않을까? 왜 이렇게 오늘날 교회가 약하고, 심지어 병들어 있을까? 의아해합니다.

　그리스도인이 아닌 사람들이 그리스도인답게 사는 것이 오히려 이상할 것입니다. 그리스도인이 아닌 사람들에게 그리스도인으로 살라고 하기 때문에 교회 안에 있는 많은 사람이 말씀을 싫어하고, 심방을 싫어하고, 하나님의 말씀을 율법적으로만 받아들이는 것이 아닐까요?

　거듭남에 관한 분명한 입장을 성경적으로 회복하지 않는 한, 교회는 앞으로도 계속해서 유사 그리스도인을 양산할 것입니다. 이들이 다수인 교회들에서는 복음을 힘 있게, 있는 그대로 전할 수 없을 것입니다.

　하나님의 은혜로 몇몇 사람은 부족한 복음을 듣고, 부족한 순종을 하는 교회에서도 하나님을 참되게 믿을지도 모릅니다. 그러나 영접 기도한 것, 검증 없이 세례받은 것을 통해 자신을 그리스도인이라 믿는 사람들 대부분이 마지막 날에 예수님께 "내가 너희를 도무지 알지 못하니"라는 말씀을 들을 것입니다.

왜 개혁주의 교회도 크게 다르지 않을까?

세례받았을 때가 기억납니다. 열심히 신앙생활 하시는 부모님 덕분에 저는 어렸을 때부터 가정예배를 드렸습니다. 늘 주일을 지켰고, 말씀과 기도 생활도 나름 열심히 했습니다. 하지만 세례받을 때 저는 신앙이 없었습니다. 학교에서도 품행이 바르지 않았습니다. 다만 가정과 교회에서는 얌전한 학생, 설교 잘 듣고 찬양 열심히 부르는 학생, 분반 공부 빠지지 않고 성실히 하는 학생, 성경 지식이 또래보다 조금 많은 학생이었습니다.

세례받기 직전 세례 문답이 있던 날, 저 같은 학생부터 중년 정도로 보이는 성도님들까지 약 스무 명 정도가 모였습니다. 술, 담배 하느냐는 질문과 하고 계신 분들은 이제는 하지 말라는 말씀, 그리고 몇몇 사람에게, "예수님을 구주로 믿으시지요?"라는 질문과 "아멘"이라는 대답 후에 세례 문답이 끝났습니다.

저는 그다음 날 세례를 받았습니다. 어떤 분들은 세례를 받으시면서 울기도 하셨지만, 저는 세례가 그렇게 큰 감동으로 다가오지 않았습니다.

학생 때도, 청년이 되어서도 제가 가끔 신앙과 관련해서 방황하면, 사람들은 그 방황을 신앙 안에서의 방황이라고 말했습니다. 사람들은 세례를 받았으니 걱정하지 말라고 했습니다. 믿음이 없으면 예수님을 영접할수 없기 때문에 영접했다는 사실 자체도 무척 중요하다고 말했습니다. 진실하게 살아가기를 소망하고 힘쓰면 된다고요.

교회는 사회적으로 이슈가 될 만한 큰 죄를 짓지 않고, 성품이나 생활에서 크게 문제 될 것이 없으면, 종교활동에 기본적으로 성실히 참여하면, 그러면서 예수님을 믿는다고 고백하면 세례를 베풉니다. 이렇게 하는 게 맞는 걸까요?

적극적으로 믿음의 열매를 드러내는 것을 고려하고 기준으로 삼는 게 아니라, 그리스도인이 아니라고 말할 만큼 타락하거나 덕이 안 되는 정도가 아니라면 그 사람에게 신앙이 있다고 판단하는 게 맞는 걸까요?

네, 우리는 누군가가 구원받지 못했다고 함부로 판단해서는 안 됩니다. 그러나 그와 동시에, 누군가가 구원받았다고 함부로 판단해서도 안 됩니다. "그 열매로 나무를 아느니라"(마 12:33). 하나님의 뜻에 따라, 성경의 가르침에 따라 그 사람이 구원받았다는 판단, 그 사람에게 세례를 베풀어도 된다고 결정하는 판단은 정말 신중하고 꼼꼼하게 해야 합니다.

이와 달리 세례를 무겁게 다루는 교회들도 있습니다. 저는 자녀가 넷 있습니다. 저희 아이들이 유아 세례받을 때, 특히 막내 다혜가 지금 광교장로교회에서 유아 세례받을 때가 기억납니다. 간단히 말씀드리면, 담임 목사님이 저희 집에 오셔서 저희 부부의 신앙을 점검하고, 세례와 유아 세례에 관해 충분히 설명해주셨습니다. 그리고 얼마 후 막내 다혜는 저희 부부의 신앙을 따라(저희 부부가 받은 은혜 언약에 함께 속하기에) 유아 세례를 받게 되었습니다. 모든 성도님이 저희 부부와 같은 마음으로 유아 세례식에 참여해주셨고, 예배 후에는 축하해주셨습니다.

많은 교회에서 세례식이 형식적으로 치러집니다. 그러나 우리 주님의 말씀과 신앙을 진지하고 무겁게 생각하는 교회들은 세례를 형식적으로 다루지 않습니다. 광교장로교회에서도 세례와 입교를 축제로 여깁니다. 죄인이었던 한 사람이 이제 예수님을 자신의 주와 구주로 고백하는 믿음을 공적으로 고백하고 머리 되신 예수님께 접붙여지는 일이기 때문입니다. 자신이 좋아하던 것들을 버리고 예수님을 사랑하는 삶으로, 자신이 사랑하던 것들을 미워하고 예수님께서 기뻐하시는 것들을 사랑하는 삶으로의 전환이 공적으로 이루어지는 날이기 때문입니다. 그래서 다른 어떤 일보다 이 일을 교회의 중요한 사역으로 치릅니다. 한 사람이 세례 교육을 받기 시작한다는 공지를 시작으로 성도들이 그 세례 교육에 관심을 두고, 그를 격려하며, 그를 위해 기도합니다. 목사님들과 장로님들이 신중하게 철저하게 가르치고, 또 권면하면서 교육을 진행합니다. 세례 교육을 받는 동안 대상자는 설교를 들으며, 매주 시행되는 성찬을 보며, 여러 권면을 건네는 성도들의 간증과 신앙고백을 통해 그리스도인이 된다는 것에 관해 진지하게 고민합니다.

왜 삶으로 믿음을 증명하지 못하는 사람들이, 입술의 고백 외에는 신앙을 증언하지 못하는 사람들이 자신이 안전하다고 생각할까요? 아니, 자신이 부족하다고 생각은 하지만 위험하다고 생각하지는 않을까요? 알곡과 가라지에 관한, 거짓 회심에 관한 경고를 듣지 못하기 때문입니다. 참된 거듭남이 무엇인지에 관한 설교를 듣지 못하기 때문입니다. 세례가 너무 형식적으로 베풀어지고 있기 때문입니다. 믿음은 들음에서 난다고 하는데, 들음이 없으니 믿음도 없는 것입니다.

개혁주의 안에 있는 사람들은 자신들이 개혁주의 교회 안에 있기 때문에 안전하다고 생각합니다. 교회의 건강이 자신의 것인 것처럼 생각하기 때문입니다. 거듭남과 회심에 관한 설교를 자주 듣고, 유사 그리스도인에 관한 경고도 종종 듣는 것이 이들에게 위로를 줍니다. 이런 교리들에 대한 지식으로 구원 여부가 정해지는 분위기가 있습니다. '이렇게 분별하는 말씀을 듣고, 경고하는 말씀을 자주 듣고 있는 내가 크게 믿음에서 벗어나는 생각이나 일을 하지 않고, 나름 신앙생활을 열심히 하고 있으니 나는 믿음 안에 있는 게 분명해!'

그럴 수도 있고 그렇지 않을 수도 있습니다.

이들 중 일부는 믿음에서 벗어나는 생각이나 일을 하지 않지만, 그렇다고 그리스도를 마음 다해 사랑하고, 말씀에 즐겁게 순종하는 일에 크게 관심을 두지도 않습니다. 이들에게는 종종 진짜 그리스도인, 성숙한 그리스도인들이 부담됩니다. 그들이 자신들을 정죄한다고 생각합니다. 지금 이 상태로도 좋은데, 그들이 자꾸 말씀과 기도를, 신앙의 여러 거룩한 의무를 권면하는 것이 짐으로 여겨집니다. 괜히 그들 앞에 있으면 정죄 받는 것 같습니다. 괜히 그들과 대화하는 것이 꺼려집니다. 내 삶은 말씀이 이끄는 삶이 아닌데, 내 삶에서는 기도가 그렇게 흔하지 않은데, 저들의 삶은 언제나 말씀이 우선이고, 기도가 삶의 일부이기 때문입니다. 내 대화의 대부분은 세상의 것들인데, 저들은 만나기만 하면 말씀과 신앙에 관해 말하니 그게 싫습니다.

충분히 검증하고, 신중히 베풀어야 하는 세례

개혁주의는 세례를 중요하게 다룹니다. 하지만 실제로 중요하게 다루는 교회는 소수로 보입니다. 몇몇 교회는 세례 기준을 지나치게 높여서 10년이 넘도록 그 교회에서 세례를 받은 사람이 없는 예도 있습니다. 그러나 그 외 많은 교회는 세례의 기준을 낮춰서 세례를 베풉니다. 이상합니다. 그렇게 중요하다면서, 왜 실제로는 중요하지 않게 다룰까요?

세례 문제를 결코 작은 것으로 봐서는 안 됩니다. 교회 시대에, 교회 안에 세례 교인의 수가 이렇게 많을 때가 있었나요? 비율로도 이렇게 많은 때는 없었습니다. 그런데 우리는 그리스도인이, 교회가 가장 욕먹는 시대를 살고 있습니다. 세례교인이 이렇게 많은데, 하나님을 사랑하는, 하나님을 자신의 주로, 예수 그리스도를 구주로 고백하는 사람들이 교회에 이렇게 많은데 말입니다. 그런데 비율로 봐도 수로 봐도 이 정도의 사람들이 있지 않았던 종교개혁 때나 17, 18세기 때의 교회가 훨씬 더 세상을 향해 빛과 소금이 되었고, 그들의 신앙이 더 견실했습니다. 무엇이 이런 차이를 냈을까요?

저는 세례 자격의 기준을 단순히 지금보다 높게 잡자고 말씀드리는 것이 아닙니다. 원래 기준대로, 성경의 기준대로 하자고 말씀드리는 것입니다.

너희는 믿음 안에 있는가 너희 자신을 시험하고 너희 자신을 확증하라
예수 그리스도께서 너희 안에 계신 줄을 너희가 스스로 알지 못하느냐
그렇지 않으면 너희는 버림 받은 자니라
– 고후 13:5

초대교회처럼, 우리 선조들처럼 그가 정말로 자녀가 되었는지, 성화를 보이는지, 회개와 믿음의 삶을 사는지 지켜보고 확인하는 과정을 두어야 합니다.

그리스도인은 하나님과 동행합니다. 하나님의 자녀입니다. 자녀가 부모와 떨어져 살 수 있습니까? 그리스도인은 종입니다. 종이 주인의 말과 생각대로가 아니라 자기 생각대로 살 수 있습니까? 그리스도인은 가지입

니다. 다른 열매를 맺을 수 있습니까?

참된 신자는 하나님께 대한 관심이 많습니다. 하나님을, 그리고 하나님과 관계된 모든 것을 알고 싶어 합니다. 하나님께 대한 사랑이 진하면 진할수록 그러합니다.

참 성도는 거룩함에 관심이 많습니다. 그냥 좀 더 착하게, 세상 사람보다는 좀 더 의롭게 정도가 아니라 거룩하고 경건한 삶을 사모합니다.

그는 무엇보다 그리스도를 닮기 원합니다. 그에게는 그리스도가 실제로 주와 구주가 되십니다. 그는 교회를 사랑하고, 섬깁니다.

종일 하나님과 관계없이 살아가는데도 그를 그리스도인이라고 말할 수 있습니까?

자신을 그리스도인이라고 믿는 많은 사람이 기도의 골방이 없습니다. 혹 골방을 가지고 있지만 잘 찾지 않습니다. 기도의 골방이 있다면 그리스도인이 아니라고 말하지는 못할 것입니다. 그러나, 그 골방에 거의 찾아가지 않는다면, 찾아가는 일이 드물다면 어떻게 생각해야 할까요? 바른 교회라면, 하나님이 세우신 말씀의 사역자라면 "당신은 지금 매우 위험한 상태에 있습니다. 당신은 심각한 상황에 처해 있습니다. 당신의 영혼은 큰 질병에 걸렸습니다. 어서 당장 조치를 취하지 않으면 안 됩니다"라며 경고해야 하지 않을까요? 간혹 다니는 오솔길은 곧 사라지고 맙니다.

자기를 부인하지 않는 사람이 그리스도인인 적이 있습니까? 그리스도인은 경건하게 살고자 하기 때문에 받는 박해를 감사하게 생각합니다. 우리는 그렇게 생각합니까? 개혁주의 교회들은 그렇게 생각하도록 설교하고 가르치고 지도하고, 또 도우며 위로하고 있나요?

거듭남은 새로운 피조물이 되는 것입니다. 하나님께서는 우리를 새롭게 지으셨습니다. 그것을 교회가 공적으로 확인하고 시인하고, 그를 그리스도의 몸 된 지체로 받는 것이 세례입니다.

"우리는 그가 만드신 바"입니다. "그리스도 예수 안에서 선한 일을 위하여 지으심을 받은 자"입니다(엡 2:10 참고). 하나님께서는 우리 "안에서 착한 일을 시작"하셨습니다. 하나님께서 하신 일입니다. 그래서 그 일은 반드시 열매를 맺게 되어 있습니다. 하나님이 시작하셨지만, 우리 안에 성령님께서 거주하시면서 하시는 일이지만, 열매가 없다고 말할 수 있습니까? 아닙니다. 우리는 하나님께서 "그리스도의 예수의 날까지 이루실 줄을 확신합니다"(빌 1:6 참고). 우리는 관심 없는데, 우리는 사실 그렇게까지 하고 싶지는 않은데, 하나님만 이 일을 좋아하셔서 하나님 혼자 이 일을 하시나요? 아닙니다. "우리 안에서 행하시는 이는 하나님이신데, 하나님께서는 하나님의 기쁘신 뜻을 위하여 우리에게 바라고 원하고 소망하는 마음을 주시며, 실제로 행하게 하십니다"(빌 2:13 참고).

성경에 합당하게 세례를 베푼다면…

최근 CGNTV에서 〈안녕히 계세요, 하나님〉이라는 다큐멘터리를 방송했습니다. 교회를 떠났거나, 떠나는 것을 진지하게 고민했던 청년들과 청소년들이 나와 인터뷰한 내용을 담았습니다.

어른들, 장년들이 볼 때는, "뭐, 그런 일로 교회를 떠나는가?" 할 수 있을지 모르겠습니다. 하지만 청년들과 청소년들은 무척 진지했습니다.

우리 청년들과 청소년들은 목사와 직분자들이, 어른들이 이기적이고 위선적이어서 상심했습니다. 성추행하고 함부로 말하는 모습에서 큰 실망을 느꼈습니다. 그리고 그 문제들에 이의를 제기했을 때 그러한 죄와 잘못을 바로잡으려고 하지 않는 모습에서는 절망을 느꼈습니다. 예수님을 진심으로, 잘 믿고 싶은데, 목사와 어른 성도들의 죄와 잘못이 청년들과 청소년들로 하여금 교회를 믿지 못하게 합니다. 그들은 교회가 "네가 뭘 알아?"라고 말하며 자신들을 무시한다고 슬퍼합니다. 자기들을 교회 일꾼으로만 보는 것 같아서 아프다고 합니다. 그들은 교회 안에서, 교회를 떠나서 계속 상처를 받고 있고, 울고 있습니다. 하나님에 대한 신앙이 흔들리기까지 합니다. 그러나 교회는 그들을 향해 바르고 적절하게 대응하지 못하고 있습니다. "하나님을 떠날 수 없어서 교회를 떠났다"는 한 청년의 멘트가 묵직하게 다가옵니다.

시청하면서 저는 교회가 기본적인 상식도 만족시키지 못하는 것 같다고 생각했습니다. 신앙을 진지하게 생각하는 사람들이 교회에 요구하는 것은 어쩌면 그렇게 큰 것이 아닐지도 모릅니다. 그냥 상식을 요구하는 것일지도 모릅니다. 상식만이라도요.

하나님의 은혜로 거듭난 사람, 그래서 예수님을 진실하게 주와 구주로 고백하는 사람, 하나님을 위해 살겠다고 방향 전환을 한 사람에게만 세례를, 말로만이 아니라 삶으로 신앙을 고백하는 사람에게 세례를 베푼다면…… 교회에 엄청난 변화가, 많은 변화가 일어나게 될 것입니다.

당장 세례교인의 수가 줄어들 것입니다. 이는 교회를 작게 만드는 일이 아닙니다. 생명을 소유한 사람에게는 참된 삶을 살아갈 수 있도록 집중해서 도움을 주고, 거듭남이 필요한 사람에게는 복음의 약속과 경고를 통해 중생할 수 있도록 집중해서 도움을 줄 수 있습니다.

세례교인이 아닌 사람에게 봉사를 맡기지 않을 것이기에 지금보다 섬기는 사람의 수가 줄 것입니다. 사실은 충분히 젖을 먹고 성장해야 했지만, 교회의 필요에 따라 그럴 수 없었던, 그래서 충분히 목양 받지 못해 건강하게 자라지 못했던 많은 사람이 충분히 젖을 먹고 필요한 양육을 받을 수 있게 될 것입니다. 젖을 떼기도 전에 걷기를 요구받고, 이제 막 걷기 시작했는데 다른 사람들을 돕는 일에 투입되었던 사람들이 충분히 겸손하게 성실히, 필요한 목양을 받고 건강하고 성숙한 그리스도인들로 성장하게 될 것입니다.

진실한 신앙고백과 삶으로 세례를 받고 교회 회원이 된 성도들의 수가 많아지면, 그런 진실한 사람들 가운데서 선출되는 직분자들의 수준 또한 올라가게 될 것입니다.

거듭남의 교리를 회복하고, 세례를 성경의 원리에 따라 베푼다면, 우리 선조들이 주의한, 지키려고 했던 원칙에 따라서 베푼다면, 교회가 어떻게 바뀔까요? 저는 상상만 해도 즐겁고 감사합니다.

5장

무례하고 오만한
개혁주의자

5

무례하고 오만한 개혁주의자

우리는 지금까지 위선적인 우리의 모습을 돌아보았습니다. 우리는 우리가 사랑한다고 말하는 것들을 실제로는 그렇게까지 사랑하지 않습니다. 심지어 이기적인 마음으로 사적인 이익을 취하고, 우리 만족과 유익을 위해 신앙생활을 합니다. 사람들이 개혁주의를 싫어하는 것은 개혁주의가 가리키는 성경의 교리 때문이라기보다는, 사실 우리 개혁주의자들 때문이라는 이야기들을 살펴봤습니다. 각자 개혁주의를 추구한다고 하지만, 각자만의 개혁주의를 추구하기 때문에도 우리 메시지에 힘이 없음을, 그리고 서로 오해하고 용납하지 않고 정죄하게 됨을 살펴봤습니다. 은혜의 교리를 그토록 강조하지만, 우리 안에 은혜가 정말 있는가를 점검해 보기도 했습니다.

그리고 이러한 문제들, 곧 우리의 불순종과 행함이 없는 죽은 믿음, 그리고 우리 자신에게 영광 돌리는 태도 등을 해결하기 위해 구체적으로 또 실제로 어떻게 회개하고, 어떻게 순종해야 할지도 여러분과 함께 나눴습니다.

많은 사람이 개혁주의의 문제를 주로 오만함, 사랑 없음으로 보는 데는 저도 어느 정도 동의합니다. 그러나 저는 4장까지의 내용이 실제로는 우리가 가진 훨씬 더 큰 문제라고 생각합니다. 그래서 용기 내어 여러분과 나누고 싶은 것을 조심스럽게 나눴습니다.

이제 5장과 6장에서는 우리의 무례하고 오만한 마음과 태도를 회개하고, 우리가 가져야 할 은혜의 태도가 무엇인지 여러분과 나눠보려 합니다.

복음적 겸손 vs 일반적 겸손

아시다시피 개혁주의는 처음부터 끝까지 하나님의 영광을 말합니다. 모든 예배, 모든 교리, 모든 찬양, 모든 감사, 모든 고난과 시련이 다 하나님의 영광을 가리킵니다. 모두가 하나님의 영광을 위해 합력하여 선을 이룹니다. 이 하나님의 영광이 구원과 관련해서는 다음의 의미를 뜻하는데요, 곧 사람은 전적으로 하나님의 은혜로 구원받습니다. 우리의 힘으로 할 수 있는 것이 아무것도 없습니다. 하나님께서 은혜를 베풀어 주시지 않으면 우리에게는 아무런 소망이 없습니다. 우리가 구원받는 것은 오직 하나님의 은혜에 달려 있습니다. 더불어 우리가 구원받은 사람으로 살아가기 위해서도 우리에게는 하나님을 전적으로 의지하는 마음이 필요합니다. 그래야 바르고 신실하게 살아갈 수 있습니다.

따라서 우리가 개혁주의 안에 정말로 있다면, 개혁주의를 정말로 이해하고 사랑한다면, 우리는 결코 교만할 수가 없습니다. 왜냐하면 자신의 행위로 구원받은 것이 아니기 때문입니다. 영원한 저주와 멸망을 받아야 할 우리가 하나님의 은혜로 구원받았기 때문입니다. "행위에서 난 것이 아니니 이는 누구든지 자랑하지 못하게 함이라"(엡 2:9). 받지 않은 것이 없으니 우리 것이라 말할 수 있는 것이 아무것도 없습니다. 우리의 지식, 우리의 믿음, 우리의 삶 모두가 하나님께서 베푸신 은혜요, 은혜의 결과입니다. 따라서 참된 성도는 겸손한 사람입니다. 그럴 수밖에 없습니다. 겸손을 사랑하고, 겸손을 추구합니다. 참 성도는 겸손한 척을 정말 싫어합니다. 하나님을 향한 사랑과 이웃을 향한 사랑이 그로 하여금 교만하지 않게 합니다. 하나님을 향해서도, 우리 동료 지체들을 향해서도, 믿음 없는 세상 사람들을 향해서도요.

겸손은 너무나 중요해서, 아우구스티누스 같은 사람은 신앙에서 중요한 것은 첫째도 겸손, 둘째도 겸손, 셋째도 겸손이라고 했습니다. 장 칼뱅과 조나단 에드워즈 등도 참 신자의 가장 으뜸 되는, 가장 두드러진 열매와 표지로 겸손을 들었습니다. 겸손이 신앙하는 마음과 태도를 결정짓기 때문입니다. 겸손이야말로 구원받은 사람이 지녀야 할 본성이기 때문입니다.

하지만 이런 겸손을 모든 사람이 그리스도인으로 거듭나는 순간부터 완전하게 소유하는 것은 아닙니다. 그리고 바로 이 사실 때문에라도 우리는 겸손해야 합니다.

겸손이 이렇게나 중요한데, 우리는 겸손을 죄와 비참 가운데 죽어 마땅한 우리가 하나님 앞에서 가져야 할 경건한 태도로 생각하지 않을 때가 많습니다. 우리에게 겸손의 일반적 의미는, 일반사회에서 겸양하거나 겸사하는 태도입니다. 그래서 우리가 겸손이라는 단어를 주의 깊게 의식하지 않으면, 조심스럽게 사용하지 않으면 겉으로 보이는 태도만을 조금 더 부드럽게, 조금 더 신중하게 보이게 할 뿐입니다. 물론 그리스도인도, 일반 사람들도 겸손을 겉으로 드러나는 태도보다는 마음의 태도로 보려고 노력합니다. 마음의 태도가 훨씬 더 중요하다고 알고는 있습니다. 그러나 세상에서 아무리 숭고한 겸손이라 하더라도 그것이 하나님 앞에서의 겸손이 아닐 때, 그 겸손은 하나님께서 받을 만하신 참된 겸손, 복음적 겸손(먼지 같은, 죽어 마땅한 죄인이 무한하시고 거룩하신 하나님 앞에서 마땅히 가져야 할 태도)이 아닙니다. 그리고 참된 겸손이 아닌 일반적인 겸손에는 많은 한계가 있기 마련입니다.

겸손을 일반적으로 하나님 앞에서의 마음의 태도 문제로 무겁게 보지 않기 때문에 우리의 겸손은 대부분 의미가 가벼워지는데, 다음과 같은 현상으로 나타납니다.

우리가 하나님 앞에서 겸손하지 않기 때문에, 우리는 단어들을 우리에게 이롭게 사용하려는 경향이 있습니다. 내가 잘못한 것은 실수한 것이고 반성하면 되는 정도인데, 다른 사람이 잘못한 것은 죄여서 회개해야 하는 문제가 됩니다. 우리 개혁주의자들이 쉽게 저지르는 잘못입니다. 물론 개혁주의자들만 저지르는 잘못은 아닙니다. 이 책에서 말하는 잘못된 것들을 우리만 저지르는 것은 아닙니다. 그러나 이러한 일들은 우리가 참으로 쉽게 저지르는 죄입니다.

더욱이 우리는 이러한 우리의 교만이 "다른 사람과 비교해서 크게 나쁜 것은 아니다. 모두 다 똑같다"라고 생각하게 하는 그 생각과도 싸워야 합니다. 우리가 사랑하는 개혁주의가 우리가 믿고 아는 바처럼 더 높고 아름답다면, 그만큼 우리가 저지르는 죄는 더러운 것이 되기 때문입니다. 우리가 계속해서 교만한 태도를 고집한다면, 그러한 교만이 더 나쁜 이유는 우리가 다른 사람들보다 거룩함에 대해서 더 많이 말하고 강조하기 때문입니다. 우리가 거룩함을 더 추구하는 사람들이기 때문입니다. 거룩함의 아름다움과 영광을 더 많이 맛본 사람들이기 때문입니다. 그런 우리가 "너희 그렇게 하면 안 돼, 이렇게 해야 해"라고 가장 많이 말하고 아는 체하기 때문에 우리의 교만이 훨씬 더 나쁜 교만입니다. 우리가 훨씬 더 교만한데, 다른 사람들을 더 많이, 더 쉽게 정죄하기 때문입니다.

겸손의 기준은 자기 자신

그런데 더욱 나쁜 것은, 겸손에 대한 우리의 기준이 성경이 아니라, 하나님의 은혜가 아니라 자기 자신이라는 것입니다. 우리는 우리보다 겸손한 사람들을 높입니다. 그러나 때로는 그들이 지나치게 겸손하다고 평가하기도 합니다. 그 정도로 겸손한 것은 바른 겸손이 아니라고, 그러한 겸손은 좋은 것이 아니라고 판단하는 것입니다. 판단 기준은 우리 겸손의 크기입니다.

또 우리는 우리보다 좀 덜 겸손한(그렇게 보이는: 그런데 그 사람이 '덜 겸손하다'는 것을 누가 판단하나요? 절대적인 평가인가요?) 사람들은 교만한 사람으로 치부해 버립니다.

이렇게 우리는 우리보다 겸손한 사람도 안 좋게 보고, 우리보다 겸손하지 않아 보이는 사람들도 낮잡아 봅니다.

지적 허영과 교만

이러한 교만이, 잘못된 겸손이 신앙 여러 부분에서 나타납니다.

그중에서도 지적 허영에 따른 교만이 제일 큽니다. 개혁주의자 가운데 많은 사람이 지적 자부심이라는 교만에 빠져 있습니다. "나는 개혁주의자야! 개혁주의는 가장 탁월하고 성경적이지!" 물론 저는 개혁주의가 가장 탁월하고 성경적이라고 생각합니다. 하지만, 이렇게 생각하는 많은 사람이 개혁주의 밖에 있는 사람들을 열등하게 생각합니다. 그들에게는 진리가 없는 것처럼, 그들은 생각조차 제대로 하지 않는 것처럼 여기기도 합니다. 그들이 범하는 죄들은 거의 모두 개혁주의 교리를 알지 못해서이므로 어리석고 우둔한 그들에게 개혁주의 교리를 어떻게든 선포하고 강권하는 것이 가장 중요하고 신성한 의무가 됩니다. 개혁주의 바깥에 있는 사람들을 적으로 간주하고 온갖 공격을 가합니다.

자연스럽게 개혁주의자들에게는 책이 너무 중요합니다. 흔히 우리는 그 사람이 읽은 책으로 그 사람을 알 수 있다고 말합니다. 또는, 그 사람이 읽은 책이 그 사람이라고 말하기도 합니다. 그런데 우리는 여기서 지나쳐서 우리가 무슨 책을 얼마나 읽었는가를 가지고 자부심을 드러내며 다른 사람을 판단합니다. 다른 사람의 수준과 레벨을 평가합니다.

"아직 이 책도 안 읽어봤어요?"

"먼저 제가 말씀드린 책들부터 읽고 오세요. 그래야 대화가 됩니다."

"저는 16~17세기 개혁주의 정통신학 책들을 매우 즐겨 읽어왔습니다. 16~17세기가 정통이자 진짜입니다. 그 이후는 메아리나 울리는 정도이고, 모자라도 한참 모자라지요."

"그 책을 읽지 않으니 그렇게 답답하게 생각하는 겁니다."

"이 책을 읽었다면 그런 어리석은 생각을 하지 않았을 겁니다."

또 우리는 상대방이 못 알아들을 단어와 표현을 자주 사용합니다. 그래서 상대방이 그에 대해 어려워해서 질문하면, 그런 기본적인 것도 모르니 문제라고 생각하고 상대방을 낮게 평가합니다.

또 우리는 칼뱅을 얼마나 많이 인용하느냐, 얼마나 정확히 인용하느냐로 자신의 가치와 우월성을 자주 드러냅니다.

"나는 칼뱅만이 아니라 베자와 스펄전과 로이드 존스까지 잘 알지."

"나는 바빙크과 에드워즈를 섭렵했다고."

"오웬은 이렇게 말했어. 물론 그에 대해 싱클레어 퍼거슨이 이러이러하게 평가했다는 것은 알고 있겠지?"

하지만 이런 태도들은 개혁주의가 말하는 참 신앙과는 거리가 멀어 보입니다. 왜냐하면 개혁주의가 말하는 참 신앙은 마음과 뜻과 힘을 다해 하나님을 사랑할 뿐만 아니라 우리 이웃도 사랑하게 하기 때문입니다. 우리가 받은 믿음과 지식이 어디에서 온 것인지 곰곰이 생각한다면, 한 몸 된 지체들을 사랑한다면, 우리는 결코 저런 교만한 태도를 사랑할 수 없습니다.

개혁주의의 문제 – 개혁주의자

오늘날 사람들로 하여금 개혁주의를 멸시하고 모욕하고 조롱하게 만드는 것은 바로 우리 개혁주의자들입니다. 우리는 우리도 거저 받았음에도, 다른 사람들을 쉽게 정죄합니다. 원래 우리는 이 신앙을 가지고 있던 것처럼, 우리는 처음부터 거룩하고 의로운 사람들이었던 것처럼 사람들을 쉽게 비난합니다.

우리가 신앙 논쟁에서 이겼을 때 기쁜 이유가 무엇인가요? 누군가를 이겼기 때문인가요? 우리가 사랑하는 진리가 비진리를 이겼기 때문인가요? 우리가 논쟁하는 이유는, 개혁주의 교리가 참으로 성경에 충실하다는 것을 증언하고, 함께 나누기 위한 것입니다. 개혁주의 교리가 정말 아름답고 위로가 넘치며 참되다는 것을 알리기 위한 것입니다. 우리 가족과 이웃들이 개혁주의를 통해 하나님을 온전히 사랑하고 예배하게 되기를 바라기 때문입니다. 그러나 혹 그런 목적으로 논쟁을 하다가도 우리는 금세 지쳐 버리고, 상대방의 영혼의 상태를 쉽게 판단해 버립니다. 왜 그럴까요? 도대체 뭐가 문제일까요?

이상하게도 우리가 논쟁에서 이길수록 사람을 잃어가는 것 같습니다. 논쟁에서 이겼다고 기뻐하지만, 지체를 잃어가는 고통과 슬픔은 보지 못하는 것 같습니다. 우리로 하여금 예배하게 해야 할, 섬기게 해야 할 지식이 칼이 되어 우리 가족과 이웃을 찌르고, 다시 우리에게 돌아와 우리를 찌릅니다.

위선적인 우리 때문에, 자기중심적인 우리 때문에, 말은 정말 많이 하지만 행동은 이기적으로 하는 우리 때문에 개혁주의가 모욕을 당합니다. 사람들은 우리 때문에 거부감을 갖습니다. 우리 때문에 이 참 신앙을 증오합니다. 정말로 비통하고 괴로운 것은 이 영광스럽고 아름다운 신앙이, 이 은혜의 교리가 우리의 교만과 사랑 없음 때문에 짓밟히는 것입니다.

개혁주의 공동체를 파괴하는 개혁주의자

Y성도는 국내에서 개혁주의로 유명한 교회에서 자랐습니다. 대학생이 된 후 거듭나게 되었는데, 그러면서 개혁주의가 Y성도를 완전히 사로잡았고, 이후 이 성도는 개혁주의에 천착하게 됩니다. 좋은 설교도 많이 들었지만, 특히 개혁주의 도서들을 깊이, 또 다양하게 섭렵합니다. 하지만, 좋은 설교와 좋은 책들을 많이 읽어갈수록, 교회 구조나 운영이 마음에 안 들기 시작했습니다.

친구들과, 또 진짜 개혁주의를 열망하는 사람들과 뜻을 모으기 위해 개혁주의 모임을 여럿 만들어 운영하기도 하고, 여러 곳에 있는 다양한 개혁주의 모임에 참여했습니다. 그러나 자신만큼 많이, 정확히 아는 사람이 없어서 그때마다 답답해했습니다. Y성도가 보기에 사람들은 정말 중요한 것들을 놓치는 경우가 많았습니다. 충분히 잘 설명해줘도 그때뿐, 다음에, 또 그다음에 계속해서 설명을 해줘야 했습니다. 그런데도 어려워했습니다. 모임에 참여하는 사람들 대부분이 책을 열심히 읽지도 않았기에 자주 마음이 상했습니다. 무엇보다 알려줬으면 바로 반응을 보이고, 변화해야 하는데 그러지 않는 것에 부아가 치밀었습니다. 사람들은 말로는 하나님을 사랑한다고 말하고 진리를 열망한다고 하지만 Y성도가 보기에는 그렇게 보이지 않았습니다. Y성도가 보기에는 대부분 거듭나지 않은 듯 보였습니다.

Y성도는 시간이 지날수록 사람들과 자주 부딪치게 되었습니다. Y성도는 너무 외로웠습니다. 진짜 개혁주의를 아는 사람이 너무 적었습니다. 진짜 개혁주의자들은 주위에 없었습니다. 다들 너무나 무지하고, 반응도 없는 죽은 나무와 같았습니다.

어느 순간부터 Y성도가 주도해서 만든 모임도, 기존 모임에 멤버로 참여했던 모임도 사라지기 시작했습니다.

교회에서는 Y성도를 걱정하기 시작했습니다. "모든 사람이 진리에 대해 Y성도처럼 반응하는 것은 아니다. 사람들을 기다려라. 그리고 좀 겸손할 필요도 있다"고 조언했습니다. 하지만 Y성도는 그런 말들이 비겁하다고 생각했습니다. 그렇게 말하는 사람들부터 진리에 즉각적인 순종을 하기 원했습니다. 그렇게 말하는 그들이야말로 하나님을 아는 일에 더 많이 힘써야 한다고 생각했습니다. 그래서 자신을 걱정하는 사람들과 자주 다투기 시작했습니다.

교회에서는 Y성도에게 상처받은 사람들이 계속 늘었습니다. 사람들은 Y성도 앞에서는 말을 조금만 잘못해도 이단이 되는 것 같다고 했습니다. Y성도가 원하는 단어나 표현을 말하지 않으면 하나님을 사랑하지 않는 사람이, 진리를 바르게 알지 못하는 사람이 된다고 말했습니다. 교회에 존재했던, Y성도가 참여했거나 만든 많은 소그룹이 파괴되었습니다. 실제로 사람들은 Y성도를 모임 파괴자, 공동체 파괴자라고 불렀습니다.

Y성도는 교회에서 자신을 향해 수군수군하자 견딜 수가 없었습니다. 그래서 교회를 떠나 다른 교회로 갔습니다. 하지만 그곳에서도, 그 이후에 옮긴 교회에서도 모임 파괴자, 공동체 파괴자라고 불렸습니다.

Y성도는 아는 사람이 전혀 없는 완전히 다른 지역으로 이주했습니다. 그리고 거기서는 주로 SNS를 이용해 자신의 생각을 사람들에게 전하기 시작했습니다. 사람들은 Y성도의 깊고 정확한 지식에 놀랐습니다. 성경에 무척 해박했으며, 신학에 관해서는 모르는 분야가 없었습니다. 선조들의 유산부터 현대신학에 이르기까지, 청교도부터 네덜란드 개혁교회까지 Y성도는 풍부한 신학 지식으로 자신의 온라인 공간을 찾아오는 사람들을 개혁주의로 인도했습니다.

하지만 좀 더 자세히 알고 싶어서 개인적으로 연락한 사람들, 좀 더 친해지고 싶어서 따로 연락한 사람들 다수가 Y성도에게 상처를 받기 시작했습니다. 처음에 Y성도는 매우 친절했습니다. 하지만 사람들이 자주 사용하는 몇몇 단어의 표현에서 불편함을 내비치기 시작했습니다. 이전과 똑같았습니다. Y성도는 본인이 사용하는 단어가 더 정확하니 그 단어를 사용해야 바른 신앙생활을 할 수 있다고 했습니다. 몇 번 주의를 주었는데도 단어 사용을 바꾸지 않거나, 자신이 주장하는 신학적 입장에 서지 않으면 그때부터 맹렬하게 공격했습니다.

Y성도는 개혁주의가 단지 지식이 아니라 신앙인데, 사람들이 사변적으로만 접근하는 것 같아 안타깝다고 합니다. 개혁주의는 그 무엇보다 은혜에 관한 교리인데, 사람들이 은혜를 알지 못하기 때문에 교리의 가치와

중요성을 모른다고 말합니다. 그리고 은혜의 교리이기 때문에 따뜻하고 사랑이 넘치는데, 왜 그렇게 서로 싸우는지 이해하지 못하겠다고 푸념합니다. 왜 연약한 자들을 배려하지 않고, 왜 하나님의 말씀에 순종하는 데 게으른지 모르겠다고 답답해합니다.

하지만 Y성도의 신학 지식에 감탄한 많은 사람이, 그래서 형제와 친해지고 싶었던 많은 사람이 Y성도의 사랑 없음과 오만한 모습과 겉과 속이 다름에 크게 실망하고 상처를 받았습니다. 사람들은 결론적으로는 이 세상에서 유일한 개혁주의자가 있는데 바로 Y성도고, 다른 사람들은 Y성도 입장에서 다 신학적으로도 인격적으로도 부족한 사람들이라고 말했습니다. Y성도는 SNS에서 자주, 자신과 같은 죄인은 이 세상에 없다며 늘 하나님의 은혜를 구하며 산다고 말합니다. 하지만, Y성도와 모임을 함께한 사람들은, 몇 번 글을 주고받은 사람들은 Y성도를 개혁주의 공동체를 파괴하는 사람으로 평가했습니다.

몇몇 사람에 따르면 Y성도 집을 방문했을 때, 아내와 자녀들이 Y성도의 눈치를 자주 살피고 조금이라도 목소리가 굳어지면 몸을 벌벌 떨었다고 합니다.

방송통신심의위원회의 분쟁조정팀

예전에 한 출판사에서 일했던 적이 있습니다. 업무 중 하나가 게시판 관리였는데, 그곳 게시판은 많은 사람이 자신의 생각을 나누며 교제하는 곳이었습니다.

주로 개혁주의 신앙을 가지신 분들이 들어오셨지만, 그렇지 않은 분들도 오셔서 자신의 입장에서 생각을 나누기도 하셨습니다. 또 어떤 분들은 개혁주의 신앙이 궁금해서, 또 배우고 싶어서 들어오신 분들도 계셨습니다.

처음에는 서로 설명하고, 인용하고, 위로하고, 격려하면서, 좋은 책들과 좋은 교회들을 서로 소개해주면서 즐겁게 교제를 나눴습니다. 그러다 어느 날부터 몇몇 분들이 개혁주의가 아닌 신앙을 가지신 분들에게 거친 말들을 쏟아내셨습니다. 자기와 조금이라도 생각이 다르거나 자기와 다른 표현을 하는 사람들을 공격했습니다.

예를 들면 다음과 같습니다.

"보편 속죄를 주장하는 사람들은 모두 때려죽여야 한다."

"그런 놈들은 모두 독사의 자식들이다."

"당신은 지금 거짓이 득실득실한 주장을…"

"그게 바로 이단사상입니다. 당신은 이단입니까?"

"정통 장로교에서는 결코 인정할 수 없는 발언입니다. 당신이 뭐라고 떠벌리든 상관하고 싶지 않습니다."

"그냥 지나치려고 했지만, 그대 같은 부류가 불쌍해서 내가 몇 자 가르쳐주려고 합니다."

"당신의 그 같은 무지는 당신이 멸망 받을 버림받은 자라는 것을 명백히 보여줍니다."

"그런 생각을 하고 있다니 한심합니다."

"그대같이 설탕 복음을 사랑하는 자들 때문에 오늘날 교회가 이 모양 이

꼴입니다."

"당신 같은 사람들이 바로 예수님이 말씀하신 개돼지 같은 인간들입니다."

"어휴, 무식한 인간들이 잘 알지도 못하면서 떠벌리기나 좋아하지요."

......

이 표현들은 그나마 수위가 평범하거나 좀 낮은 것들입니다. 아…, 너무 부끄럽고 창피해서 얼굴을 들 수가 없습니다.

그분들은 자신들의 그런 거친 말투를 비난하는 사람들에게 매우 당당히 자신을 변호하며 오히려 비난을 가했습니다. "예수님께서도 독사의 자식이라는 표현을 쓰셨는데 무엇이 문제냐? 할 말을 제대로 하지 못하는 여러분이 정말 불쌍하다."

그분들은 스스로 정의의 사도인 것처럼 욕을 하고, 예수님께서 사용하신 표현을 자신들도 얼마든지 사용할 수 있다는 생각으로 함부로 사용했습니다.

그러면서 이런 식의 주장을 폈습니다.

죽을병에 걸린 환자가 있다고 하자, 그에게 필요한 의사는 친절한 의사인가, 병을 잘 고치는 의사인가? 친절한 말씨를 쓰지 않는다고 해서 실력 있는 의사를 떠나게 되면 병을 고칠 수 없다. 친절하지 않더라도 당장 살 수만 있다면 바짓가랑이를 잡고서라도 그 의사에게 매달려야 하는 거 아닌가? 죽을병에 걸렸는데 의사가 친절한지 아닌지가 중요한가? 실력이 있는가 아닌가, 고칠 수 있는가 아닌가가 중요한 거 아닌가?

제일 이해가 안 됐던 점은, 그렇게 말하는 분들이, 다른 사람들이 좀 자중하라고, 좀 표현을 가려 쓰라고 권고하는 것조차도 못 견뎌 한다는 것이었습니다.

아무튼, 네, 맞습니다. 실력이 중요합니다. 친절보다는 실력이 중요하다고 볼 수 있습니다. 하지만 불친절한 의사가 실력이 있다는 것을 어떻게 알 수 있을까요? 알기가 쉬울까요? 왜냐하면 그 불친절한 의사에게 사람들이 가지 않을 것이기 때문입니다. 많은 사람이 실력 있으면서 친절하기도 한 의사에게 갈 테니 말입니다.

많은 사람이 친절하면서도 실력도 뛰어난 의사를 찾아갈 것입니다. 그렇게 많은 사람을 치료한 친절한 의사의 실력은 더욱 늘게 될 것입니다. 그렇게 실력이 늘면, 그에게서 진료를 받은 사람들의 입소문을 타고 그 의사는 더욱 많이 알려지게 될 것입니다. 그러면 자연스레, 죽을병에 걸린 사람이 친절하고 실력 있는 이 의사에 대해 아는 것이 더 쉽지 않을까요?

실력도, 친절도 모두 중요합니다.

그분들 때문에 게시판 분위기가 많이 흐려지게 됐습니다. 적지 않은 사람이 그곳을 떠나게 되었습니다. 아쉬웠습니다. 너무 속상했습니다. 배우러 오신 분들도 많이 계시고, 서로 나누며 위로를 받으시는 분들도 많이 계시고, 생각을 조금씩 바꾸는 분들도 많이 계셨는데 말입니다.

문제가 심각해지자, 여러 사람이 제재해 주기를 요청해주셨고, 그렇지 않아도 저도 필요성을 느껴 그중 한 분과 따로 연락하기 시작했습니다.

그분은 예외 없이 저에게도 비난과 공격을 가했습니다. 쓰신 글들을 보니 그분이 나이가 있어 보이셔서, 또 목사님이신 것 같아서 정중하게 몇 번 부탁을 드렸습니다. "모든 사람이 목사님과 같이 개혁주의 교리를 잘 알고 있지 않습니다. 누구에게나 처음이 있잖아요. 지금보다 조금만 더 친절하게 안내해주시고, 좀 천천히 알려주시면 도움을 받으실 수 있는 분들이 많을 것 같습니다." 그러나 그분은 크게 변하지 않으셨고, 상황은 더 심각해져 갔습니다.

저는 결국 하는 수 없이 게시판 관리자의 권한으로 그분을 탈퇴시켰습니다. 그랬더니 그분이 연락을 주셔서 당장 복귀시키라고, 그렇지 않으면 가만히 있지 않겠다고 으름장을 놓으셨습니다. 저는 다시 한번 부탁을 드렸지만 그분은 그분의 생각만 고집하셨습니다. 저는 끝내 회원 재가입을 받지 않았는데, 그분이 며칠 뒤 여성분의 이름으로 가입을 해서 글을 남기셨습니다. 제가 남긴 몇 개의 글들과 다른 사람의 글 몇 개를 캡처했으며, 공식적으로 사과하지 않으면 신고하겠다. 가만 놔두지 않겠다고 협박하셨습니다. 그분은 전혀 변하지 않으셨습니다. 그분이 탈퇴 되자마자 게시판 분위기가 나아지는 것을 본 저는, 그리고 그분이 그동안 얼마나 많은 분께 상처를 주었는지를 기억한 저는 그분의 요청에 응하지 않았고, 여성분(나중에 추정하건대 여동생)의 이름으로 가입된 아이디를 다시 삭제해서 탈퇴시켰습니다.

다시 며칠 후, 이번에는 방송통신심의위원회의 분쟁조정팀에서 연락이 왔습니다. 누구누구가 저를 명예훼손죄로 신고했는데, 현재까지는 법적으로 재판하거나 처리하는 것은 아니고, 단지 조정일 뿐이다. 다만 여기서 해결이 안 되고 상대 쪽에서 법원에 재판해달라고 하면 그때부터는 좀 무겁게 일이 처리된다. 이런 내용이었습니다. 제가 이분을 탈퇴시키면서 "바르고 아름다운 교제와 성장을 위하여…"라는 제목으로 공지글을 하나 올렸는데, 그 글을 문제 삼은 것이었습니다. 제가 실명을 언급하지는 않았지만, 그분은 그 글에서 제가 문제 삼는 특정인이 누가 보더라도 자신이라는 것을 알 수 있다고 주장하며 명예훼손죄로 저를 분쟁조정위원회에 조정 신청한 것이었습니다. 저는 그때 상대방의 실명과 나이를 제대로 알게 됐습니다. 그분은 나이가 많으신 분이 아니었습니다. 목사님도 아니었습니다. 왜냐하면 나이가 저보다 많이 어렸기 때문입니다. 그는 아버지의 이름과 생년월일로 가입해서 활동을 해왔던 것입니다. 저나 다른 사람들이 나이가 있으신 분으로 예상하고 대우해드렸는데도, 목사님으로 알고 예의를 갖추었는데도, 한 번도 그에 대해서 따로 언급이 없었기에 어처구니가 없었습니다. 저는 태어나서 처음으로 법률 관련 기관에서 문서를 받아봤기에 무서웠고, 그보다 이런 상황에 이르게 된 게 너무 속상했습니다. 진리를 사랑하는 사람들이 모여서, 함께 신앙을 나누고, 서로 격려하고 자라고, 배우고 성장하길 기대했는데, 실제 그러기도 했는데, 함께 신앙생활을 한다는 사람 중 몇 분이 자신들의 기준과 판단으로 다른 사람들을 쉽게 정죄하고 비난하고, 가르치려고만 들고, 귀를 막아 많은 사람에게 상처를 입히고, 결국 많은 사람이 떠나게 만들었습니다…….

어떤 분들에겐 교리가 너무나 중요합니다. 교리를 지키기 위해서는 누구라도 비난하고 거절하고 정죄할 준비가 되어 있는 듯 보입니다. 혹 오해가 없기를 바랍니다. 저는 결코 비아냥거리는 것이 아닙니다. 아무튼, 교리를 아는 것이 너무나 중요합니다. 네, 맞습니다. 정말 중요합니다. 어떤 교리의 경우에는 바르게 아느냐 잘못 아느냐에 따라 구원이 달라질 수도 있으니까요. 하지만 그렇지 않은 교리들까지 구원을 판단하는 기준으로 삼아 정죄해서는 안 될 것입니다. 구원과 얼마나 관련되느냐를 떠나서, 우리가 정말 사람을 얻기 위해서라면, 우리의 이웃들을 섬기고 사랑하기 위해서라면 지켜야 할 태도와 자세가 있다고 생각합니다.

이런 슬픈 일들은, 하나님께서는 우리 인생 전체를 보시는데 반해, 우리는 그럴 수 없어서 발생하기도 합니다. 우리는 그 사람의 현재 모습, 발언, 태도만을 보고 그를 판단합니다. 그의 영원한 상태를 심판하는 것입니다. 얼마나 믿을 수 없는 판단인가요? 정작 우리는 누군가가 우리를 그렇게 판단한다면 얼마나 억울하고 화가 날까요? 급한 일이 있어서 과속 조금 했는데, 정지선을 어쩌다가 조금 넘어갔는데, 사람들이 그거 하나 가지고 우리의 운전 습관과 인격을 판단해 버린다면 얼마나 말이 안 된다고 생각할까요? 하물며, 신앙에 대한 우리의 지식이 온전하지 않고, 아직 몇몇 부분에서 오류가 있을 수 있고, 그렇게 몇몇 부족한 점이 있는데, 그럼에도 정말 성경의 교리를 잘 배우고 싶고, 알고 싶고, 하나님을 온전히 사랑하고 싶고, 말씀에 온전히 순종하고자 하는 마음으로 책을 읽고 나누고 교제하고 하는데, 우리의 단어 사용 하나, 잘못된 개념 하나, 크게 틀리진 않았으나 조금 부족한 지식 하나 때문에 우리가 정죄 받고, 비난 받는다면 얼마나 억울하고 화가 날까요? 무엇보다 우리 중 누가 완벽한 지식을 갖고 있나요? 우리 중 누가 말에 실수가 없나요? 우리 중 태어날 때부터 지식과 인격이 성숙한 사람이 있었나요?

아…, 정말 우리는 왜 이렇게 교만하고 악할까요….

거룩함 vs 오만함

개혁주의는 기독교 윤리 분야에서 그동안 많은 업적을 이루어왔습니다. 단지 학문적인 것만을 말하는 것이 아닙니다. 개혁주의는 하나님 앞에서 어떻게 살아야 할지에 관한 관심이 대단히 높습니다. 거룩한 삶을 위해 십계명을 중심으로 하나님의 말씀을 열심히 듣고 배우는 데 힘썼습니다. 우리의 있는 모습 그대로를 받아주시며 구원하신 하나님께서는 우리를 있는 모습 그대로 내버려 두지 않으십니다. 점점 더 죄에 대해서는 죽고, 점점 더 의에 대해서는 살도록 우리를 빚으십니다. 이것이 우리가 믿는 개혁주의입니다. 따라서 참된 성도는 거룩함이 빛납니다. 성숙한 성도일수록 더욱 그렇습니다. 개혁주의는 이것을 매우 강조합니다. 왜냐하면 하나님께서 거룩하시기 때문입니다. 하나님께서 거룩하시기에, 당신의 백성을, 그리스도의 신부를 거룩하게 하십니다. 거룩하게 만들어 가십니다.

D목사님이 출판사로 이메일을 주셨습니다. '대교리문답 강해 설교문'이 파일로 첨부되어 있었습니다. 교회에서 「웨스트민스터 대교리문답」으로 교리문답 강해 설교를 했는데 책으로 내고 싶다고 하셨습니다. 교리문답은 여러분께서도 잘 아시다시피 교회에서 바른 교리를 가르치는 데 아주 중요하고 효과적인 도구입니다. 그래서 저도 늘 관심을 두는 주제입니

다. 「대교리문답」은 내용이 깊고 풍성한 데 반해 우리나라에 관련 서적 자체가 거의 없었기에 목사님의 원고 의뢰가 매우 반가웠습니다.

이후 몇 번 더 이메일을 주고받은 후 우리는 설교 원고를 출판하기로 결정했습니다. D목사님께서는 이 설교 원고가 책으로 나오게 돼 정말 좋다고 말씀하셨습니다. 「대교리문답」이 사람이 하나님 앞에서 어떻게 살아야 하는지에 대해 너무나 중요한 내용들을 거의 모든 상황 가운데서 안내하고 지도하고 돕고 있기에, 또 한국에 이 좋은 교리문답에 대한 본격적인 해설서나 강해 설교책이 거의 없기 때문에 이 책이 나오면 많은 사람에게 큰 유익을 줄 것이라며 기뻐하셨습니다. 목사님은 특히 실천적인 내용이 풍성하게 담긴 십계명 부분이 압권인데, 이 부분이 특히 한국 교회에 많은 도움이 될 것이라고 자신하셨습니다.

내용이 좋아서도 편집 작업이 무척 즐거웠습니다.

그런데 어느 날 가깝게 지내는 애독자 한 분이 연락을 주셨습니다. 출판사에서 진행하는 일을 외부 사람에게 다 알리지는 않지만, 응원과 힘을 얻기 위해 가까운 몇몇 분들에게는 대강 전할 때가 있습니다. 이분도 이 원고 작업이 진행되는 대강의 내용을 들어서 알고 계신 분이었습니다. 이 애독자께서 무거운 목소리로 인터넷 주소 하나를 알려주셨습니다. 원고를 쓰신 목사님과 동일 인물인지는 모르겠지만, 자신이 보기에는 같은 사람인 것 같다고 하셨습니다. 그런데 그분이 어느 개혁주의 관련 사이트에 올린 글이 너무 충격적이라는 것입니다. 그러면서 저보고 꼭 확인해 봐야 한다고 하셨습니다.

순간 걱정이 물밀듯 밀려왔습니다. 하지만, 사실 확인을 해보지 않고 판단할 수는 없는 일. 애독자분께서 보내주신 인터넷 주소를 클릭했습니다. 여러 게시글이 있었는데 그중 원고를 보내주신 목사님과 똑같은 이름이 있었습니다. 갑자기 가슴이 쿵쾅쿵쾅 뛰기 시작했습니다. 올라온 네 편의 글 중 한 편을 클릭해서 읽기 시작했습니다.

잠시 후 저는 머리가 하얘졌습니다. 내용은 글쓴이가 어느 기독교 모임에서 경험한 참관 후기였습니다. 내용 대부분은 그 모임에서 다뤄진 주제였습니다. 하지만 글 중간에, 여자 성도들의 얼굴과 몸매에 대한 평이 있었습니다. 그리고 그 평은 매우 저속했고 상스러웠습니다. 욕설과 음담패설이었습니다.

목사님께서 처음 원고를 보내시면서 자신을 소개한 소개 내용이 게시판 글쓴이와 비교해서 비슷한 점이 많았습니다. 그래서 저는 빨리 확인하고 싶었습니다. 동일 인물이 아니기를 간절히 바랐습니다. 뛰는 가슴을 진정시키고 이메일을 쓰기 시작했습니다. 단지 해프닝으로 끝나기를 바랐습니다. 그렇게 어느 사이트 게시판에 어떠어떠한 제목으로 글을 올리신 적이 있는지 정도로 조심스럽게 확인 요청을 드리는 이메일을 보냈습니다.

이후 여러 차례 이메일이 오갔습니다.

▶ 저도 오래전에 쓴 글이라 확인을 해봐야겠습니다. 그 글 때문에 불편하신 분들이 계시다니, 제가 쓴 글이 맞다면 사과를 하겠습니다. 그러나 혹 문맥을 전혀 고려하지 않고 전달하는 과정에서 오해가 있을지도 모르겠습니다. 사실 확인을 분명히 해서 서로 과거의 모습으로 물고 먹음으로써 피차 멸망하는 일(갈 5:15)이 없기를, 피차 성숙한 성도의 모습을

보였으면 합니다.

저는 구체적인 내용을 게시글에서 복사하여 보냈습니다.

▶ 제가 쓴 글이 맞군요. 제가 어떻게 조치하기를 바라십니까?

▷ 아, 목사님, 가슴이 무너져 내리는 것 같습니다. 전에 목사님께서 말씀하신 것처럼 그 글로 말미암아 불편하신 분들을 위해 사과해 주시고, 앞으로 불편하실 분들을 위해서 글을 삭제해 주시면 좋겠습니다. 목사님, 우리 모두 하나님 앞에서 완전하지 않습니다. 죄와 허물이 있습니다. 목사님께서 적절한 조치를 취해주시고 나서 저희 관계를 계속 나아가게 했으면 합니다. 목사님께서 책을 내신 후, 만약 그 글이 독자들 사이에서 널리 알려진다면, 그것은 목사님 개인에게도 출판사에도 덕이 되지 않습니다.

▶ 한 대표님, 정말 실망스럽습니다. 저는 말씀하신 표현들에 대해 하늘을 우러러 한 점 부끄러움이 없습니다. 저는 한낱 출판사 대표에게 경건에 대해서 지적받을 만큼 가벼운 삶을 살지 않았습니다. 저는 당신이 상상하는 이상으로 어렵고 힘든 삶을 살면서 하나님 앞에서 연단 받았습니다. 말을 함부로 하지 마십시오. 감히 일개 집사가 그리스도의 몸 된 교회를 세우는 말씀의 종을 자신의 경건의 잣대로 재단하는 것이 얼마나 불경건한 일인지 모르십니까?

그 후 D목사님은 자신이 법학을 전공했다고 하면서 법적조치를 취하겠다고 경고하셨습니다.

무례하고 오만한 개혁주의자들

어떤 분들은 이런 얘기들에 놀라실지도 모르겠습니다. 또 어떤 분들은 이 정도는 아무것도 아니라고 하실지도 모르겠습니다. 나도 겪은 일이라고, 또 내 주변에서도 그런 일이 있었다고 하실 분도 계실지 모르겠습니다.

저는 무엇보다 저와 여러분이 "나의 모습이다. 우리의 허물과 죄다"라는 고백을 먼저 할 수 있기를 원합니다.

우리는 개혁주의 안에서도, 개혁주의 밖에서도 무례하고 오만하다고 소문나 있습니다.

왜 이 은혜 교리는 우리를 은혜가 풍성한 사람들로 살게끔 하지 못할까요? 왜 이 영광스러운 교리는 우리가 하나님께 영광을 돌리게 하기보다는, 우리 때문에 많은 사람이 낙담하게 하고, 많은 사람이 이 길에서 떠나가게 하는 것일까요? 이 교리의 문제일까요? 아니면 우리의 문제일까요? 무엇이 문제일까요?

우리는 저마다 자기가 아는 것과 경험하는 것이 가장 좋은 것이라고 생각합니다. 다른 사람들이, 다른 교회가 우리가 말하는 대로 해야만 하는

데 안 해서 문제라고 생각합니다. 바로 여기서 갈등이 시작합니다.

우리 중 누구도 완전한 지식을 갖고 있지 않습니다. 완벽한 판단을 할 수 있는 사람도 없습니다. 그런데 우리는 너무 자신만만할 때가 많습니다.

물론, 어떤 지식들은 다른 지식보다 확실하고, 이미 검증됐으며, 누가 봐도 부인할 수 없을지도 모릅니다. 그런데 우리는 이와 관련해서 이미 두 가지 면을 살펴봤습니다. 우리가 시간과 마음이 필요한 사람들을 잘 기다리지 않는다(못한다)는 것과, 우리는 순종하지 않으면서 다른 사람들에게는 순종을 강요하는 이중적인 태도를 취한다는 것입니다.

'하나님께서 내게 이렇게 은혜를 주셨고, 나를 이렇게 거듭나게 하셨고, 내 믿음을 이렇게 자라게 하셨고, 내 경건 생활을 이렇게 인도하시면서 내게 복을 주셨으니 당신도 이렇게 해보라'고 권면할 수는 있습니다. 하지만 우리 경험이 다른 사람의 신앙을 판단하는 기준이 될 수는 없습니다. 하나님께서 우리에게는 이러이러하게 은혜를 베푸시고, 이런저런 방식으로 우리를 거듭나게 하시고 인도하셨지만, 다른 사람에게는 다르게 은혜의 일을 베푸시기 때문입니다.

네, 개혁주의는 획일적이지 않습니다. 그것은 무한하신 하나님 때문입니다. 무한하신 하나님께서는 무한한 지혜로우심으로 그분의 은혜를 무한한 방법과 무한한 수단을 통해 베푸십니다. 이 교리는 우리가 하나님을 더욱 찬양하게 하고 사랑하게 합니다. 따라서 성경이 가리키고 전제하는 통일성 안에 무한한 다양성이 존재한다는 것을 인정해야 합니다. 그럴 때 우리는 다른 사람을 쉽게 판단하지 않을 수 있고, 우리 자신을 볼 때도 조급해하지 않게 되며, 하나님께서 우리와 다른 사람에게 얼마나 놀랍게 일하실지를 기대하고 소망하게 됩니다. 그렇게 행하시는 하나님이시기에 우리는 하나님을 더욱 찬양합니다. 그래서 다양성은 하나님께 영광을 돌립니다.

이런 믿음과 인식은 우리를 겸손하게 합니다. 개혁주의를 아름답게 합니다. 반대로 이를 인정하지 않을 때 우리의 생각과 기준과 경험을 강요하면서 개혁주의는 파괴적인 신념이 됩니다.

교회 안의 많은 불필요한 논쟁과 갈등은 신앙과 말씀, 선(의)에 대한 지나친 자기 확신, 또는 과신 때문에 일어납니다. 자기가 가장 옳다고 믿는 확고한 믿음, 절대적인 신념이 지체를 아프게 하고 교회를 병들게 합니다. 개혁주의가 그렇게 풍요로우면서도 그 안에서 그토록 손가락질과 하나 되지 못함과 분열과 갈등과 오만함이 나타나는 이유는 우리가 각자만의 개혁주의를 추구하기 때문입니다. 실제로는 개혁주의가 아니라 자신의 신학을 추구하는 것입니다.

신앙을 주로 지식으로 다룸

이런 무례함과 오만함이 나타나는 이유 중 하나는 우리가 개혁주의를 신앙이 아니라 지식으로 받아들일 때가 많기 때문입니다. 개혁주의는 진리와 그 진리에 대한 신앙을 말하는데, 우리는 이를 단지 지식으로만 다룰 때가 많습니다.

그래서 지적으로는 치열하게 토론하지만 기도하거나 순종하지 않습니다. 어떻게 믿고 어떻게 살고 어떻게 순종해야 하는지에 관해서는 열렬히 논쟁하지만 기도하거나 순종하는 일에는 관심이 적습니다. 지식 그 자체가 너무나 큰 만족을 주기 때문에 기도의 필요성을 느끼지 못하기도 하는 것입니다. 네, 우리 개혁주의자들은 기도를 정말 안 합니다. 배운 바를 사랑하고 순종하기 위해 고민하고 기도하는 일보다는 책 읽기를 더 좋아할 때가 많습니다. 우리와 생각이 다른 사람들을 만나 개혁주의를 간절한 마음으로 소개하기보다는 또 다른 지식을 더 배우고 싶어 할 때가 많습니다. 우리와 비슷한 사람을 만나서 즐겁게 논쟁하는 것을 더 좋아할 때가 많습니다.

지식 그 자체가 우리의 신앙과 목표가 되어버린 것은 아닐까요? 사실 그 지식들은 모두 그리스도를 가리키는데, 우리가 말씀을 듣고 묵상하고 공부하고 배우는 것은 모두 다 예수님을 더 알기 위해서, 그래서 더 사랑하기 위해서인데, 우리에게는 지식 그 자체가 너무 큰 만족을 주는 사랑의 대상이 되어버렸습니다. 십자가에 달리신 예수님을 보아야 하는데, 그분을 공부하고 분석합니다. 우리 주님을 사랑하고 의지해야 하는데, 그분을 일정 거리 떨어뜨려 놓고 객관적으로 소개만 합니다. 우리는 하나님을 예배하고 하나님을 찬양해야 하는데, 예배와 관련된 지식과 일 자체만을 마음에 두는 듯합니다. 말씀을 사랑하기보다는 말씀을 듣고 읽고 공부하는 것 자체를 더 즐거워하는 듯합니다.

진리를 철저하게 파악하고, 원문을 완벽하게 고증하고, 해석하고, 개념을 엄밀하게 정의하는 것은 좋은 것입니다. 그러나 자주, 우리는 이러한 일 자체가 목적이 되는 것은 아닌지 생각해 봐야 합니다. 엄밀하게, 철저하게 하는 이유는 우리의 신앙을 하나님께 더 온전히 맞추고, 하나님을 더욱 온전히 사랑하고 알기 위해서입니다. 그러나 우리는 그러한 우리의 태도와 자세를 다른 사람들을 판단하는 데 많이 사용합니다. 이것이 더 엄밀하다, 이것이 더 철저하다. 이것이 더 정확하다고 말하면서 은연중 우리의 의와 노력을 드러내고, 다른 것의 가치를 깎아내리며, 우리의 것을 선택하지 않는 사람들을 비합리적이라 비난하는 것입니다.

아, 우리가 읽고 배우고 비판하고 논박하기 위해 힘을 쏟는 것만큼이라도, 하나님의 말씀을 가까이하고 묵상할 수만 있다면 얼마나 좋을까요! 사랑하고 순종할 수만 있다면 얼마나 좋을까요! 진리의 아름다움을 맛보며 예배하고 찬양할 수만 있다면 얼마나 좋을까요!

교리를 너무 지식으로만 다루는 나머지 지식과 순종이 아주 많이 동떨어져 있는 경우를 한 번 보시겠습니다.

하이델베르크 교리문답은 십계명의 제2계명에 관해 다음과 같이 진술합니다.

96문답

문. 하나님께서 제2계명에서 요구하시는 것은 무엇입니까?

답. 하나님을 어떤 형태로든 형상으로 표현하지 말고, 하나님께서 말씀으로 명하신 것과 다른 방법으로 하나님을 예배하지도 말라는 것입니다.

97문답

문. 그러면 어떤 형상도 만들면 안 됩니까?

답. 하나님은 어떤 형태로든 형상으로 표현될 수 없고, 표현해서도 안 됩니다. 피조물은 형상으로 표현할 수 있지만, 피조물을 예배하거나, 또는 피조물을 이용하여 하나님을 예배하려는 목적으로 형상을 만들거나 소유하는 일은 금지하십니다.

98문답

문. 하지만 교회에서 일반 성도들을 가르치거나 교육하기 위한 목적으로 형상들을 허용할 수 있지 않습니까?

답. 허용할 수 없습니다. 우리는 하나님보다 더 지혜로운 체해서는 안 됩니다. 하나님께서는 당신의 백성이 말 못 하는 우상을 통해서가 아니라, 당신의 말씀에 대한 살아 있는 설교를 통해서 배우게 하십니다.

성경은 이렇게 말하지 않는데, 하이델베르크 교리문답만 이렇게 말하는 건가요? 그렇지 않습니다. 성경과 하이델베르크 교리문답에 따르면 하나님은 어떠한 목적에서든, 어떠한 형상으로도 만들어서는 안 됩니다. 그 형상이 하나님에 대한 우리의 신앙을 왜곡할 수 있기 때문입니다. 오늘날 예수님의 얼굴을 그림으로 그려서 신앙과 교육의 수단으로 삼는 것은 하나님께서 말씀으로 명백히 금지하신 행위입니다.

그러나 많은 개혁주의 교회가 이 계명에 순종하지 않습니다. 지식으로는 알고 있지만, 토론은 많이 하지만, 실제 성도들에게 교육적인 목적으로 사용하는 것이 효율적이라고 판단하기 때문입니다. 만약 예수님 얼굴이 정말 우리 신앙에 도움이 되었다면, 사도들이 그려서 남겼을 것입니다. 초대교회 때 우리 선조들이 예수님 동상을 세웠을 것입니다. 그러나 사도들과 초대교회 선조들은 그러한 일을 매우 경계하고 조심했습니다. 그러나 오늘날 많은 교회에서 예수님의 얼굴, 아니 더 정확히 말하면 우리가 바라는 이미지가 반영된 그림들, 예수님의 모습이 이러했으면 좋겠다고 생각하는 그림들이 묵상을 돕는 책에, 자녀들 공과 교재에 분별없이 아무렇게나 사용되고 있습니다. 심지어는 이모티콘으로도 나왔습니다!

아무리 십계명에 관해 설교하고 듣고 공부하고 토론하면 뭐 하나요? 순종하지 않는데요.

우리가 공부하고 말하는 내용들이, 우리가 진리라고, 가장 정확한 성경적 진리라고 믿으며 가르치고 전하는 내용들이 우리 삶과는 동떨어져 있다면, 우리와 상관이 없다면, 얼마나 헛된 것입니까? 이 얼마나 어리석고 무가치한 일인가요?

우리가 이것이 진짜 진리라고 말하는 그 내용들이 실제 우리가 이 세상을 살아가는 데, 하나님을 믿는 데, 우리 이웃들을 사랑하고 섬기는 데 영향을 끼치고 있습니까? 오히려 악영향을 끼치고 있지는 않습니까? 우리 이웃들이 우리를 떠나고, 우리를 정죄하고, 우리 때문에 크게 낙심해서 돌아가는 일이 많이 일어납니다. 그런데 그 이유가, 우리가 이 영광스러운 진리를 알고 누리고 사랑해서가 아니라, 이 영광스러운 진리를 알고 누리고 사랑하고 있다는 자만심과 사랑 없음 때문이라면…, 우리가 하나님을 사랑하고 예배하고 하나님께 영광 돌리기 위해(위한다는 이름으로 행하는) 하는 일들로 말미암아, 실제로 우리는 하나님의 거룩한 이름을 욕되게 하는 것입니다.

무례하고 오만함

우리는 왜 내가 언제라도 틀릴 수 있다는 자세로 대화하지 않을까요? 왜 우리는 겸손한 태도로 토론하지 않을까요? 왜 우리는 상대방을 기다려주지 않을까요? 왜 우리는 하나님께서 그 사람 안에 믿음을 크게 일으켜주시고, 바른 것을 깨닫게 해주시기를 위해 기도하지 않을까요? 상대방이 어떻게 신앙생활을 하게 돼서 지금 그 자리에 있게 되었는지, 어떤 어려움을 겪어왔고, 어떤 의문을 품고 있는지 자세히 알려고 하지 않으면서 왜 함부로 판단하는 것일까요? 동시에 그 사람이 지금 당장 우리가 아는 지식과 신앙을 받아들이기를 강요하고 반응이 마음에 안 들면 답답해하고, 결국은 분노로 그를 대하는 것은 왜 그런 것일까요?

우리는 상대방이 우리의 생각을 당장 받아들이지 않으면, 우리는 할 말을 다 했고, 할 일을 끝냈다는 태도로, 결과는 듣지 않는 너희 책임이라고 말하며, 신발에 먼지를 떨어버린다는 말씀을 인용하면서 그들을 마음에서 밀어냅니다.

마음에서 당장 밀어내지는 않더라도 고압적인 태도로 지속해서 우리의 생각을 강요합니다. 그리고 마치 중간에 선이 그어져 있는데, 그 선을 넘어서 상대방에게 다가가려는 노력은 하지 않고, 상대방이 그 선을 넘지 않으면 그들이 진리를 사랑하지 않아서라며 비난합니다.

설득이나 논쟁의 목표가 하나님을 온전히 아는 것이고, 하나님께 영광을 돌리는 것이며, 그리스도를 높이는 것에 있게 해야 하는데, 우리의 무례함과 오만함이 사람들로 하여금 오히려 우리가 하고자 하는 일에서 멀어지게 하고 있습니다.

그런데도 우리는 "주여, 물론 저도 죄 많은 인간입니다. 기꺼이 고백합니다. 다만 그래도 제가 저들과 같지 않음을 감사히 여기나이다(눅 18:11 참고)" 하고 하나님께 당당히 나아갑니다.

죽을 수밖에 없는 죄인을, 죽어 마땅한 죄인을 불쌍히 여기시고 구원을 베푸신다는 은혜의 교리를 그렇게 강조하지만, 다른 사람을 불쌍히 여기는 마음이 우리에게 있습니까? 우리를 기다려주신 주님을 생각하며 사람들을 기다리는 마음이 우리에게 있나요?

받을 자격 없는 자에게 베푸신 과분한 은혜를, 우리는 우리와 생각이 다른 사람에게서는 기대하지 않습니다. 그들에게는 절대 그런 은혜가 없을 것처럼 결정하고, 그들이 지금 당장, 우리 생각에 동의하지 않으면 그들을 이미 지옥에 가버린 사람들로 평가합니다.

우리는 참으로 거듭난 자는, 참된 믿음은 좋은 열매로 드러난다고 강조합니다. 그러나 우리의 삶을 봅시다. 우리 열매가 가리키는 우리는 어떤 사람들인가요?

여러분은 지금 이런 이야기들이 슬픈가요? 이런 우리 모습 때문에 울어 보신 적 있으신가요? 가슴이 아프고, 속상한가요? 부끄러워 견딜 수가 없나요? 아니면 이 이야기도 우리에게 '그래야 한다'는 단지 하나의 지식일 뿐인가요?!

우리가 설득하고 논쟁하는 이유가 상대방의 영혼을 사랑해서인가요? 혹 사람들이 반응이 없는 이유가, 혹 그들이 우리에게 받는 느낌이, '이 사람은 나랑 지금 싸우자는 건가? 나를 무릎 꿇리고 싶어 하는 건가?'라면 어쩌죠?

상대방이 '이 사람은 내 영혼을 진심으로 걱정하고 있구나, 내 영혼에 진심으로 관심이 있구나'라고 생각해야 하지 않을까요?

은혜의 교리를 강조하는, 하나님의 은혜를 강조하는 우리가 정작 다른 사람들에게는 사랑과 친절을 보이지 않는다는 것이 오늘날 우리 개혁주의의 위기입니다. 몇 번 말해보고 대화가 통하지 않는다, 반응이 없다 싶으면 그 사람과의 대화와 교제를 그만두거나 멀리하는 것, 이런 태도가 실제 우리가 어떠한 마음과 태도를 지니고 있는지를 보여줍니다.

누구든지 나를 믿는 이 작은 자 중 하나를 실족하게 하면

"누구든지 온 율법을 지키다가 그 하나를 범하면 모두 범한 자가 되나니"(약 2:10). 어느 하나라도 어기면 지키는 것이 아닙니다. 모두 지켜야 합니다. 만약 우리가 진리 사랑은 잘 지키나 형제 사랑을 지키지 않는다면, 우리는 온 율법을 모두 범한 자가 됩니다.

이뿐만 아니라 우리 주님께서는 "누구든지 나를 믿는 이 작은 자 중 하나를 실족하게 하면 차라리 연자맷돌이 그 목에 달려서 깊은 바다에 빠뜨려지는 것이 나으니라"(마 18:6)라고 말씀하시면서 우리에게 경고하셨습니다.

우리가 아무리 선의로 하는 일이라고 해도, 그것이 하나님의 영광이라는 명목으로 행하는 일이라고 해도 그리스도를 믿는 작은 자 중 하나를, 믿음이 연약한 사람 중 한 명을, 아직 개혁주의를 잘 모르는, 심지어 개혁주의를 적대하는 사람 중 한 사람을 우리의 무례함과 오만함으로 말미암아, 우리의 사랑 없음으로 말미암아 실족하게 하는 죄는 차라리 죽는 게 낫다고 말씀하실 만큼 큰 죄입니다.

바울 사도도 위선적이며, 무례하고 오만한 그리스도인이 범하는 죄와 그 죄의 결과가 무엇인지를 다음과 같이 말합니다.

> 그러면 다른 사람을 가르치는 네가 네 자신은 가르치지 아니하느냐 도둑질하지 말라 선포하는 네가 도둑질하느냐 간음하지 말라 말하는 네가 간음하느냐 우상을 가증히 여기는 네가 신전 물건을 도둑질하느냐 율법을 자랑하는 네가 율법을 범함으로 하나님을 욕되게 하느냐 기록된 바와 같이 하나님의 이름이 너희 때문에 이방인 중에서 모독을 받는도다
> — 롬 2:21-24

하나님의 말씀을 조금만 더 살펴보겠습니다.

"이른 아침에 큰 소리로 자기 이웃을 축복하면 도리어 저주 같이 여기게 되리라"(잠 27:14). 우리의 이웃을 축복하는 것은 선한 일입니다. 그러나 이웃이 원하지 않는 때에, 강제로, 그에게 부당하게, 우리의 만족을 위해서 비는 축복은 도리어 저주 같이 여겨지기 쉽습니다.

"사람이 귀를 돌려 율법을 듣지 아니하면 그의 기도도 가증하니라"(잠 28:9). 정작 우리는 율법에 순종하지 않으면서, 무엇보다 형제를 사랑하지 않으면서 그를 위해 기도할 수 있습니다. 진심 어린 마음으로 하는 기도가 아니라 의무적으로, 어쩔 수 없이 하는 기도 말입니다. 그런데 그런 기도는 하나님께 가증합니다. 또한, 우리가 율법에 순종하지 않으면, 우리가

우리의 경건한 삶을 위해 하는 기도도 하나님께 가증합니다.

　오늘날 우리도 모든 시대 개혁주의자들이 처했던 위험에 처해 있습니다. 우리는 사랑 없는 진리를 말하고 강요합니다. 우리는 우리 자신을 돌아보지 않고, 우리 눈에 있는 들보는 보지 않고 다른 사람의 티만 보며 정죄합니다.

　진리를 알고 하나님을 예배하는 일뿐만이 아니라 이 아름답고 영광스러운 교리와 신앙을 우리 이웃들과 또 한 몸 된 지체들과 나누는 일이 우리에게 행복인가요? 이 일을 할 때 우리에게 기쁨이 있습니까? 하나님께서 우리에게 하셨던 은혜의 일들을 저들에게 하시는 것을 보면서 우리는 감사하고 있나요?

　어떤 의미에서 개혁주의는 해야 할 목록과 하지 말아야 할 목록을 제시해주고, 해야 할 일을 잘하지 못했을 때 나무라는 데만 열심을 내는 것으로 보이기도 합니다. 개혁주의를 떠난 사람들이, 개혁주의자를 싫어하는 사람들이 이렇게 느낀다는 사실에 우리는 무릎을 꿇고 회개해야 합니다. 해서는 안 될 목록을 어겼을 때 정죄하는 그 신속함과 무거움에 비해, 잘했을 때 우리는 얼마나 마음을 다해 기뻐하고 칭찬하고 감사해 하나요?

자신의 영광을 구함

　우리 중 적지 않은 사람이, 아니 많은 사람이 하나님의 기쁨이 아니라 자신의 기쁨, 곧 우리가 이것을 알고 행하고 이루었고, 하고 있다는 기쁨을 기뻐함으로 신앙생활을 합니다.

그렇게 우리의 의를 높이는 우리는 다른 그리스도인들이 우리만큼, 또 우리보다 하나님의 은혜를 입으면, 그는 나보다 지식이 모자라는데, 그는 나보다 한참 멀었는데 하며 시기합니다. "아버지께 대답하여 이르되 내가 여러 해 아버지를 섬겨 명을 어김이 없거늘 내게는 염소 새끼라도 주어 나와 내 벗으로 즐기게 하신 일이 없더니 아버지의 살림을 창녀들과 함께 삼켜 버린 이 아들이 돌아오매 이를 위하여 살진 송아지를 잡으셨나이다"(눅 15:29-30). "먼저 온 자들이 와서 더 받을 줄 알았더니 그들도 한 데나리온씩 받은지라 받은 후 집 주인을 원망하여 이르되 나중 온 이 사람들은 한 시간밖에 일하지 아니하였거늘 그들을 종일 수고하며 더위를 견딘 우리와 같게 하였나이다 주인이 그중의 한 사람에게 대답하여 이르되 친구여 내가 네게 잘못한 것이 없노라 네가 나와 한 데나리온의 약속을 하지 아니하였느냐 네 것이나 가지고 가라 나중 온 이 사람에게 너와 같이 주는 것이 내 뜻이니라 내 것을 가지고 내 뜻대로 할 것이 아니냐 내가 선하므로 네가 악하게 보느냐"(마 20:10-15).

이렇게 시샘하는 마음, 오만한 태도와 말투, 무례함은 참사랑에서 오는 것이 아닙니다. 이는 참된 미덕의 본질에서 아주 멀리 떨어져 있는 죄입니다. 그런 마음과 태도는 우리가 실제 가장 사랑하는 대상이 하나님과 그분이 베푸신 은혜가 아니라 우리 자신이기 때문에 나오는 것입니다. 마음에 가득한 것이 입으로, 삶으로 나오는데, 그토록 이기적이고 자기중심적이며 오만한 태도는 모두 자기 사랑에서 나오는 것이기 때문입니다.

개혁주의가 가리키는 하나님을, 하나님께서 계시하신 진리를 사랑하기보다, 개혁주의가 가리키는 진리와 그 내용만을 사랑하는, 자기 자신을 사랑하는 사람들이 우리 개혁주의자들입니다.

개혁주의가 기도가 약하고 실천이 약하다는 데는 다 이런 이유 때문일 수 있습니다. 우리는 삼위 하나님과 교제하는 것에는 사실 거의 관심이 없는지도 모르겠습니다. 삼위 하나님에 '대해' 아는 것을 가장 즐거워하고 행복해하는 것으로 보이니까요. 아니, 그렇습니다.

"스스로 깨끗한 자로 여기면서도 자기의 더러운 것을 씻지 아니하는 무리가 있느니라"(잠 30:12). "또 무거운 짐을 묶어 사람의 어깨에 지우되 자기는 이것을 한 손가락으로도 움직이려 하지 아니하며 그들의 모든 행위를 사람에게 보이고자 하나니 곧 그 경문 띠를 넓게 하며 옷술을 길게 하고 잔치의 윗자리와 회당의 높은 자리와 시장에서 문안받는 것과 사람에게 랍비라 칭함을 받는 것을 좋아하느니라"(마 23:4-7). "예수께서 가르치실 때에 이르시되 긴 옷을 입고 다니는 것과 시장에서 문안받는 것과 회당의 높은 자리와 잔치의 윗자리를 원하는 서기관들을 삼가라 그들은 과부의 가산을 삼키며 외식으로 길게 기도하는 자니 그 받는 판결이 더욱 중하리라 하시니라"(마 12:38-40).

모든 개혁주의자가 다 이렇지는 않습니다. 그러나 저와 여러분은 이 말씀들에서 얼마나 자유로운가요? 믿음과 지식을 거저 받은 우리가, 우리 이웃들에게는 친절과 사랑과 희생을 보이지 않으니, 오히려 이웃들을 업신여기며 교만하게 행하니, 우리가 받는 판결이 더욱 중하리라는 말씀이 두렵습니다.

우리의 지식으로, 또는 우리가 이런 지식을 소유하고 있다는 자부심으로 다른 사람들에 비해 우리 스스로를 높은 자리에 두는 이런 마음들은 모두 자신의 영광을 구하는 자기 사랑에서 나옵니다.

하나님의 말씀을 간절히 공부하고 정리하는 일은 매우 중요합니다. 우리가 은혜 안에서, 겸손하게, 사랑으로 이 일에 마음을 쏟을수록 우리는 하나님께는 영광을 돌리면서, 교회는 더욱 건강하고 아름답게 만들어갈 수 있습니다. 그래서 하나님의 말씀을 사랑하여 듣고 배우고 공부하며, 그 말씀에 순종하는 일에 게으른 것을 성경에서는 죄라고 말합니다.

하지만 바로 그런 일들이 실제로 경건에 이르지 못하게 하고, 거룩함으로 나아가지 못하게 하며, 도리어 다른 그리스도인들을, 교회를 걸려 넘어지게 만든다면 단지 열심히 공부하는 일 자체도 똑같은 죄가 될 것입니다.

우리가 정말 하나님의 영광을 구한다면 하나님의 모든 말씀에 순종할 것입니다. 우리 이웃들을 정말 사랑한다면 그들을 얻기 위해서 바울처럼 행동할 것입니다. "내가 모든 사람에게서 자유로우나 스스로 모든 사람에게 종이 된 것은 더 많은 사람을 얻고자 함이라 유대인들에게 내가 유대인과 같이 된 것은 유대인들을 얻고자 함이요 율법 아래에 있는 자들에게는 내가 율법 아래에 있지 아니하나 율법 아래에 있는 자 같이 된 것은 율법 아래에 있는 자들을 얻고자 함이요 율법 없는 자에게는 내가 하나님께는 율법 없는 자가 아니요 도리어 그리스도의 율법 아래에 있는 자이나 율법 없는 자와 같이 된 것은 율법 없는 자들을 얻고자 함이라 약한 자들에게 내가 약한 자와 같이 된 것은 약한 자들을 얻고자 함이요 내가 여러 사람에게 여러 모습이 된 것은 아무쪼록 몇 사람이라도 구원하고자 함이니"(고전 9:19-22).

우리는 누구를 위해, 또 무엇을 위해 말씀을 가까이하고 공부하나요? 교리를 배우고 권하나요? 우리는 개혁주의가 가리키는, 곧 성경 그 자체를 보여줄 수 있어야 합니다. 또, 개혁주의 신학이 얼마나 영광스럽고 아름다운지도 증언할 수 있어야 합니다. 동시에 우리는 이 신앙이 우리를 얼마나 겸손하게 하고, 얼마나 은혜 안에 거하게 하며, 얼마나 기쁘고 행복하게 하는지, 얼마나 하나님 중심적으로 살게 하며, 얼마나 사랑하게 하며, 얼마나 신실하게 순종하게 하는지를 먼저, 적어도 동시에 보여주어야 합니다.

형제를 사랑하지 않는 자는

우리 선조들은 개혁주의 신앙에 매주 진지했습니다. 그러나 자신과 생각이 다른 지체들을 경멸하거나 포기하지 않았습니다. 그들은 거짓된 가르침과 거짓 선지자들은 비난하고 정죄했지만, 아직 알지 못해서 방황하거나, 오해로 개혁신앙을 거부하거나 욕하는 대다수의 잃어버린 양들을 위해서는 오히려 자신들의 생명을 아끼지 아니하면서까지 그들을 섬겼습니다. 어떻게든 개혁주의를 알리고자 할 수 있는 모든 것을 다했습니다.

그런 선조들이 개혁주의자와 개혁주의자가 아닌 사람들을 어떤 시각으로 바라보았는지를 알려주는 재미난 얘기가 있습니다. 여러분께서도 한 번쯤 들어보셨을 것입니다. 기억을 최대한 되살려서 말씀드려보겠습니다.

한 사람이 조지 휫필드에게 가서 묻습니다.

"휫필드 목사님, 천국에는 어떤 사람들이 가게 될까요? 장로교인들이겠죠?"

"아닙니다. 천국에 장로교인들이라고 불리는 사람들은 없습니다."

"그러면 감리교도들이 천국에 가게 될까요?"

"아닙니다. 감리교도라고 불리는 사람들도 천국에는 없습니다."

"그렇다면, 비국교도들이 천국에 가게 될까요?"

"아닙니다. 비국교도라고 불리는 사람들도 천국에는 없습니다."

"그렇다면 대체, 천국에는 어떤 사람들이 가게 됩니까?"

"그곳에는 오직 그리스도인이라 불리는 사람들만 있을 것입니다."

이 이야기가 주는 묵직한 교훈이 있습니다. 천국에는 우리 개혁주의자들만 있게 될까요? 공부를 많이 하고, 성경을 잘 알고, 모든 일에 엄밀함을 추구하는 개혁주의자들만 있게 될까요? 그렇게 신앙생활 하신 분들도 분명 많으실 것입니다. 그분들이 가진 지식으로 하나님을 영화롭게 하고 이웃과 교회를 섬기신 분들은 모두 의심의 여지 없이 천국에서 영원히 삼위 하나님과 살게 될 것입니다. 그러나 개혁주의자들만 있지는 않을 것입니다. 자신을 개혁주의자라고 믿지만 하나님의 영광과 이름보다는 자신의 영광과 이름을 구하고, 이웃을 사랑하는 데 게으르거나, 심지어는 우리와 생각이 다르다는 이유로 미워하고 정죄한 사람들은 있기가 힘들 것입니다. 더 정확하게는, 개혁주의자라는 이름으로 불리는 사람들은 없을 것입니다. 그곳에는 오직 주님의 제자들만 있을 것입니다. 신랑을 지극히 사랑하는 그리스도의 신부, 하나님의 백성이요 자녀, 곧 그리스도인들만 있게될 것입니다. 하나님의 모든 말씀을 믿고 그대로 순종한 사람들이 있을 것입니다. 배운 대로, 들은 말씀대로 순종하기에 힘쓴, 배운 대로 실천하려고 노력한 사람들이 있을 것입니다. 왜냐하면 그것이 참으로 구원받은 사람, 그리고 하나님을 정말 사랑하는 사람에게서 드러나는 열매이기 때문입니다. 그들은 용서받은 만큼 용서하고 용납한 사람들입니다. 참된 미덕의 본질의 원리를 따라서 예배하고 사랑한 사람들입니다. 사랑으로 진리를 말한 사람들입니다. 작은 것에 충성했기에 큰 것에도 충성한 사람들입니다. 이웃을, 한 몸 된 지체를 마음과 목숨과 뜻을 다하여 사랑한 사람들입니다.

저와 여러분은 어떠한가요? 우리는 누구인가요?
이제 성경의 또 다른 말씀을 살펴보려 합니다. 이런 말씀을 인용한 것을 개혁주의자가 아닌 분들께서 언짢아하시지 않기를 바랍니다. 저희 입장에서 저희 자신을 돌아보기 위해 인용하였으니 부디 이해해주시길 바랍니다.

그 사람이 자기를 옳게 보이려고 예수께 여짜오되 그러면 내 이웃이 누구니이까 예수께서 대답하여 이르시되 어떤 사람이 예루살렘에서 여리고로 내려가다가 강도를 만나매 강도들이 그 옷을 벗기고 때려 거의 죽은 것을 버리고 갔더라 마침 한 제사장이 그 길로 내려가다가 그를 보고 피하여 지나가고 또 이와 같이 한 레위인도 그곳에 이르러 그를 보고 피하여 지나가되 어떤 사마리아 사람은 여행하는 중 거기 이르러 그를 보고 불쌍히 여겨 가까이 가서 기름과 포도주를 그 상처에 붓고 싸매고 자기 짐승에 태워 주막으로 데리고 가서 돌보아 주니라 그 이튿날 그가 주막 주인에게 데나리온 둘을 내어 주며 이르되 이 사람을 돌보아 주라 비용이 더 들면 내가 돌아올 때에 갚으리라 하였으니 네 생각에는 이 세 사람 중에 누가 강도 만난 자의 이웃이 되겠느냐 이르되 자비를 베푼 자니이다 예수께서 이르시되 가서 너도 이와 같이 하라 하시니라

— 눅 10:29-37

혹 제사장과 레위인의 모습이 우리의 모습이 아닌가요? 이스라엘 백성은 언약을 저버렸다며 사마리아인들을 미워했습니다. 그러나 이스라엘 백성 중 한 사람이 어려움에 처하자 그에게 은혜를 베푼 것은 언약 안에 있다고 자부하던 같은 이스라엘 사람이 아니라 사마리아 사람이었습니다. 예수님께서 말씀하십니다. "가서 너도 이와 같이 하라."

성경은 "가서 너도 이와 같이 하라"는 예수님의 말씀에 순종하지 않고, 계속해서 적을 만들어 내고, 한 몸 된 지체들과 이웃들을 미워하고, 우리 형제들을 사랑하지 않는 사람들에 대해서 다음과 같이 준엄한 경고의 말씀을 선포합니다.

"만일 우리가 성령으로 살면 또한 성령으로 행할지니 헛된 영광을 구

하여 서로 노엽게 하거나 서로 투기하지 말지니라"(갈 5:25-26). 헛된 영광을 구하고, 지체를 노엽게 하고, 시기하는 우리의 행동은 우리 스스로 성령님께서 우리 안에 계시지 않다는 것을, 최소한 우리가 성령님을 따라 사는 것이 아님을 방증합니다.

"빛 가운데 있다 하면서 그 형제를 미워하는 자는 지금까지 어둠에 있는 자요 그의 형제를 사랑하는 자는 빛 가운데 거하여 자기 속에 거리낌이 없으나 그의 형제를 미워하는 자는 어둠에 있고 또 어둠에 행하며 갈 곳을 알지 못하나니 이는 그 어둠이 그의 눈을 멀게 하였음이라"(요일 2:9-11). 우리가 빛 안에, 생명 안에, 진리 안에, 은혜 안에 있다고 하면서 실제로는 우리 형제를 미워하고 경멸하고 정죄하기만 한다면, 우리야말로 어둠과 죽음과 거짓과 저주 안에 있는 자들입니다.

"누구든지 하나님을 사랑하노라 하고 그 형제를 미워하면 이는 거짓말하는 자니 보는 바 그 형제를 사랑하지 아니하는 자는 보지 못하는 바 하나님을 사랑할 수 없느니라"(요일 4:20). 하나님을 사랑하는 사람은 그럴 수 없습니다. 하나님을 사랑하는 사람은, 하나님께 사랑을 받는 사람은 그 사랑 때문에 형제를 미워할 수 없습니다. 사랑할 수밖에 없습니다. 포기하지 않고, 무시하지 않고, 비난하지 않고, 기다려주고, 섬기고, 함께 배우고, 함께 자랄 수밖에 없습니다. 만약 우리가 보이는 형제를 끝내 사랑하지 않는다면, 우리는 사실 하나님의 사랑을 알지도 못하고, 하나님을 사랑하는 사람도 아닙니다.

인자가 자기 영광으로 모든 천사와 함께 올 때에 자기 영광의 보좌에 앉으리니 모든 민족을 그 앞에 모으고 각각 구분하기를 목자가 양과 염소를 구분하는 것 같이 하여 양은 그 오른편에 염소는 왼편에 두리라 그 때에 임금이 그 오른편에 있는 자들에게 이르시되 내 아버지께 복 받을 자들이여 나아와 창세로부터 너희를 위하여 예비된 나라를 상속받으라 내가 주릴 때에 너희가 먹을 것을 주었고 목마를 때에 마시게 하였고 나그네 되었을 때에 영접하였고 헐벗었을 때에 옷을 입혔고 병들었을 때에 돌보았고 옥에 갇혔을 때에 와서 보았느니라 이에 의인들이 대답하여 이르되 주여 우리가 어느 때에 주께서 주리신 것을 보고 음식을 대접하였으며 목마르신 것을 보고 마시게 하였나이까 어느 때에 나그네 되신 것을 보고 영접하였으며 헐벗으신 것을 보고 옷 입혔나이까 어느 때에 병드신 것이나 옥에 갇히신 것을 보고 가서 뵈었나이까 하리니 임금이 대답하여 이르시되 내가 진실로 너희에게 이르노니 너희가 여기 내 형제 중에 지극히 작은 자 하나에게 한 것이 곧 내게 한 것이니라 하시고 또 왼편에 있는 자들에게 이르시되 저주를 받은 자들아 나를 떠나 마귀와 그 사자들을 위하여 예비된 영원한 불에 들어가라 내가 주릴 때에 너희가 먹을 것을 주지 아니하였고 목마를 때에 마시게 하지 아니하였고 나그네 되었을 때에 영접하지 아니하였고 헐벗었을 때에 옷 입히지 아니하였고 병들었을 때와 옥에 갇혔을 때에 돌보지 아니하였느니라 하시니 그들도 대답하여 이르되 주여 우리가 어느 때에 주께서 주리신 것이나 목마르신 것이나 나그네 되신 것이나 헐벗으신 것이나 병드신 것이나 옥에 갇히신 것을 보고 공양하지 아니하더이까 이에 임금이 대답하여 이르시되 내가 진실로 너희에게 이르노니 이 지극히 작은 자 하나에

게 하지 아니한 것이 곧 내게 하지 아니한 것이니라 하시리니 그들은 영
벌에, 의인들은 영생에 들어가리라 하시니라

– 마 25:31–46

우리 중 어떤 사람들은 우리 주님의 기뻐하심을 입을 것입니다. 사람
들을 향해 우리가 하나님께 먼저 받은 사랑을 보인다면, 우리가 하나님께
받은 은혜의 지식을 전한다면, 하나님께서, 또 우리를 인도해 준 사람들이
우리를 기다려주고 참아주고, 우리가 자라도록 계속해서 함께해준 것같이
사람들을 동일하게 사랑하고 섬긴다면, 우리 주님께서는 "그 모든 것이 내
게 한 것과 같다. 내게 한 것이다. 너희를 기뻐한다. 내 아버지께 복 받을
자들이여 나아와 창세로부터 너희를 위하여 예비된 나라를 상속받으라"
라고 말씀하실 것입니다.

그러나, 우리 중 어떤 사람들은 주님의 진노를 받게 될 것입니다. 사람
들을 향해 우리가 하나님께 먼저 받은 사랑을 그들에게는 보이지 않는다
면, 우리가 하나님께 받은 은혜의 지식을 폭력적으로 전한다면, 하나님께
서, 또 우리를 인도해 준 사람들이 우리를 기다려주고 참아주고, 우리가
자라도록 계속해서 함께해준 것과는 달리 우리는 그들을 기다려주지 않
고, 그들을 향해 분노하고, 그들과 함께하지 않는다면, 우리 주님께서는
"내가 진실로 너희에게 이르노니 이 지극히 작은 자 하나에게 하지 아니한
것이 곧 내게 하지 아니한 것이다. 너희는 영벌에 들어가라"라고 말씀하실
것입니다.

저와 여러분 중 아무도 이런 진노를, 이런 선언을 받지 않기를 정말 간

절히 바랍니다. 영벌에 처해지는 게 무서워서가 아니라, 우리가 우리의 주와 구주이신 그분과 아무런 상관이 없는 존재가 되는 것이, 우리가 그분을 분노하시게 하는 존재가 되는 것이, 그분의 은혜를 저버리는 배은망덕한 존재가 되는 것이 너무도 슬프고 끔찍하고 비참하기 때문입니다.

우리 중 누구도 스스로 개혁주의 안에 들어오지 않았다

우리 중 처음부터 성숙한 개혁주의자였던 사람은 아무도 없었습니다. 어떤 그리스도인도 어떤 개혁주의자도 처음부터 위대하고 엄밀한 신앙을 고백한 사람은 없습니다. 처음부터 믿음의 장성한 분량에 이른 사람은 아무도 없습니다.

오늘의 여러분과 제가 있는 것은, 우리에게 개혁주의의 아름다움을 보여주고 우리가 그것을 볼 수 있도록 옆에서 도운 사람들이 있었기 때문입니다. 우리가 애써 이 진리를 거절할 때도 우리를 참고 기다려 준, 우리를 위해 밤새 울어주고, 우리를 변호해주고, 우리에게 계속해서 이 진리가 지닌 아름다움과 위대함을 보도록 신앙으로, 말과 삶으로 보여주고 도전하고 위로해 준 사람들이 있었기 때문입니다. 그들이 우리를 적으로 생각하지 않고, 때로 책망하되 비난하지 않고, 온유하고 겸손한 태도로 안내해 주었기에 우리가 지금 여기 있습니다.

누가 있습니까? 그들은 누구입니까? 하나님께서는 목사들을 통해 우리가 복음을 들을 수 있도록 하셨습니다. 하나님께서는 여러 신앙의 선배와 동료들을 보내주셔서 우리 곁에 두셨고, 건강한 교회와 책 등으로 우리를 인도하셨습니다.

하지만, 개혁주의가 참으로 아름답고 성경적이라는 것을 하나님의 은혜로 깨닫기 시작했을 때부터 우리는 많은 실수와 죄를 저질렀습니다. 우리는 만나는 사람들에게 개혁주의를 강권했습니다. 그들이 어서 이 귀한 보물을 손에 넣기를 바랐습니다. 하지만 우리 마음과는 달리 상대방이 이 보물의 가치를 모르면, "왜 너희 밭을, 전 재산을 팔아서 이 진주(개혁주의)를 사지 않느냐?"며 사람들을 마음속으로 비난하거나 불쌍하게 여겼습니다. 이 보물을 즉각 받아들이지 않으면, 우리 방식대로, 우리 용어로, 우리 경험대로 받아들이지 않으면 답답해하기도 하고, 정죄하기도 했습니다.

그렇지만, 우리 같으면 포기했을 그런 우리를 기다려주고, 우리 같으면 욕하고 하찮게 생각했을 우리를 사랑으로 존중해 주고 함께해 준 사람들이 있습니다. 그들이 포기하지 않았기에 오늘의 우리가 있습니다. 그들이 우리 곁을 떠나지 않았기에, 그들이 진리를 사랑 안에 담아 보여주었기에 오늘의 우리가 있습니다. 그들은 겸손했고, 그들은 우리를 용납하고 용서했으며, 그들은 누구보다 은혜를 알았기에 우리를 불쌍히 여겨주었습니다. 우리를 위해 기도해 주고, 우리를 설득하고, 우리가 더 바르게, 더 제대로 개혁주의를 알고, 개혁주의에 따라 신앙할 수 있도록 힘껏 도왔습니다.

우리 중 그렇지 않은 이가 있습니까? 거듭나면서부터, 스스로 성숙한 개혁주의자가 된 사람이 있나요? 없을 것입니다. 그런 사람은 아무도 없습니다.

그렇다면 적어도! 우리도 받은 만큼은 살아야 하지 않을까요? 우리를 도와주고 섬겨주고 인도해 준 사람들이 있었기 때문에 오늘의 우리가 있는데, 그렇다면 우리도 받은 만큼 다른 사람들을 기다려주고, 그들을 용납하고, 그들을 섬겨야 하지 않을까요? 우리도 이 진리가 참으로 성경에 충실하고, 진실되다는 것을 입술의 고백과 삶으로 증언할 수 있어야 하지 않을까요?

누구보다 우리에게 끊임없이 은혜를 베푸시는 구주 예수님을 생각합시다. 우리 주님이신 그리스도께서는 우리를 어떻게 만들어 오셨고, 만들고 계시고, 만들어 가시나요?

우리 같으면 우리 같은 사람들을 향해 신실하지 못할 텐데, 그리스도께서는 우리를 구원하여 주셨을 뿐만 아니라, 이렇게 못난 우리에게 계속해서 신실하십니다. 계속해서 우리를 용납하시고, 우리를 타이르시고, 우리 눈에 들보가 있음을 깨닫게 해주시고 또한 제거해주셔서 그것들이 우리 눈과 마음을 다치게 하지 못하도록 하십니다. 또 우리가 주님의 마음을 품을 수 있도록 이미 충분히 보이신 모범으로 도전하시고 가르치십니다. 우리도 그렇게 할 수 있도록 힘을 주시고 용기를 주십니다. 넘어진 우리의 손을 붙잡아주신 분, 우리의 교만한 마음을 겸손한 마음으로, 우리의 왜곡된 순종을 바른 순종으로, 우리의 무지를 하나님을 아는 지식으로 충만하게 하신 분은 주 예수님이십니다.

우리가 이 진리를 뜨겁게 사랑하고, 이 신앙에 열렬히 헌신하는 것도 다 주님 때문입니다. 그분께서 베푸신 은혜 때문입니다. 정말 은혜가 아니면 불가능한 일입니다.

그렇게 우리도 거저 받았으니 거저 줍시다. 우리도 은혜로 받았으니 겸손히 전합시다.

개혁주의가 정말로 성경이 말하는 바로 그 진리라는 것을 확신을 갖고 담대히, 기쁨에 겨워 말하고 증언하고 고백하고 소개하고 안내하고 보여줍시다. 사랑과 겸손으로 보여줍시다.

6장

겸손

6
겸손

겸손 – 참 신앙의 표지

우리가 전적으로 타락했다는 진리는 우리를 겸손하게 합니다. 그런 우리를 하나님께서 선택하셔서 은혜를 베푸셨다는 것도 우리를 겸손하게 합니다. 하나님께서 우리에게 신앙과 지식과 소원하는 마음을 주셨다는 것도, 자주 넘어지고, 거듭 옛길로 돌아가고파 하는 우리를 하나님께서 끝까지 붙드신다는 사실도 우리를 겸손하게 합니다.

하나님께서 행하시는 은혜의 일하심과는 아무런 상관없이 우리가 개혁주의를 접하고, 알게 되고, 받아들이고, 사랑하게 된 것이 아닙니다. 우리가 개혁주의 안에 있게 된 것도 모두 하나님께서 다 하신 일입니다. 처음부터 지금 모습을 지니고, 지금 이 자리에 있었던 사람은 아무도 없습니다.

우리 중에 신앙생활을 열심히 해서, 교리를 열심히 공부하다 보니 개혁주의에 도달하고, 너무나 자연스럽게 개혁주의 신앙 안에 있게 된 사람이 있나요? 우리 중 그 누가 받을 만한 자격이 있어서 이 신앙을 받게 되었나요? "누가 너를 남달리 구별하였느냐 네게 있는 것 중에 받지 아니한 것이 무엇이냐 네가 받았은즉 어찌하여 받지 아니한 것 같이 자랑하느냐"(고전 4:7). 우리는 거저 받았습니다.

이 신앙이 오직 은혜로 받은 것일 뿐만 아니라 이후에 이 신앙에서 참되고 신실하게 자라는 것 또한 전적으로 하나님께서 하시는 일이라는 사실을 깨닫고 시인할 때 우리에게 어떤 변화가 일어날까요?

우리는 성령님께서 우리를 살리시고, 세우시고, 자라게 하신 것처럼 우리가 기도하고 교제하는, 우리가 마음을 쓰는 사람들도 성령님께서 살리시고, 세우시고, 자라게 하실 것으로 믿고 기대할 수 있습니다.

참된 개혁신앙에 따라 나는 죄인 중의 괴수라고 고백하는 모든 개혁주의자는, "나 같은 자도 이렇게 사랑하여 구원하여 주셨는데, 다른 사람은 더 쉽게 구원하실 수 있다. 나 같은 자도 자비하심을 입었는데, 구원받지 못할 자가 없다. 다른 사람은 나보다 훨씬 더 겸손하게 주님의 뜻에 순종하고, 나보다 더 열정적으로 주를 기뻐할 것이다"라고 고백할 것입니다.

이 사실은 아무리 강조해도 지나치지 않습니다. 우리는 정말 죽어 마땅한 죄인입니다. 우리는 원래라면, 마땅히 하나님의 공의에 따라 죽어야 했습니다. 그런데 죽어 마땅한, 죽을 수밖에 없는 우리를 위해 하나님이신 그리스도께서 십자가에 달려 죽으셨습니다. 우리는 그렇게 살게 된 사람들입니다.

자신이 죽음에서 건짐 받았음을 아는 사람은, 자신이 삼위 하나님께 지은 죄가 무엇인지, 그 죄가 얼마나 큰지, 그 큰 죄를 지은 자신을 구원하시기 위해 그리스도께서 치르신 희생이 무엇인지 아는 사람은 겸손할 수밖에 없습니다.

우리는 일만 달란트를 빚졌다가 탕감 받은 사람이기에, 겨우 백 데나리온 빚진 사람을 윽박지르거나 핍박하지 않습니다. 복음이 우리를 변화시켰기 때문입니다. 그리스도의 피가 우리를 새롭게 태어나게 했기 때문입니다.

게다가 우리가 죄인 중의 괴수라는 깨달음과 복음적 겸손은, 우리를 더 많이 용서받은 자가 되게 하여 하나님을 더 많이 사랑하게 합니다.

참된 개혁주의는 우리를 반드시 이 길로 인도합니다. 참된 개혁주의는 참된 겸손을 알게 하고, 참된 겸손은 우리를 참된 신자가 되게 합니다.

또한, 그리스도께서 우리에게 보여주신 본이 우리가 그분을 따라 겸손하게 합니다.

그들의 발을 씻으신 후에 옷을 입으시고 다시 앉아 그들에게 이르시되 내가 너희에게 행한 것을 너희가 아느냐 너희가 나를 선생이라 또는 주라 하니 너희 말이 옳도다 내가 그러하다 내가 주와 또는 선생이 되어 너희 발을 씻었으니 너희도 서로 발을 씻어 주는 것이 옳으니라 내가 너희에게 행한 것 같이 너희도 행하게 하려 하여 본을 보였노라
– 요 13:12–15

지극히 높으신 하나님께서 먼지와 벌레 같은 죄인의 발을 씻겨 주셨습니다. 그분을 그렇게 오해하고, 그분께 그토록 무례하고, 그분을 그렇게 거절했던 죄인의 발을 씻겨 주셨습니다. 그리스도께서는 그러면서 우리도 서로 발을 씻어 주는 것이 '옳다'고 말씀하십니다. 우리가 서로를 그렇게 섬길 수 있게 하려고 본을 보여주셨다고 말씀하십니다.

그렇다면 우리는 할 수 있습니다. 우리 옛 본성은 할 수 없으나, 은혜로 받은 새 본성은 할 수 있습니다. 우리의 힘으로는 할 수 없지만, 그리스도께서 주시는 힘으로, 성령님의 능력으로 우리는 할 수 있습니다.

겸손하게 친절하게 온유하게

복음은, 진리는 중요합니다. 구원받기 위해서 반드시, 그리고 정확히 알아야 하는 진리들이 있습니다. 또 어떤 진리들은 우리 삶을 복음에 합당하게 하여 주는 데 필요하기도 합니다. 구원 자체를 위해서도, 구원 이후의 삶을 위해서도, 구원의 목적을 위해서도 우리는 많은 것을 알아야 하고 정확히 알아야 하고 풍성히 알아야 합니다. 그래서 아는 게 중요합니다. 하나님께서는 이에 대해 성경 곳곳에서 우리를 가르치시고 경고도 하십니다.

우리 개혁주의자들이 왜 그렇게 바르고 정확하게 아는 것과 분별에 대해 지나칠 만큼 열정을 쏟는지 이해해주시리라 믿습니다.

그런데 말입니다.

그 지식에는 우리 안에 논쟁이 있을 때, 우리가 서로 다를 때, 우리보다 더 낮은 지식을 가진 자가 있을 때, 우리보다 더 연약한 자가 있을 때,

그들을 돕고, 세우고, 그들을 섬기라는 지식도 포함되어 있습니다! 어떻게 하면 우리가 함께 갈 수 있는지, 어떻게 우리가 서로 사랑할 수 있는지도 포함되어 있습니다!

그래서 우리는 진리를 말할 때 항상 사랑으로 말해야 합니다. 확신을 가지되 겸손하게 말해야 합니다. 그럼으로써 우리는 아무도 다치지 않으면서, 진리를 마음껏 나눌 수 있습니다.

우리가 흔히 저지르는 실수와 잘못은, 우리가 개혁주의를 (특히 처음 접할 때) 알게 된 후 갖게 되는 만족감과 기쁨을 지혜롭지 못하게, 너무 배려 없이 상대방에게 쏟아붓는다는 것입니다. 사람들에게 고민할 시간도, 사람들이 진지하게 공부해볼 시간도 주지 않은 채 말입니다. 우리에게는 너무나 놀랍고 흥분되는 이 소식이 어떻게 그들에게는 그렇지 않은지 놀라워하고 당황스러워하면서 말입니다. 우리도 처음에는 그들과 똑같이 반응했었다는 사실은 전혀 기억하지 못한 채 말입니다.

우리가 이런 부분만 주의해도 우리는 지금보다 훨씬 더 많은 사람과 즐겁게 대화할 수 있습니다. 우리는 사람들이 시간이 필요하다는 것을 알고 기다리게 될 것이고, 사람들은 우리의 열정에 합당한 이유가 있다고 이해하게 될 것입니다. 그렇게 상처를 주고받지 않으면서도 진지하고 적절한 대화와 토론을 서로의 유익을 위해 나눌 수 있습니다.

함께 교회로 부름 받음

몸은 하나인데 많은 지체가 있고 몸의 지체가 많으나 한 몸임과 같이 그리스도도 그러하니라 우리가 유대인이나 헬라인이나 종이나 자유인이나 다 한 성령으로 세례를 받아 한 몸이 되었고 또 다 한 성령을 마시게 하셨느니라 몸은 한 지체뿐만 아니요 여럿이니 만일 발이 이르되 나는 손이 아니니 몸에 붙지 아니하였다 할지라도 이로써 몸에 붙지 아니한 것이 아니요 또 귀가 이르되 나는 눈이 아니니 몸에 붙지 아니하였다 할지라도 이로써 몸에 붙지 아니한 것이 아니니 만일 온몸이 눈이면 듣는 곳은 어디며 온몸이 듣는 곳이면 냄새 맡는 곳은 어디냐 그러나 이제 하나님이 그 원하시는 대로 지체를 각각 몸에 두셨으니 만일 다 한 지체뿐이면 몸은 어디냐 이제 지체는 많으나 몸은 하나라 눈이 손더러 내가 너를 쓸 데가 없다 하거나 또한 머리가 발더러 내가 너를 쓸 데가 없다 하지 못하리라 그뿐 아니라 더 약하게 보이는 몸의 지체가 도리어 요긴하고 우리가 몸의 덜 귀히 여기는 그것들을 더욱 귀한 것들로 입혀 주며 우리의 아름답지 못한 지체는 더욱 아름다운 것을 얻느니라 그런즉 우리의 아름다운 지체는 그럴 필요가 없느니라 오직 하나님이 몸을 고르게 하여 부족한 지체에게 귀중함을 더하사 몸 가운데서 분쟁이 없고 오직 여러 지체가 서로 같이 돌보게 하셨느니라 만일 한 지체가 고통을 받으면 모든 지체가 함께 고통을 받고 한 지체가 영광을 얻으면 모든 지체가 함께 즐거워하느니라 너희는 그리스도의 몸이요 지체의 각 부분이라

– 고전 12:12–27

고린도전서 12장은 그리스도를 머리로 삼는 그리스도의 몸 된 지체들이 서로를 어떻게 바라보고 대해야 하는지를 잘 보여줍니다. 이 말씀은 교파와 교단이 다른 그리스도인들에게도 필요하고 유익한 말씀이지만 개혁주의자들에게는 더욱더 필요하고 유익한 말씀입니다.

우리 중 쓸모없는 지체는 아무도 없습니다. 내 기능이 더 좋다고 말하고 다른 기능을 하는 지체는 필요 없다고 말하며 그를 제거하면 우리 몸은 제대로 움직일 수 없게 됩니다. 저 지체가 당장 나와는 아무런 관계가 없는 듯 보일 수 있습니다. 심지어 우리 눈에 거슬릴 수도 있습니다. 하지만 몸 전체로 봤을 때는 모든 지체가 각기 제 기능을 해야 그 몸이 튼튼해집니다. 공부를 하든, 달리기를 하든 일을 할 수 있게 됩니다!

박경효 작가님의 『입이 똥꼬에게』라는 재밌는 책이 있습니다. 동화책이지만 고린도전서 12장의 이 내용을 매우 탁월하게 담았습니다. 자녀들, 그리고 동료분들과도 함께 읽어보시면 좋겠습니다.

우리는 교회로 부름을 받았습니다. 우리는 함께 부름 받았습니다. 우리는 한 몸으로 부름 받았습니다. 우리 모두는 서로에게 없어서는 안 될 한 몸 된 지체들입니다.

에베소서 말씀은 한 몸 됨을 이렇게 비유합니다. "너희는 사도들과 선지자들의 터 위에 세우심을 입은 자라 그리스도 예수께서 친히 모퉁잇돌이 되셨느니라 그의 안에서 건물마다 서로 연결하여 주 안에서 성전이 되어 가고 너희도 성령 안에서 하나님이 거하실 처소가 되기 위하여 그리스도 예수 안에서 함께 지어져 가느니라"(엡 2:20-22). 네, 우리는 그리스도 예수 안에서 함께 지어져 가는, 서로에게 매우 소중한 존재입니다.

그러므로 "모든 겸손과 온유로 하고 오래 참음으로 사랑 가운데서 서로 용납하고 평안의 매는 줄로 성령이 하나 되게 하신 것을 힘써 지"킵시다(엡 4:1-3).

"믿음이 연약한 자를 받되 그의 의견을 비판하지" 맙시다. "어떤 사람은 모든 것을 먹을 만한 믿음이 있고 믿음이 연약한 자는 채소만 먹"기 때문입니다. "먹는 자는 먹지 않는 자를 업신여기지 말고 먹지 않는 자는 먹는 자를 비판하지" 맙시다. "하나님이 그를 받으셨"기 때문입니다(롬 14:1-3).

"다시는 서로 비판하지 말고 도리어 부딪칠 것이나 거칠 것을 형제 앞에 두지 아니하도록 주의"합시다. 만일 한낱 "음식으로 말미암아 (우리) 형제가 근심하게 되면 이는 (우리가) 사랑으로 행하지" 않은 것입니다. "그리스도께서 대신하여 죽으신 형제를 음식으로 망하게 하지" 맙시다(롬 14:13, 15).

"믿음이 강한 우리는 마땅히 믿음이 약한 자의 약점을 담당하고" 우리 자신을 기쁘게 하지 맙시다. "우리 각 사람이 이웃을 기쁘게 하되 선을 이루고 덕을 세우도록" 합시다(롬 15:1-2).

"모든 악독과 노함과 분 냄과 떠드는 것과 비방하는 것을 모든 악의와 함께 버리고 서로 친절하게 하며 불쌍히 여기며 서로 용서하기를 하나님이 그리스도 안에서 용서하심과 같이" 합시다(엡 4:31-32).

"아무 일에든지 다툼이나 허영으로 하지 말고 오직 겸손한 마음으로 각각 자기보다 남을 낫게 여"깁시다(빌 2:3).

합창

교회 고등부 당시 엘 샤다이('전능하신 하나님'이란 뜻입니다)라는 중창단에서 찬양을 불렀던 기억이 납니다. 주로 옹기장이라는 팀의 곡을 연습해서 불렀는데 당시 옹기장이의 곡들은 주로 성경 말씀에서 가사를 거의 그대로 가져온 곡들이 많았습니다.

성가대도 들어가서 찬양을 불렀습니다. 성가곡이라고 하나요? 아무튼 중창단이든 성가대든 여러 사람이 파트를 나누어서 연습한 후 함께 노래할 때의 그 어울림을 전 아주 좋아했습니다.

화음이, 서로 다른 목소리가, 서로 다른 멜로디가 만나서 하나의 메시지를 전달합니다. 노래하는 자의 감정을, 가사에 담긴 진리와 감동을 모두가 함께 공감하고 누립니다.

함께 부르면 내가 혹 조금 못 불러도, 내가 호흡이 조금 짧아도 괜찮습니다. 각자를 놓고 보면 아주 잘 부른다고 말할 수 없지만, 함께 부르는 노래는 정말 아름답습니다.

한 몸 된 지체로서 우리가 부르는 노래는 언제나 합창입니다. 우리 각자는 부족함이 있지만, 서로 맞춰서 한 마음으로 부르는 노래는 언제나 하나님을 기쁘시게 합니다. 우리가 서로를 더욱 사랑스럽게 바라보게 해줍니다.

개혁주의자들에게 상처받으신 분들에게

먼저 용서를 구합니다. 우리는 무례하게 굴었습니다. 우리는 오만하고 악했습니다. 우리는 우리와 지식이 다르다는 이유로 여러분을 낮잡아봤습니다. 여러분을 무시하고 인격적으로 모욕했습니다. 우리는 우리도 하지 않는 일을 여러분에게 강요했습니다. 그러면서 여러분을 비난했습니다. 말씀에 순종하지 않는다고요. 하나님을 사랑하지 않는다고요. 사실은 우리야말로 그러한 비난을 받아 마땅한데 말입니다. 우리 같이 악한 사람들이 있을까 싶습니다. 우리 같이 겉과 속이 다른 사람들이 어디 있을까요? 없을 것입니다. 아니, 없습니다. 그래서 너무 부끄럽습니다. 여러분 앞에서 고개를 들 수가 없습니다. 죄송합니다. 정말 죄송합니다. 우리의 죄가 너무 큽니다. 우리 같은 자들을 구원하신 하나님의 은혜를 생각하니, 우리의 죄가 너무나 큽니다. 이제야 깨달았습니다. 진심으로 용서를 구합니다.

또 용서를 구합니다. 사람 때문에, 교회 때문에, 하나님과 이 성경 진리에서 멀어진 분들에게 용서를 구합니다. 저희의 본심은 여러분을 비난하고 정죄하는 것이 아닙니다. 저희는 여러분이 개혁주의가 가리키고 보여주는 하나님의 영광과 은혜를 알기 원합니다. 저희는 여러분이 보고 알도록 돕기 원합니다. 여러분이 개혁주의를 사랑하길 원합니다. 여러분이 성경을 있는 그대로 보고, 성경을 더욱 알게 되고 사랑하길 원합니다. 여러분이 하나님을 마음 다해 사랑하길 원합니다. 여러분이 하나님의 은혜를 온전히 기쁘게 누리고, 거룩하고 복된 삶을, 경건한 삶을 살아가기를 원합니다. 저희는 개혁주의가 바로 그러한 일을 할 수 있다고 믿습니다.

네, 물론 이런 신앙의 목표를 개혁주의만 갖고 있는 것은 아닙니다. 모든 신자, 모든 교회, 모든 교파, 모든 신학의 목표는 이와 다르지 않습니다. 그러나 저희는 개혁주의야말로 성경이 말하는 바로 그 진리, 그 은혜, 그 신앙을 여러분이 가장 잘 볼 수 있도록, 가장 잘 알 수 있도록, 실제로 소유할 수 있도록 해준다고 믿습니다. 그렇기 때문에 여러분에게 열정으로 다가갔습니다. 그런 이유로 개혁주의를 강권했습니다. 그런 이유로 옆에서 계속해서 이야기하고, 여러분을 위해 기도했습니다. 그러나 그러한 열정에서 비롯된 저희의 마음과 태도가 여러분을 아프게 했기에, 오히려 저희가 보여주려고 했던 모든 것으로부터 여러분을 돌아서게 했기에 저희는 참담한 심경을 금할 수가 없습니다. 변명하고 싶지 않습니다. 핑계 대는 것은 아닙니다. 다만 저희의 본심도 알려드리고 싶었습니다.

여러분께서 저희 때문에 시작하신 방황이 너무 길지 않기를 간절히 원합니다. 너무 멀리 돌지 않기를, 아예 떠나버리시는 일이 없기를 원하며 기도합니다. 감사하게도 많은 개혁주의 교회가, 많은 개혁주의자가 저지른 죄와 실수에도 불구하고 하나님께서는 건강한 교회들을 세워오셨습니다. 지금도 세우고 계십니다. 하나님을 마음 다해 사랑하면서, 성경에 충실하면서, 영혼을 뜨겁게 사랑하는 신실한 목사님들과 성도님들이, 참된 개혁주의자들이 있습니다. 저는 하나님께서 여러분도 그런 참된 개혁주의자로 만들어주시길 소망합니다. 여러분을 마음 다해, 힘껏 응원합니다.

마지막으로, 여러분께 부탁드립니다. 하나님을 아는 일, 진리를 사랑하는 일에서 많은 상처와 아픔을 겪으신 여러분께서 여러분과 같은 고통을 겪는 분들을 도와주시길 원합니다. 동료들과 다음 세대를 위해 여러분의 귀한 경험을 나누어 주시길 원합니다.

여러분은 저희와 같은 죄와 실수를 범하지 않으시기를, 그래서 이후에 개혁주의의 문을 두드리는 모든 사람이 충분한 사랑을 받으며, 하나님을 경외하는 겸손한 사람들에 의해 이 진리에 대해 거부감을 갖지 않고, 주저하지 않기를, 개혁주의의 길을 힘차게 달려 나가게 되길 열렬히 원합니다.

오직 은혜로만

지금 이 책을 읽고 공감하는 모든 분과, 함께 순종하고 함께 회개하고 싶습니다. 교회를 위해 기도합시다. 웁시다. 슬퍼합시다. 괴로워합시다. 배우고 깨닫고 회개하고 다짐한 일에 순종합시다. 맞습니다. 우리가 바꿀 수 없습니다. 우리 혼자 할 수 있는 일도 아닙니다. 하나님께서 하십니다. 하나님께서는 기도하고 순종하는 자들, 하나님과 마음을 같이 하는 자들을 통해 기쁘게 일하십니다.

오직 은혜만이 우리를 진정으로 변화시킬 수 있습니다. 순종하게 하고 계속해서 이 길을 걷게 할 수 있는 것은 은혜뿐입니다.

저는 간절히 바라고 원하며 기도합니다. 그렇게 기도할 수 있기를 소망하고 기도합니다.

그리고 그 기도 과정 중에, 기도 끝에 깨닫게 되고 확인하게 되는 하나님의 말씀 앞에 신실히 서길 원합니다. 신실하게 순종하길 원합니다. 주님을, 주님의 말씀에 신실하게 따르길 원합니다.

함께 기도하시지 않겠습니까?

우리 서로를 긍휼히 여기지 않겠습니까?

함께 목소리 내시지 않겠습니까?

함께 지키지 않으시겠습니까?

함께 사랑하고, 서로 사랑하시지 않겠습니까?

이 백성은 내가 나를 위하여 지었나니 나를 찬송하게 하려 함이니라

– 사 43:21

아멘! 주님, 그렇습니다. 저희는 주님을 위해 지음 받았고, 주님을 위해 구원받았습니다. 저희가, 저희의 모든 것이 다 주의 것이오니, 주의 이름과 영광을 위하여 사용하여 주옵소서.

그런즉 너희가 먹든지 마시든지 무엇을 하든지 다 하나님의 영광을 위하여 하라

– 고전 10:31

아멘! 주님, 간절히 원합니다. 먹든지 마시든지 무엇을 하든지, 저희가 하는 생각과 행동 모두가 주님을 기쁘시게 하고, 주를 영화롭게 하며, 하나님께서 참으로 살아계시며, 이 신앙이 참되다는 것을 증언하게 하옵소서.

여호와여 영광을 우리에게 돌리지 마옵소서 우리에게 돌리지 마옵소서

오직 주는 인자하시고 진실하시므로 주의 이름에만 영광을 돌리소서!

— 시 115:1

아멘! 주님, 그 거룩하고, 비교할 수 없고, 아름다우신 주의 이름을 찬양하고 높입니다. 마음 다해 사랑합니다.

더 깊은 공부와 나눔을 위한 질문

【 전제 질문 】

아래 질문들은 '더 깊은 공부와 나눔을 위한 질문'에
온전히 답하는 데 전제가 되는 질문입니다.

- 여러분은 성부 성자 성령, 삼위 하나님만을 여러분의 하나님으로, 그리스도만을 교회의 머리와 여러분의 신랑으로 시인하고 사랑하십니까?

- 여러분은 웨스트민스터 신앙고백 1장의 선언처럼 하나님 말씀이 여러분의 신앙과 삶의 유일한 법칙임을 시인하십니까?

- 여러분의 생명과 삶의 목적은 하나님께 영광을 돌리는 것입니까?

- 여러분은 마음과 목숨과 뜻을 다해 하나님을 사랑하길 원하십니까?

1. 하나님께서 교회에 직분자를 허락하신 까닭은 무엇입니까? 교회 정치가 있어야 하는 이유는 무엇입니까?

2. 성경에서 교회 정치가 드러난 본문들을 찾아봅시다.

3. 교회가 하나님의 말씀대로 치리하지 않을 때 어떤 어려움에 빠지게 되나요? 경험이 있다면 나누어 봅시다.

4. 교회가 하나님의 말씀대로 바르게 치리하면 어떤 감사와 위로가 있게 될까요? 경험이 있다면 나누어 봅시다.

5. 교회가 치리를 하되 사랑과 헌신 없이 치리하면 어떤 아픔과 고통이 있게 될까요? 경험이 있다면 나누어 봅시다.

6. 여러분의 교회는 교회 정치와 직분에 관한 말씀을 성경에 충실하게 가르치고 있습니까? 그 가르침에 실제로 순종하려고 노력하고 있습니까? 우리 교회는 어떻게 순종함으로 하나님 말씀의 권위를 높이고, 하나님을 기쁘시게 하고 있습니까?

7. 직분의 동등성과 고유성이 왜 중요한지 나눠 봅시다.

8. 여러분과 여러분의 교회는 교회의 머리를 그리스도로 삼고 있습니까? 교회생활과 신앙생활 전체에서 그리스도께 여러분의 머리가 되십니까?

9. 성경이 가르치는 바에 따르면, 장로는 어떠한 직무를 행하는 사람입니까? 또 어떤 사람이 장로가 될 수 있다고 합니까?
   여러분은 그 가르침들이 조언이나 충고가 아니라 하나님의 준엄한 말씀임을 실제로 고백하십니까?

10. 성경이 가르치는 바에 따르면, 집사는 어떠한 직무를 행하는 사람입니까? 또 어떤 사람이 집사가 될 수 있다고 합니까?
   여러분은 그 가르침들이 조언이나 충고가 아니라 하나님의 준엄한 말씀임을 실제로 고백하십니까?

11. 부목사 제도를 어떻게 생각하십니까? 또 임시 직분이 사실상 항존 직분처럼 인정되는 것과 관련하여 여러분은 어떻게 하나님의 말씀에 순종하시겠습니까?

12. 여러분은 가르침 받은 대로 순종했기 때문에 쫓겨난 장로들을 어떻게 보십니까?

13. 여러분은 함께 분노하고 함께 교회를 나간 성도들을 어떻게 보십니까?

14. 왜 사람들이 개혁주의를, 개혁주의 교회를 떠나는 것일까요?

15. 교회를 떠나는 것, 불매 운동을 하는 것 등이 교회를 실제로 섬기는 일이 될 수 있을까요?

16. 많은 교회가, 많은 사람이 담임목사와 교회에 대한 잘못된 사랑을 행하고 있습니다. 여러분과 여러분의 교회는 어떻습니까?
하나님의 말씀에 온전히 순종하는 것과 담임목사를 기뻐하고 사랑하는 일이 함께 갈 수 있을까요? 여러분의 교회는 어떻습니까? 어떻게 하면 그렇게 할 수 있을지 생각해 보고 나눠 봅시다.

17. 작은 틈 하나가 건물을 무너뜨릴 수 있습니다. 극소량의 독극물이 물 전체를 독약으로 만들 수도 있습니다. 건강한 교회가 어떻게 병들게 되는지 다양한 사례를 나눠 봅시다.

18. 여러분의 교회는 복음의 모든 내용을 선포하고 가르칩니까? 그렇게 말씀을 전하는 목회자를 사랑하고 존경합시다. 그런 교회를 기뻐하고 하나님께 감사합시다.
우리 교회가 복음의 모든 내용을 적절하게 선포하거나 가르치지 않는다면 요청하고 기도합시다. 또 어떤 일을 할 수 있을까요?

19. 말씀을 바르게 선포하는 일은 매우 중요합니다. 그러나 말씀을 바르고 설득력 있게 선포하기만 하면 좋은 교회인가요?

20. 지은이는 무엇이 진짜 우리의 문제라고 이야기합니까? 여러분은 이에 대해 어떻게 생각하십니까?

21. 오늘날 개혁주의자들은 어떤 면에서 위선적인가요?

22. 오늘날 가나안 성도들이 생겨난 이유는 무엇 때문입니까? 이 아픈 이야기가 우리에게 희망을 던져 주는 부분은 무엇입니까?

23. 우리 성도들은 신실한 목사들을 지키고 보호해야 합니다. 그분들께 마음을 주고, 그분들께 우리도 신실해야 합니다. 우리가 그분들께

어떻게 순종할 수 있는지, 우리가 그분들을 어떻게 섬기고 사랑할 수 있는지 나눠 봅시다.

24. 교회를 옮기고 싶어 했던 적이 있었나요? 무슨 이유 때문이었습니까? 그때 어떤 도움을 받았습니까? 또는 무엇 때문에 실망하거나 상처를 받았습니까?
    여러분 주위에 교회를 옮기고 싶어 하는 사람들이 있나요? 그분들을 어떻게 도울 수 있을까요?

25. 3장 첫 부분 '회개합시다'를 다시 읽고, 우리의 글을 써 봅시다. 우리의 고백을 담아 봅시다.

26. 여호수아 5장 끝에서, 여호수아와 이스라엘 군대는 여리고로 진군 중이었습니다. 여리고에 거의 이르렀을 때 한 사람이 칼을 빼 손에 들고 마주 선 것을 보게 됩니다. 묻습니다. "당신은 우리 편입니까, 우리 적군의 편입니까?" 그러자 그가 대답합니다. "나는 여호와의 군대 장관으로 왔다." 그러자 여호수아가 땅에 엎드려 예를 표하고 하나님의 군대 장관에게 말합니다. "저는 하나님의 종입니다. 말씀하소서. 듣겠나이다."
    우리는 내 편, 네 편 나누기를 좋아합니다. 그러나 우리는 무엇보다 하나님 편이 되어야 한다는 것을 기억해야 합니다. "말씀하소서, 순종하겠나이다." 상대방이 우리 편이 되는 것보다, 상대방이 우리 편인가를 확인하는 것보다 더 중요한 것은, 우리가 하나님 편에 서 있는가 하는 것입니다.

우리는 하나님 편입니까? 곧 하나님의 말씀에만 순종합니까?

우리는 베드로와 사도들처럼 대답할 수 있습니까? "베드로와 사도들이 대답하여 이르되 사람보다 하나님께 순종하는 것이 마땅하니라"(행 5:29).

총회와 노회 앞에 이르렀을 때에 하나님의 말씀이 칼을 빼 우리 앞에 선 것을 보게 됩니다. 우리의 고백은 무엇입니까?

말씀의 원리가 아니라 세속의 원리가 교회를 운영하고 우리 신앙을 주장하려고 합니다. 하나님의 말씀이 칼을 빼(말씀이 선포되고, 교회에 관한 성경적 가르침을 듣습니다) 우리 앞에 선 것을 보게 됩니다. 우리의 순종은 무엇입니까?

27. 여러분의 교회가, 여러분의 교회가 속한 노회와 총회가 하나님의 말씀 위에 서 있다면 감사합시다. 교회와 노회와 총회가 하나님 말씀에 잘 순종하는 부분들에 대해서는 마음을 다해 순종합시다. 그렇지 못한 부분들이 있다면 기도하고, 우리가 구체적으로 어떻게 교회와 노회와 총회를 섬길 수 있을지 나눠 봅시다.

28. 우리는 순종하지 않으면서 왜 개혁이 안 일어나는지, 왜 부흥이 오지 않는지 의아해합니다. 우리는 하나님의 말씀을 어기고 위반하면서도 하나님께서 말씀으로 일해주시기를 기도합니다. 그렇게 어기

고 불순종하면서 하나님께서 왜 우리를 인도해 주시지 않는지, 지도해주시지 않는지 답답해합니다. 그리고 오늘날 우리 교회들이 왜 이렇게 힘이 없고, 비난의 대상이 되었는지 속상해합니다.

여러분의 교회는 어떻습니까? 여러분의 교회에서 온전히 순종하는 부분은 무엇입니까? 하나님께 감사합시다. 거기서 멈추지 말고 계속해서, 그리고 더 신실하게 붙들며 나아가기를 소망합시다.

여러분의 교회에서 온전히 순종하지 않는 부분은 무엇입니까? 성경에서 배운 대로, 교회사에서 배운 대로 순종하지 않는 부분은 무엇이며, 왜 순종하지 않는다고 생각하십니까? 무엇이, 누가, 어떤 상황이 말씀에 순종하는 데 방해를 놓습니까? 나눠 봅시다. 그리고 우리 교회들을 위해 기도하고, 우리부터, 그리고 지체들과 함께 순종합시다.

29. 우리가 교회를 사랑하는 이유는 교회가 주님의 몸 된 지체이기 때문입니까? 아니면 우리가 그동안 돈과 시간과 열정을 쏟아부었기 때문입니까? 이에 대한 우리의 생각과 우리의 삶은 얼마나 일치합니까?

30. 권징의 대원리는 무엇입니까?

지은이의 주장에 따르면 권징은 사랑하기 때문에 하는 것입니다. 여러분은 그렇게 생각해 본 적이 있습니까? 사랑을 위한 권징이 시행된 것을 본 적이 있다면 나눠 봅시다. 그렇지 않다면 왜 사랑을 위한 권징이, 형제를 얻기 위한 권징이 시행되지 않는지 생각해 봅시다.

오늘날 우리는 어떻게 순종할 수 있을까요?

31. 하나님께서는 권징의 원리를 분명하게 주셨습니다. 이것에 대해 왈가왈부할 게 없습니다. 그냥 순종하면 됩니다. 하지만 이에 대해 두 가지 생각이 있습니다.

하나는, 원리를 주셨지만 우리가 연약하기 때문에 예외를 두어야 한다.

또 하나는, 우리가 이토록 연약하기 때문에 원리를 주셨다.

입니다. 여러분은 어떻게 생각하십니까? 원리를 주셨지만 사람이 이토록 연약하므로 그 원리들을 적용할 때 이런저런 예외를 두고, 기준을 낮춰서 적용하고, 최대한 배려해서 따르는 것이 맞을까요? 아니면 이토록 연약하기 때문에 주신 원리이므로, 원리에 충실하게 따라서 우리의 연약함이 변명이나 핑계가 되지 않도록 경계하는 것이 맞을까요?

여러분은 어떻게 생각하십니까? 서로 나눠 봅시다.

32. 살을 빼고 운동을 해야 건강해지는데, "주님 제발 건강하게 해주세요"라고 기도만 하고 아무것도 하지 않는다면, 그런 기도는 하나님께서 들어주실 수 없습니다.

단지 건강관리를 위해서 살을 빼고 운동을 해야 하는 차원이 아니라 어떤 병에 걸려서 꾸준히 운동을 해야 하는 상황을 생각해 봅시다. 병이 낫게끔, 최소한 병이 더디게 진행되도록 운동을 해야 하는 상황입니다. 그런데 운동을 하지 않고 "제발 건강하게 해주세요"라고 기도만 하면서 먹어서는 안 되는, 몸에 좋지 않은 음식을 즐겨 먹는다면, 그 사람을 위해 온 가족이 또 주변 친구들이 신경을 쓰고 기도를 해도, 정작 자신은 사람들 앞에서는 잘 지키는 척, 건강관리 하는 척, 하지만 뒤에서는 종종 술도 마시고 담배도 피우고, 운동을 게을리한다면… 단지 기도만으로는 아무것도 해결되지 않습니다.

올바른 기도가 어떤 결과를 가져올 수 있을지 생각해 봅시다. 또 위와 같은 예들을 찾아서 나눠 봅시다.

33. 우리는 진심으로, 우리 각자 나름대로 진정성 있게 하나님을 예배하고 교회를 섬깁니다. 그 마음 자체는 진실합니다. 그러나 진실한 마음이면 되나요? 진정성만 있으면 괜찮은가요? 여러분은 어떻게 생각하십니까? 서로 나눠 봅시다.

34. 교회에서 교회 정치와 직분에 관한 가르침을 받으신 적이 있으신가요? 교단 헌법 책을 보신 적이 있으신가요?

오늘날 우리 교회들을 하나님의 뜻대로 건강하게 만들어가기 위해서, 교회 정치와 직분에 관한 가르침이 어떻게 행해져야 한다고 생각하십니까?

35. "아니, 꼭 그렇게 해야 해? 그렇게까지 해야 해?"

"그래도 이 정도면 봐봐. 하나님이 일하시잖아. 너는 안 보여? 왜 감사하지 못해?"

우리 내면에서, 또는 우리 동료가 하는 이러한 말들에 답해봅시다.

36. 작은 악이라고 해서 무시해서는 안 됩니다. 쉽게 행해서는 안 됩니다. '이 정도는~' 이라는 마음은 안 됩니다. 반대로 작은 선이라고 해서, '이 정도 안 한다고 해서 뭐 잘못되겠어?' 해서도 안 됩니다. 여러분에게 이러한 경험이 있습니까? 작은 악이라고 무시하고 행했던 죄와 잘못이 있습니까? 그러한 죄와 잘못이 우리 자신을, 관계를, 교회를 어떻게 어렵게 했는지 생각해 봅시다. 작은 선이라고 무시한 죄와 잘못이 있습니까? 그러한 죄와 잘못이 우리 자신을, 관계를, 교회를 어떻게 아프게 했는지 생각해 봅시다. 나눠 봅시다.

37. 우리가 지닌 지식을 자랑하며 다른 사람을 업신여기고 낮잡아본 적이 있습니까?
    그 사람의 알지 못함을 못 기다리고, 쉽게 정죄한 적이 있습니까?

38. 여러분은 처음부터 개혁신앙을 알았습니까? 누구에게 어디서 배웠습니까?
    여러분이 존경하고, 여러분이 본받기 원하는, 여러분을 이 자리까지 인도해 준 사람들을 떠올려 봅시다. 그들에게 감사합시다.
    또 그들이 여러분을 대한 태도와, 여러분이 다른 사람들을 대하는 태도가 어떻게 같고, 어떻게 다른지 생각해 봅시다.

39. 여러분 주위에 개혁신앙에 충실하면서도, 마음이 따뜻한 사람이 있습니까? 그는 어떤 사람입니까? (혹은 들어서 아는 이야기도 좋습니다)

그는 당신에게 어떤 영향을 미쳐왔습니까? 또는 영향을 미치고 있습니까?

아직 깊은 관계가 아니라면, 그 사람과 많은 시간을 보내고, 그 사람의 생각과 말과 태도를 배우는 데 힘쓰기로 결단합시다.

40. 혹시 우리 주위에 우리 때문에 개혁주의에서 멀리 떠난 사람들이 있습니까?

오만한 마음으로, 다른 사람을 가르친 적이 있습니까?

설득하기 위해 윽박지르고, 사랑 없는 태도와 말로 상처를 준 적이 있습니까?

그 사람에게 가서 용서를 구할 생각이 있습니까? 혹은 편지를 쓰거나 전화를 할 생각이 있습니까?

41. 여러분이 지니고 있는 것 중 받지 아니한 것이 있습니까?

우리가 지니고 소유하고 누리고 있는 것 중 받지 아니한 것이 있습니까?

모든 것을 다 받았다면, 다른 사람도 모든 것을 다 받도록 겸손한 마음으로 응원하고 기도하고 섬기는 것이 마땅할 것입니다. 지금 만나고 있는 사람들, 이전에 만났던 사람 중에서 관계를 어떻게 계속 이어갈 것인지 생각해 보고 실천합시다.

42. 여러분은 다른 사람이 여러분의 이야기에 즉각적으로 반응하지 않 거나, 지적으로 반박하지 못하면서 억지를 부릴 때 어떻게 행동합니 까? 어떤 마음을 품습니까?

43. 여러분은 여러분이 강조하는 단어와 표현을 다른 사람들이 여러분 만큼 무게를 두지 않을 때 기분이 어떠합니까? 어떻게 반응했습니 까?

44. 여러분은 여러분이 못마땅해하고, 정죄하는 그 사람들보다도 훨씬 하나님 앞에서 큰 죄인이라고 생각합니까? 여러분의 기도는, 겉으 로 내뱉는 말은 아닐지라도 여러분의 마음속 깊은 곳에서의 태도는, 혹시 바리새인의 기도와 같지 않은가요?

45. 직분 감사헌금이 실제로는 중세 로마가톨릭의 성직 매매와 닮았다 고 생각하시지 않습니까? 여러분의 교회는 직분자 임직식을 어떻게 하고 있습니까?

46. 개혁주의가 가르치는 교회 정치와 질서, 직분론에 관해 요약해 봅시 다.

47. 참된 미덕의 본질이란 무엇입니까?

48. 하나님을 사랑한다는 것은 곧 무엇입니까? 하나님을 사랑한다는 것
   을 우리는 어떻게 증명할 수 있습니까?

49. 성경과 교회사에 따르면, 세례는 어떤 사람에게 베풀어야 합니까?
   오늘날 교회는 세례를 성경에 가르침에 충실하게 따르며 베풀고 있
   습니까? 여러분의 교회는 어떻습니까?

50. 지은이는 세례를 어떻게 베풀어야 한다고 주장합니까?

51. 세례를 성경에 합당하게 베풀지 않을 때 어떤 일이 일어날까요?
   세례를 성경에 합당하게 베풀 때 어떤 일이 일어날까요?

52. 개혁주의자들이 교만한 이유는 무엇입니까?

53. 우리의 교만과 무례함으로 우리 가족과 소그룹과 교회를 아프게 하
   고 다치게 한 경험이 있다면 나눠 봅시다.
   누군가의 교만과 무례함으로 우리가 아프고 다친 경험이 있다면 나

뭐 봅시다.
우리가 경계해야 할 죄는 무엇입니까?

54. 우리 개혁주의자들이 구하는 것은 하나님의 영광입니까?
혹, 우리의 신학 취향, 우리가 좋아하는 저자들, 우리에게 큰 영향을
준 스승들, 우리 담임목사님, 우리가 오래 섬겨온 교회의 영광을 구
하고 있지는 않습니까?
우리의 죄를 회개합시다.

55. 우리와 생각이 다른 형제들과 어떻게 대화할 수 있을까요? 어떻게
교제를 이어갈 수 있을까요?

56. 우리가 받은 지식과 신앙이 처음부터 성숙하지 않았다는 사실이 우
리에게 주는 교훈은 무엇입니까?
우리 중 아무도 완벽한 사람이 없다는 사실이 우리에게 주는 가르침
은 무엇입니까?

57. 여러분은 여러분이 죄인 중의 괴수라고 생각하십니까?
여러분은 여러분이 다른 사람에 비해 더 많이, 더 크게 용서받은 자
라고 생각하십니까? 이러한 인식이 형제를 대하는 우리의 태도와
마음을 어떻게 바꿀까요?

58. 참 신앙의 표지는 무엇입니까?

59. 6장 '합창'을 읽어봅시다. 고린도전서 12장 말씀을 참고하여 다르게
표현해 봅시다.

60. 지은이는 이 모든 일이 오직 은혜로만 가능하다고 말합니다.
마땅히 받아야 할 영원한 형벌이 아니라, 받을 자격 없는 자에게 베
푸신, 하나님의 과분한 은혜를 생각해 봅시다.
하나님의 은혜를 더 많이 깨닫게 될수록, 그 은혜를 알게 될수록,
하나님에 대한 우리의 사랑은 어떻게 자라게 될까요?
형제를 향한 우리의 사랑은 어떻게 드러나게 될까요?
교회를 향한 우리의 사랑이 어떤 열매를 맺게 될까요?

이 책을 읽으면서 하나님께서 깨닫게 해주신 것과 베풀어 주신 은혜를 생각하며 감사
합시다. 또 깨달아 배우고 확신한 일에 거할 수 있게 해 달라고 기도합시다.
하나님께 회개합시다. 우리가 지금까지 지은 죄를 철저하게 미워합시다. 크게 슬퍼하며
웁시다.
하나님의 모든 말씀에 즐겁게 순종할 수 있는 믿음을 달라고 구합시다. 우리 삶에서 참
된 신앙의 열매, 사랑의 열매가 맺히기를 간절히 바라며 은혜를 구합시다.

글을 닫으며 - 사랑은

사람들을 붙잡고 물어봅시다. 왜 개혁주의를 싫어합니까? 왜 우리 교회에서 떠나가려 합니까?

개혁주의 신학 때문일까요? 네, 개혁주의 교리 때문에 개혁주의를 싫어하는 사람들도 있습니다. 하지만, 교리 때문에 개혁주의를 싫어하는 사람들은 개혁주의 교리를 충분히 이해하게 되면 달라집니다. 설교와 권면과 책을 통해 개혁주의를 접할수록, 무엇보다 개혁주의를 바르고 건강하게 추구하는 교회를 통해 개혁주의를 접할수록 개혁주의를 사랑하게 됩니다.

실제로 개혁주의를 싫어하는 대다수의 사람은 개혁주의자들 때문에 개혁주의를 싫어하고 증오하고 경멸합니다. 겉과 속이 다른 우리의 불순종 때문입니다. 위선적인데다가 오만한 우리의 태도 때문입니다. "교회를 하나님 보고 다니지 사람 보고 다닙니까?"라는 말은 지금은 물론 예전에도 아주 비겁한 변명이요 자기합리화입니다. 아직 하나님을 충분히 알지 못하는 사람들은, 하나님을 사랑한다고 하는 사람들, 성경을 안다고 하는 사람들을 통해 하나님을 판단하게 됩니다. 하나님께서 참으로 살아계신지, 그분이 참으로 의지할 만한 분이신지, 선하고 공의로우신지, 진실하신지, 유일한 참 하나님이신지를, 우리를 이 죄와 비참에서 구원하실 수 있는 분이신지를 교회를 통해 판단합니다.

그래서 하나님을 믿는 교회는, 우리는 우리의 신앙과 태도가 걸림돌이 되지 않게 주의해야 합니다. 우리가 우리가 말하는 것에 충실하지 않는 한, 우리의 메시지는 아무런 힘도 낼 수 없을 것입니다. 오히려 우리의 본의와는 반대로 우리의 말과 행동이 하나님의 진리를 모욕할 수도 있습니다. 아무도 우리의 목소리를 듣지 않을 것입니다. 사람들은 오히려 이 신앙에서 떠나는 것이 건강하다고, 합리적이라고 생각할 것입니다.

우리가 개혁주의를 사랑하는 이유는 무엇입니까?

우리가 개혁주의를 사람들에게 권면하는 까닭은 무엇입니까?

개혁주의야말로 성경의 진리이며, 개혁주의야말로 하나님께 온전한 영광을 돌리고, 개혁주의야말로 사람으로 하여금 가장 거룩하고 복된 삶을 살아가게 하기 때문이 아닌가요? 개혁주의야말로 하나님의 은혜를 은혜로 깨닫게 하고, 개혁주의야말로 하나님의 뜻대로 사는 삶을 격려하고 장려하며, 개혁주의야말로 하나님의 나라와 교회를 바로 세우며, 개혁주의야말로 교회를 교회답게, 성도를 성도답게 빚기 때문이 아닌가요? 개혁주의야말로 하나님의 모든 계명을 사랑하고 순종하게 하고, 개혁주의야말로 하나님과 사람을 온전히 마음 다해 사랑하게 해주기 때문이 아닌가요?

우리의 마음을 다하고 목숨을 다하고 뜻을 다하여 주 우리 하나님을 사랑하길 원합니다.

우리의 마음을 다하고 목숨을 다하고 뜻을 다하여 우리 이웃을 우리 자신 같이 사랑하길 원합니다.

그런데 이러한 사랑은 우리 안에서 시작된 것이 아닙니다. "우리가 사랑함은 그가 먼저 우리를 사랑하셨음이라"(요일 4:19). 하나님께서 우리를 먼저 사랑하셨습니다. 우리가 죽어 있었을 때부터 우리를 사랑하셨습니다. 거듭난 우리가 여전히 죄와 싸우며 교만하고 게으를 때도, 하나님께서는 변함없이 우리를 사랑하셨습니다. 사랑하고 계십니다. 앞으로도 영원히 사랑하실 것입니다. 그래서 죄인인 우리에게 하나님의 사랑은 은혜입니다.

하나님께서 먼저 사랑해 주시는, 이토록 큰 은혜를 받은 우리는 하나님 사랑과 이웃 사랑을 어떻게 보일 수 있습니까? 우리가 실제로 하나님을 사랑하고, 이웃을 사랑한다는 것을 어떻게 증명할 수 있습니까?

"하나님을 사랑하는 것은 이것이니 우리가 그의 계명들을 지키는 것이라 그의 계명들은 무거운 것이 아니로다"(요일 5:3). 하나님을 사랑하는 사람은 하나님의 계명을 즐거워합니다. 주야로 묵상할 뿐만 아니라 마음 다해 율법을 지킵니다. 그리고 "우리가 하나님을 사랑하고 그의 계명들을 지킬 때에 이로써 우리가 하나님의 자녀를 사랑하는 줄을"(요일 5:2) 증언할 수 있습니다.

내가 사람의 방언과 천사의 말을 할지라도 사랑이 없으면 소리 나는 구리와 울리는 꽹과리가 되고 내가 예언하는 능력이 있어 모든 비밀과 모든 지식을 알고 또 산을 옮길 만한 모든 믿음이 있을지라도 사랑이 없으면 내가 아무것도 아니요 내가 내게 있는 모든 것으로 구제하고 또 내 몸을 불사르게 내줄지라도 사랑이 없으면 내게 아무 유익이 없느니라 사랑은 오래 참고 사랑은 온유하며 시기하지 아니하며 사랑은 자랑하지 아니하며 교만하지 아니하며 무례히 행하지 아니하며 자기의 유익을 구하지 아니하며 성내지 아니하며 악한 것을 생각하지 아니하며 불의를 기뻐하지 아니하며 진리와 함께 기뻐하고 모든 것을 참으며 모든 것을 믿으며 모든 것을 바라며 모든 것을 견디느니라

－고전 13:1-7

하나님께서 먼저 보이신 사랑, 그래서 하나님과 이웃을 사랑하게 하는 그 사랑은 신앙의 핵심입니다. 그 사랑이 있느냐 없느냐가 참된 개혁주의인가 아닌가를 결정합니다.

하나님을 위한다는 명목으로, 그러나 실제로는 형제를 사랑하지 않는 마음으로 행한 우리의 모든 말과 행동은 소리 나는 구리와 울리는 꽹과리에 지나지 않습니다.

우리가 아무리 탁월한 지식을 가졌더라도 사랑이 없다면, 우리는 아무것도 아닙니다. 지식에 대한 순종이 없다면 지식과 우리는 아무런 관련이 없습니다.

사람들이 보기에 아무리 성공적인 목회를 하고, 교회를 성장시키고, 명예를 얻고, 여러 선한 일을 했어도 사랑이 없으면 우리에게 아무런 유익이 없습니다.

사랑은 우리와 다른 사람을 틀리다고 말하지 않습니다. 그대로 인정합니다. 우리와 다른 부분을 비난하지 않습니다. 성내지 않습니다. 사랑은 온유하고 겸손합니다. 사랑은 더 많이 용서받은 자로 살아가게 하기에, 거저 받은 자로 깨닫게 해주기에 자랑할 수 없게 합니다. 교만할 수 없게 합니다. 무례히 행할 수 없음은 물론입니다.

사랑은 사람들이 자기에게 설득당했다는, 자기의 본을 따랐다는 자기만족과 자기 사랑을 경멸합니다. 그런 유익은 결코 구하지 않습니다.

사랑은 악한 것을 생각하지 아니하며 불의를 기뻐하지 않습니다. 단지 불법만 아니면 되는 것이 아닙니다. 모든 불의를 사랑은 미워합니다. 악은 그 모양이라도 버립니다. 죄와 싸우되 피 흘리기까지 대항합니다. 사랑은 성경과 참신앙과 은혜에서 멀어지게 하는 모든 조직과 구조와 운영을 기뻐하지 않습니다. 사람을 잃는 모든 태도를 기뻐하지 않습니다. 아무리 좋아 보여도, 아무리 선한 의도로 시작한 것이라도 진리가 함께 하지 않으면, 진리에 일치하지 않으면, 하나님의 말씀에 합하지 않으면 안 됩니다.

사랑은 진리와 함께 기뻐합니다. 사랑은 하나님의 말씀에 합당한 것을 사랑합니다. 하나님의 말씀을 있는 그대로 기뻐합니다. 그래서 순종합니다. 조금도 의심하지 않습니다. 성경에서 명령한 것이라면 주저 없이 따릅니다. 사람의 소견 따위는 설 자리가 없습니다. 종은 주인의 명을 받들 뿐입니다. 종에게 '내 생각에는'이라는 말은 없습니다. 사랑은 은혜의 수단을 기뻐합니다. 말씀과 성례와 권징을 말씀하신 대로, 명령하신 대로 전하고 시행합니다. 그것만이 하나님을 사랑하는 것이고, 교회를 살리는 길입니다.

사랑은 참고 믿고 바라며 견딥니다. 사랑은 서로를 덮어줍니다. 기다려줍니다. 인내합니다. 사랑은 하나님을 신뢰합니다. 지금 우리 눈에는 보이지 않지만 하나님의 말씀이 이루어낼 것을 믿습니다. 사랑은 말씀에 따라 살아갈 때 당하는 모든 것을 견디게 해줍니다. 사랑은 세상이, 말씀대로 살아가려고 할 때 무지한 동료들이 우리를 이상히 여기는 것을 견딥니다. 오히려 우리를 이상히 여기지 않을까 봐 두려워합니다(벧전 4:12; 요일 3:13 참고). "무릇 그리스도 예수 안에서 경건하게 살고자 하는 자는 박해를 받으리라"(딤후 3:12). 박해 받지 않을 것을 걱정합니다.

사랑은, 참된 사랑은 그리스도께서 주신 것들을 귀히 여깁니다. 연약한 우리를 위해 그리스도께서는 우리를 교회로 부르셨습니다. 그리고 친히 그 머리가 되셨습니다. 그리스도의 신부인 교회는 신랑을 사랑하여 그분의 말씀을 단 하나도 가벼이 여기지 않습니다. 그리스도께서 명하신 사랑의 책임과 의무를 본 보이신 그대로 따릅니다.

맞습니다. 우리 모두 잘 알듯이, 깨닫고 있듯이, 깨달음, 동의, 동감, 감동, 결단, 다짐만으로는 안 됩니다. 우리에게는 그리스도가, 그분의 은혜가 필요합니다. 하나님께서 이 땅, 이 교회를 불쌍히 여겨주시고 은혜 베풀어 주시기를 원하고 원합니다.

우리는 하나님의 자녀입니까? 우리는 하나님의 백성입니까?

우리는 그리스도의 제자입니까?

우리는 성경을 사랑합니까? 말씀에 온전히 순종합니까?

우리는 그리스도의 몸 된 지체입니까? 우리의 머리는 그리스도 한 분 뿐입니까?

우리는 하나님의 성전입니까?

우리는 마음과 목숨과 뜻을 다해 하나님을 사랑합니까? 마음과 목숨과 뜻을 다해 우리의 이웃을 사랑합니까?

우리의 대답이 언제나 이러했으면 좋겠습니다.

"네, 그렇습니다! 그리스도로 말미암아 언제나, 네, 그렇습니다!"

이제 글을 마칩니다.

바울은 자신을 죄인 중의 죄인, 죄인 중의 괴수라고 보았습니다. 바울이 내린 자신에 대한 평가는 결코 겸손을 가장한 것이 아닙니다. 바울은 정말 그렇게 생각했습니다. 우리가 볼 때는 너무나 거룩하고 본받을 만한 믿음을 소유한 바울이 말입니다. 바울만이 아닙니다. 하나님을 사랑하는 사람들은 그 사랑이 자랄수록, 그 사랑이 진해질수록 자신들의 작은 죄들도 매우 크게 보고, 그것 때문에 심히 슬퍼했습니다. 빛에서 어느 정도 거리가 떨어져 있을 때는 진한 얼룩이나 큰 먼지만 보이지만, 빛에 점점 다가갈수록 작은 먼지가 잘 보이는 것처럼, 하나님을 더 많이 사랑하는 사람일수록, 하나님의 은혜를 더 많이 깨닫고 그 은혜 안에 거하는 사람일수록 바울과 같이 자신들을 판단했습니다. 그래서 역설적이게도 우리보다 더 선한 삶을 살고, 더 경건한 삶을 살았던 그들이 우리보다 더 많이, 더 자주, 더 깊이 회개하며 살았습니다. 그뿐만 아니라 그들은 자신의 죄만이 아니라 자기가 속해 있는 교회의 죄까지도 자신의 죄로 여기고 회개했습니다.

저도 그러고 싶습니다. 우리 개혁주의자들도 그랬으면 좋겠습니다.

우리가 우리 자신을 이 정도까지 봐야 하는가 하는 생각이 들 수 있습니다. 우리에게 선한 것은 아무것도 없는가 하는 생각이 들 수 있습니다. 아닙니다. 우리에게도 하나님께서 베푸신 놀라운 은혜가 있습니다. 우리도 선조들처럼 개혁신앙의 아름다움과 영광을 추구하고, 맛보고, 누리는 것들이 있습니다. 그러나 여러분, 너무 목마르지 않나요? 저는 너무 목마릅니다. 그렇지 않으신가요? 너무 고픕니다. 그렇지 않으신가요? 하나님께서 베푸신 은혜에는 감사하면서, 바울처럼, 우리 선조들처럼 우리의 죄를 꼼꼼하게 살펴보고, 그래서 철저하게 회개하길 원합니다. 그러면 그 꼼꼼함만큼, 그 철저함만큼 우리는 훨씬 더 크고 강렬한 아름다움과 영광을 추구하고, 맛보고, 누리게 될 것입니다.

감사의 글

저는 부족한 게 정말 많습니다. 겁도 많습니다. 그래서도 제가 글을 쓸 때마다 제 글을 읽고 조언을 해주는 친구분들이 제게는 더욱 귀합니다. 친구분들께 감사합니다. 김병재, 김성환, 이승모 세 친구분이 부족한 글을 많이 고쳐주셨습니다. 정중현 목사님께서도 큰 격려와 위로를 전해주셨습니다. 이분들의 제안과 충고로 오류와 오해를 많이 줄였습니다. 어떤 부분은 더 확신을 가지고 썼습니다. 같이 기도하고 회개하는 마음으로, 순종하는 마음으로 글을 읽어주시고 마음을 나눠주셔서 정말 감사합니다.

그럼에도 이 글에 어떤 오류와 부족함이 드러난다면 그것은 전적으로 저의 잘못입니다.

늘 기도해 주시고 힘을 주시는 부모님과 동생에게 감사를 드립니다. 한마음으로 회개하고, 한마음으로 순종하기 위해 하나님의 은혜를 함께 구하는 아내와 하영, 민하, 서준, 다혜에게도 사랑을 전합니다.

저에게 복음을 전해주고, 저를 세심하게 살펴주고, 저를 포기하지 않고, 저에게 모범을 보이고, 저에게 참된 지식과 은혜의 통로가 되어 주신 모든 분께 감사를 드립니다. 제가 받은 신앙과 이 책에서 여러분과 함께 나눈 모든 이야기는 신실한 말씀의 사역자들과 우리 선조들에게서 받은 것입니다.

이 모든 일을 성부 성자 성령, 삼위 하나님께서 다 하셨습니다.

추천 도서

교단 헌법 책이 집에 없다면 비치하셔서 필요할 때마다 읽어보시길 권합니다. 교단 헌법 책은 그 교단에 속해 있는 신자가 무엇을 믿어야 할지, 어떻게 예배하고, 어떻게 교회를 이루어갈지에 대한 교단의 목적과 방향이 들어 있습니다. 필요할 때마다 꺼내 읽기만 해도 큰 유익을 누릴 수 있습니다.

다만, 미리 말씀드리면, 읽기가 쉽지 않으실 수는 있습니다. 어려운 표현들이 많아 읽기가 쉽지 않습니다. 비문도 많아서 이해가 어렵습니다. 정말 아쉽습니다. 우리 성도들을 위해서 좀 더 읽기 쉽고 편하게 개정해 주시면 좋겠습니다. 그러면 헌법 책을 가까이하는 성도들이 많아질 것이고, 그런 성도들이 많아지면 각 교단도 더 견고해질 것이라 믿습니다.

주로 입문서 위주로 말씀드리겠습니다.

여기서 언급하는 책들은 기본서, 입문서입니다. 아마 성숙한 그리스도인들께서 보시기에는 정말 기초적인 책들일지도 모릅니다. 다만 저와 같은 어려움을 겪으셨던 분들을 위해 조심스럽게 몇 권 말씀드리겠습니다.

개혁주의가 무엇인지에 관해 단 한 권의 책을 봐야 한다면, 이상규 교수님이 쓰신 『개혁주의란 무엇인가』(SFC 출판부)가 최적이지 않나 생각합니다. 개정되기 전의 책도 좋았지만, 최근에 개정된 2판도 좋습니다. 깔끔하고 담백한 맛이 나는 책입니다. 개혁주의의 개념과 특징을 잘 보여줍니다. 분량이 얇아서 한나절이면 다 읽을 수 있기에도 입문서로 좋다고 생각합니다. 저는 이 책으로 여러 번 독서 모임을 했습니다. 개혁주의에 대해서 잘 모르시는 분들이나 오해하시는 분들에게 많이 선물한 책이기도 합니다. 다만, 분량이 얇다고 해도, 개혁주의가 무엇인지에 관한 책을 거의 접해보지 않으셨거나, 그러한 강의 등을 들어보신 일이 많지 않다면, 적어도 두 번 이상은 보시길 권합니다. 어떤 주제든 단 한 번으로 개념을 이해하고 익히기는 쉽지 않기 때문입니다.

개혁주의 교회를 소개하는 좋은 시리즈가 있습니다.
『개혁교회란 무엇인가』, 『장로교회에 오신 것을 환영합니다』, 『개혁교회에 오신 것을 환영합니다』
모두 부흥과개혁사에서 출간했습니다. 이상규 교수님의 책을 읽으신 다음에 이 책들을 연달아 읽으시면 정리하시는 데 좋습니다. 이 책들은 모두 개혁주의의 주요 교리가 무엇인지, 개혁주의 교리가 어떤 전제 위에 서 있는지, 개혁주의의 특징은 무엇인지를 훨씬 세세하게, 훨씬 깊이 있게 다룹니다.

직분에 관한 책으로는 이성호 목사님이 쓰신 『직분을 알면 교회가 보인다』(좋은씨앗)로 시작하시면 좋습니다. 이 책도 얇아서 반나절이면 읽을 수 있는 책입니다. 그러나 직분론에 관한 핵심 내용은 다 들어 있다고 보시면 됩니다. 설명만 하는 이론적인 책이 아니라 오늘날 한국 교회에 대한 문제의식이 들어 있어서 유익이 많습니다. 직분에 관한 이해가 많지 않으신 분은 이 책도 두 번 정도 읽어보신 후에 다른 책들을 읽으시면 더 좋습니다.

『교회의 직분자가 알아야 할 7가지』(세움북스)는 성희찬, 손재익, 안재경, 이성호, 임경근, 최만수, 황대우, 황원하, 이렇게 여덟 분의 목사님이 공동으로 쓰신 책입니다. 매우 실천적인 책으로, 앞의 이성호 목사님이 쓰신『직분을 알면 교회가 보인다』다음으로 읽으시면 좋을 책이라고 생각합니다.

『장로 핸드북』,『집사 핸드북』은 예전에 생명의말씀사에서 발간했다가, 최근에 개혁된실천사에서 개정판으로 재출간한 책입니다.『장로와 그의 사역』도 개혁된실천사에서 출간했습니다. 이 책들은 장로와 집사가 어떤 사람들인지, 곧 어떤 사람들이 장로와 집사로 선출되어야 하고, 어떤 직무를 감당하게 되는지, 직무를 감당할 때의 원리가 무엇인지 등을 매뉴얼처럼 잘 설명하고 있습니다. 장로와 집사로 부름 받지 않은 성도님들이라도 이 책들을 집에 소장하여 필요할 때마다 읽는다면, 함께 교회를 튼튼히 세워갈 수 있으리라 믿습니다.

성약출판사에 나온 『칼빈의 예배 개혁과 직분 개혁』, 『성경에서 가르치는 집사와 장로』, 『성경에서 가르치는 장로』도 매우 좋습니다. 직분은 사람이 고안해 낸 것이 아니라, 하나님께서 우리를 위해 주신 것입니다. 따라서 하나님께서 직분에 관해 가장 잘 아십니다. 이 책들은 하나님께서 가르쳐주신 대로 순종할 때 교회가 어떻게 건강해질 수 있는지를 잘 보여줍니다. 실제적인 지침들이 풍성합니다.

교회 정치와 직분에 관한 책들을 읽다 보시면 꼭 만나게 되는 책이 있습니다. 『특강 종교개혁사』(흑곰북스)입니다. 종교개혁은 단지 로마가톨릭으로부터 벗어난 일이 아닙니다. 우리 선조들은 철저하게 성경으로 돌아가고자 했습니다. 하나님 말씀에 따라 교리를 회복하고, 예배를 회복하고, 교회를 회복하려고 했습니다. 그것이 종교개혁입니다. 이 책은 그 여정의 절정을 다루며 우리에게 탁월한 통찰을 제공합니다.
같은 이유로 종교개혁사에 관한 책들도 읽어보시길 권합니다.

이러한 책들을 보시면, 제가 이 책에서 말씀드린 강조점과 문제의식이 충분하지 않다고 생각하실 수도 있습니다. 그만큼 이 추천 도서들은 깊고 풍성합니다. 우리를 하나님 앞에, 말씀 앞에 직면하게 합니다.
여러분께서 목사님과 성숙한 신앙 선배님들의 도움을 받아 여기서 언급해 드린, 또는 다른 좋은 책들을 몇 권만 읽어보셔도 큰 유익을 누리실 수 있으리라 확신합니다.

『겸손한 정통신앙』(생명의말씀사), 『겸손한 칼빈주의』(좋은씨앗)는 개혁주의자들의 오만한 태도를 진단합니다. 더 큰 용서를 받은 우리가, 더 많이 용서받은 우리가 어떻게 이 진리를, 우리를 용서하신 하나님을 아름답게 전할 수 있을지 깨닫게 하고 권면합니다. 이 책들은 주로 개혁주의자들의 오만하고 무례한 태도를 지적한 후, 그에 대한 대안이자 해결책으로 은혜와 겸손을 이야기합니다. 두 책 다 배울 내용이 아주 많습니다. 둘 중에 한 권은 되도록 구매하셔서 보시길 권합니다.

비슷하게 저도 『사랑으로 말하는 진리』라는 작은 책을 썼습니다. 본서에서 다루고 싶은 이야기들을 이미 이 책에서 다뤘기 때문에 본서에서는 많이 생략했습니다. 관심이 있으신 분들은 읽어보셔도 좋겠습니다.

거듭남(중생)에 관한 책으로는 아더 핑크가 쓴 『당신은 진짜 거듭났는가』(형제들의 집)로 시작해 보십시오. 왜 우리가 거듭나야 하는지, 무엇을 거듭남이라고 하는지, 어떻게 해야 거듭날 수 있는지, 그리고 참으로 거듭난 사람에게서 나타나는 특징은 무엇인지 등을 간결하고 분명하게 보여줍니다. 특히 5장 '거듭남의 증거들'은 우리가 정말 거듭났는지 그렇지 않은지를 확인하고 하나님의 은혜를 구할 수 있도록 도와줍니다.

이후에는 R. C. 스프로울 목사님이 쓴 『거듭남이란 무엇인가』(생명의말씀사), 존 파이퍼 목사님이 쓴 『존 파이퍼의 거듭남』(두란노), 김홍전 목사님이 쓴 『중생자의 생활』(성약출판사)을 읽어보십시오.

거듭남과 관련하여 우리 신앙의 목적과 방향을 깨닫게 해주고, 우리 신앙이 참된 신앙인지 거짓 신앙인지를 분별할 수 있게 해주는 유익한 책들도 읽어보시길 권합니다. 이 책들은 참 신앙을 사모하게 하고, 그래서 은혜를 구하게 하고, 그 신앙을 향해 달려가도록 우리 마음을 움직입니다. 김형익 목사님이 쓰신 『참 신앙과 거짓 신앙』(생명의말씀사), 조나단 에드워즈 목사님이 쓰신 『성령의 역사 분별 방법』, 『신앙감정론』(부흥과개혁사), 윌리엄 거스리 목사님이 쓰신 『참된 구원의 확신』 등이 있습니다.

본서에서 언급한 『참된 미덕의 본질』(부흥과개혁사)도 꼭 한 번 읽어보시면 좋겠습니다.

이외에도 좋은 책들이 있는데 절판되거나 품절 돼서 매우 아쉽습니다.

이 정도의 책들을 읽으시면 자연스럽게 수십 권의 책들이 여러분을 기다리고 있을 것입니다.

충심으로 말씀드립니다.

이 책들을 혼자 읽지 마시고, 되도록 함께 읽으시길 바랍니다. 가능하면 교회로 함께 읽으시길 바랍니다. 가능하면 책으로만 배우지 마시고, 여러분이 출석하시는 교회에서 직접 경험하시고 배우시는 것이 가장 좋습니다.

Memo

개혁주의자의 회개

펴 낸 날 2021년 10월 31일 초판 1쇄

지 은 이 한재술
펴 낸 이 한재술
펴 낸 곳 그 책의 사람들

디 자 인 참디자인

판   권 © 한재술, 그책의사람들 2021, *Printed in Korea*.
          저작권법에 따라 한국 내에서 보호를 받는 저작물이므로 무단 전재와 복제를 금합니다.

주   소 경기도 안성시 공도읍 공도로 150, 107동 1502호
팩   스 0505-299-1710
카   페 cafe.naver.com/thepeopleofthebook
메   일 tpotbook@naver.com
등   록 2011년 7월 18일 (제251-2011-44호)
인   쇄 불꽃피앤피

책   값 20,000원
I S B N 979-11-85248-35-6 03230

· 이 책은 출판 회원분들의 섬김으로 만들어졌습니다.